제국의 석양, 촛불의 시간

제국의 석양, 촛불의 시간

조정환 지음

갈무리
2003

갈무리 신서 30

제국의 석양, 촛불의 시간

초판인쇄   2003년 3월 31일
초판발행   2003년 4월 10일

지은이   조정환
펴낸이   장민성
표　지   신은주
펴낸곳   도서출판 갈무리
등록번호   제17-0161호
등록일자   1994. 3. 3.

주　소   서울 마포구 서교동 467-1호 파빌리온 오피스텔 304호
전　화   02-325-1485
팩　스   02-325-1407
주문·배본   한국출판협동조합 716-5616~9

webpage   http://galmuri.co.kr
e-mail   galmuri@galmuri.co.kr

ISBN   89-86114-54-2   04300
        89-86114-21-6   (세트)

★ 잘못 만들어진 책은 바꾸어 드립니다.

태양에서 촛불로

　대학을 다닐 때 읽었던 까뮈의 『이방인』. 주인공 뫼르소(Meursault)는 해변에서 권총으로 그와 아무 상관도 없는 아라비아인을 쏜다. 법정에서 그는 자신이 사람을 죽인 것은 '태양이 너무 강렬했기 때문'이라고 대답한다. 그가 쏜 것은 아라비아인이 아니라 태양이었던 것일까? 어원분석과 정신분석은 여기에 그럴듯한 근거를 제공한다. 프랑스어의 발음상 '뫼르(meur)'는 'meurt'(죽음)와 동음이의어이고 '쏘(sault)'는 'soleil(태양)'의 앞부분 발음. 뫼르소는 '태양 죽이기'로 해석될 수 있기 때문이다. 만약 정신분석학의 주장처럼 태양이 '아버지'를 상징한다면 뫼르소의 권총은 아버지를, 권력을, 그를 비도덕적이고 이단적이라고 비난하는 기존 질서를 쏜 것일 것이다. 공교롭게도 뫼르소가 살인을 한 것은 어머니의 장례를 치른 직후였다.
　뫼르소 사건은 프랑스 식민지 알제리에서 벌어졌다. 그런데 아프가니스탄의 칸다하르에서는 어떤 일들이 벌어지고 있는가? 모흐센 마흐말바프

6

감독은 주인공 나파스의 눈과 귀를 통해 아프가니스탄이, 특히 칸다하르가 어린이들과 여성들의 생지옥임을 고발한다. 가난과 질병과 전쟁과 억압의 광풍이 이들 약자들, 소수자들에게 가장 세게 몰아치기 때문이다. 온갖 고초를 겪으며 칸다하르로 잠입하던 나파스가, 태양이 작열하는 사막에서 내뱉는 한 마디 말은 마흐말바프와 까뮈를 이어주기에 충분하다: "지금 태양이 나의 방해물이다. 각자 촛불을 하나씩 켜고 있다면 태양이 없어도 좋을 텐데…." 뫼르소가 자신의 사형집행일에 구경꾼들이 많이 모였으면 좋겠다고 바라고 있을 때 나파스는 대지를 사막으로 만드는 태양에 맞서 각자의 '촛불'을 희망한다.

1994년 1월 1일 멕시코 남부 치아빠스. 마야 문명을 호흡하며 대지와 더불어 살아온 원주민들이 지난 500년에 걸쳐 자신들의 삶을 짓밟아온 스페인, 북미, 프랑스 침략자들과 독재자 뽀르피리오 디아스, 다시 말해 저 '태양'의 사슬들에 대항하여 봉기를 일으켰다. 이들이 멕시코 정규군에 맞서 선전포고를 하면서 손에 쥔 것은, 총알을 장전할 수 없는 목총들이었다. 아니 어쩌면 그들의 무기는 그간의 고통으로 빚어 만든 말들이었는지 모른다. 인터넷을 통해 지구를 흐르는 뜨거운 말들이 멕시코 군의 화력을 봉쇄했기 때문이다. 그 말들이 다시 형제자매들 마음속에 켜든 '등불'에 대해 이야기하는 것은 놀랍다.

우리들의 피와 말(word)은 산 속에 작은 불을 밝혔다. 그리고 우리는 돈의 집과 권력자들에 대항하는 길을 걷는다. 우리들 형제자매들은 인종이 다르고 언어가 다르며 피부색이 다르지만 지금 똑같은 마음으로 우리들의 등불을 지키며 그 속에서 똑같은 불을 들이마신다. 권력자들은 거친 바람으로 우리를 꺼 버리려고 왔다. 하지만 우리들의 등불은 또 다른 등불들로 더 크게 타올랐다. 부자들은 아직도 첫 번째 등불이 꺼지는 것을 꿈꾼다. 그러나 그것은 소용없다. 이제 너무 많은 등불들이 켜졌고 그 모든 등불들이 첫 번째 등불로 되었기 때문이다(「라깡도나 정글에서의 제4차 선언문」).

권력자들에 대항하는 등불, 부자들이 폭력의 바람을 불어대며 제발 꺼지기를 바라는 그 등불. 그것이 한국에서 켜진 것은 2002년 11월이다. 미선이와 효순이의 죽음을 애도하면서 소파개정을 요구하는 조용하고 말없는 촛불들이 광화문에서 켜졌다. 두 어린 생명은, 마치 이 세계의 수많은 소수자들의 운명을 보여주기라도 하듯, 미군 탱크의 육중한 바퀴에 깔려 숨졌다. 이 탱크가, 자신이 가는 길에 있는 무엇이든 깔아뭉개는 자본의 저거노트(juggernaut ; 인도 힌두교 신으로 거대한 수레의 형상을 한 저거노트는 앞으로 나아갈 때마다 엎드려 기도하는 예배자들을 깔아뭉갰다고 한다)임을 구태여 논증할 필요가 있을까?

광화문의 촛불은 더 이상 미국을, 권력을, 다시 말해 제국의 태양들을 숭배하지 않겠다는 조용한 결의의 표명이었다. 모든 것을 빼앗아 세상을 작열하게 하는 태양보다는 각자의 가슴 속에 타오르는 작은 불빛을 모아 세상을 밝히겠다는 의지의 표명이었다. 나는 그 때 이후로 겨울 토요일의 대부분을 광화문에서 보냈다. 거리가, 함성들과 충돌보다는 표정들과 몸짓들로 더 따뜻해질 수 있다는 것을 느낀 것은 중요한 경험이었다. 광화문은 어느새 공통의 감각들이 창출되고 공통의 언어들이 만들어지는 만민 공동의 공간으로, 코뮨의 공간으로 변해갔다. 성별의 차이를 넘고 세대를 건너뛰어, 국적을 무시하고 직업의 경계를 넘어, 요구와 지향의 차이를 극복하면서 만들어진 촛불 바다가 주는 저 감동들은 각별한 것이었다.

효순이와 미선이의 목숨을 앗아간 바로 그 '탱크'가 이라크로 향할 때, 우리의 촛불들이 부시에 반대하고 전쟁에 반대하게 되는 것은 지극히 자연스러운 일이다. 전쟁은 국가들 사이에 그어진 권력의 경계선을 강화하면서 동시에 그 국가들 안의 다중들의 목숨을 빼앗고 짓누르는 폭력적 정치이다. 그러므로 현재의 전쟁에서 전장은 따로 없다. 바그다드에 집속탄이 쏟아져 내릴 때 지구상의 다중들의 삶에도 폭탄이 쏟아져 내릴 것이다.

그래서일까? 미국이 전쟁을 밀어붙이겠다고 호언하면서 노무현 정부에게 전쟁 지원을 요청하자마자 한국에 촛불들을 꺼뜨리려는 바람이 거세게 불고 있다. 범국민대책위 관계자들에게 소환장이 발부되고 연행이 이어졌다. 권력자들과 부자들은 주장한다. 전쟁의 불을 지피기 위해서는 촛불을 꺼야 한다고. 그러나 촛불은, 그것이 지난겨울 광화문에서 전국의 광장들에로 옮겨 붙었고, 지하철 참사에 항의하는 대구의 촛불로 발전했듯이, 지금 다시 범대위 관련자들의 연행에 항의하는 경찰서 앞 촛불로, 부시의 전쟁을 반대하는 전 지구적 촛불로 확산되고 있다. 꿈이 계속되듯이 촛불의 시간도 계속된다.

제1부에서 나는 사회주의의 붕괴, 신자유주의의 역사와 그 위기, 제국의 성립과 균열을 다루었다. 이것은 우리가 지금 어디에 서 있는가를 살피기 위한 노력의 표현이다. 이제 와서 생각해 보면 사회주의의 붕괴는 자본의 지구화와 지구제국 구축의 한 과정이었다. 그런데 신자유주의적 제국은 이미 두 번(1982년과 1997년)의 커다란 위기를 겪었을 뿐만 아니라 다시 제국 중심부들의 동반 침체를 수반하는 더 거대한 위기에 직면해 있다. 이것은 신자유주의가 위기를 극복하는 전략이 아니라 위기를 지구 전체에 확산하고 항구화하는 전략이었음을 보여준다. 지금 지구 자본은 이것을 대체할 새로운 전략을 갖고 있지 않다. 테러반대를 빙자한 전쟁이 신자유주의의 생존 전략으로 대두되는 것은 이 때문이다.

제2부에서 궁지의 전략인 신자유주의의 행동은 '집속탄'으로 표상된다. 집속탄은 '조준된' 목표물을 갖지 않는 광역적 폭력 행사이다. 이것은 신자유주의 제국의 착취전략에 상응하는 폭탄 형태이다. 이것은 핵과 마찬가지로 공포를 통해 명령한다. 이에 대한 저항의 하나가 '탄저균'의 형태로 나타나고 있는 것은 불행이다. 탄저균 역시 '조준된' 목표물을 갖지 않는 광역적 폭력 행사라는 점에서 집속탄을 닮았다. 집속탄이 공공연히 행동함에 반해 탄저균은 은밀히 움직인다는 점에서만 차이가 있을 뿐이다. 공포를 자신의 전략의 동력으로 삼는다는 점에서도 양자는 공통된다. 나는 이 2부에서, 너무나 쉽게 폭력으로 전환되는 공포의 정치가 아니라 희망과 사랑을 동력으로 삼는 풀뿌리 저항의 가능성을 탐색했다.

제3부는 한국 시민사회에 대한 성찰을 담았다. 한국의 시민사회에 대한 나의 기본적 인식은 그것이 '어둠을 딛고 있는 도시 공동체', 다시 말해 다크 시티(Dark City)라는 것이다. 두산중공업의 노동자 배달호가 이미 자신의 죽음으로 우리에게 시민사회 아래에 깔려 있는 어둠의 실재성과 그 정체에 대해 말해 주었다. 전태일이나 배달호처럼 영화의 주인공 존 머독은 '이 도시에서 대체 무슨 일이 벌어지고 있는 것인가?' 묻는 존재이다. 이 물음조차 없을 때, 외계인이 인간의 기억을 조작하고 착취하는 것처럼, 우리의 노동을 조작하고 일반적 지성을 착취하는 자본의 행보는 분주히 반복될 것이고 이에 따라 우리의 삶은 권태와 고통 사이에서 진자운동을 하게 될 것이다. 나는 이 3부에서 법률, 매스컴, 지식인, 가족, 의료, 복권 등 다중을 수동적인 것으로 구성하는 시민사회의 제도형태들을 비판하는 한편, 그것들의 틈새를 비집고 나오는 '머독-슈레버' 전쟁기계들에 대해, 능동적 계급구성의 활력들에 대해 살펴보았다.

제4부는 제3부의 이야기를 서평 형식으로 계속한다. 나는 맑스, 들뢰즈

가타리, 네그리, 클리버를 잇는 자율주의 사상가들의 생각들을 이어 받으면서 발리바르, 월러스틴, 아리기 등의 생각들을 비판적으로 전유하고 캘리니코스에 의해 표현되는 전통적 사회분석과 변혁전략들의 한계를 밝혀 보고자 했다. 이 4부를 통해 제1부에서 다룬 세계의 현 상태가 제국이라는 '개념' 하에서 좀더 분명하게 제시될 것이며, 2부와 3부를 통해 경험적으로 탐구된 저항적 활력이 이론적으로 좀더 분명해지고, 그것과 권력/폭력의 차이가 개념적으로 규명될 것이다.

이 책은 지난해에 펴낸 『지구제국』과 『21세기 스파르타쿠스』에 이은 〈걸어가며 묻기〉 시리즈 다섯 권 중의 하나이다. 나는 2002년 초에 이 책의 제목을 『집속탄과 탄저균 사이에서』로 설정했었다. 그 '사이'에 무엇이 있는지를 당시로서는 명확히 말할 수 없었기 때문이다. 2002년 6월의 붉은 악마와 그 이후의 촛불시위, 그리고 반전 촛불행진을 경험하면서 나는, 집속탄과 탄저균 사이의 허구적 대립을 극복하는 활력들이 촛불의 시간에, 다시 말해 촛불 주체성 속에 있음을 느낄 수 있었다.

이 책에서 '촛불'은 제국의 '태양'과의 대비 속에서 제시된다. 태양의 계열은 폭력과 권력, 제국과 국가, 주권적 주체성, 화폐 정치, 기억의 정치학, 신자유주의, 집속탄과 탄저균, 빅딜과 뉴딜, 매스컴, 마스터 콘트롤러와 같은 근대성의 술어들로 제시되며 촛불의 계열은 존엄과 활력, 다중, 구성적 주체성, 삶 정치, 꿈의 정치학, 반지구화 운동, 촛불 행진, 풀뿌리 대안, 초월성의 제로화, 사랑의 투사와 같은 탈근대성의 술어들로 제시된다. '제국의 석양'이라는 표현은 현 시점에서 이 두 계열의 역관계를 단적으로 표현한다. 제국은 위기를 통해, 그리고 위기를 항구적으로 재생산하는 것을 통해 작동해왔지만, 최근 심화되는 미국의 일방주의는 이 위기 체제의 네트워크적·협의적 기반 그 자체를 위기에 빠뜨리고 있기 때문이다. 때맞춰 켜지고 있는 '촛불들'의 전 지구적 행진은, 이 위기가 아마도 제국의 석양일 것임을 강력히 시사한다. 내가 이 책의 제목을 부정되어야 할 것을 강조한 이전의 표현에서 『제국의 석양, 촛불의 시간』이라는 대비적 표현으로 바꾼 것은 이 때문이다.

    이 일 년 사이에 많은 물음들이 나의 걸음을 멈추게 하거나 뒤돌아보게 하거나 다른 길로 접어들게 한 탓에 이 시리즈의 걸음이 더디게 되었다. 지난해에 『권력으로 세상을 바꿀 수 있는가』가 나를 다른 길로 접어들게 했다면 올해에는 작년 가을에 <수유연구실+연구공간 너머>에서 있었던 네그리 강의록을 기반으로 지금 준비하고 있는 연구서 『안또니오 네그리의 정치철학』(가제)이 나를 그렇게 만들 것 같다.

    각 글의 끝에 초고를 쓰거나 혹은 발표한 연도를 괄호 속에 넣어 두었다. 필요한 경우에는 제목을 바꾸었고 서술 형식을 고친 경우도 있으며 대부분의 글들의 내용과 표현을 새로 다듬었으니 그 초고와 여기에 실린 글들 사이에는 적지 않은 차이가 있는 셈이다. 이 책에 실린 글들을 준비하는 과정에서 문제들을 함께 생각하고 토론해온 『자율평론』(http://jayul.net) 편집모임 구성원들 및 와암(http://waam.net) 접속자들에게, 그리고 이 글들에 지면을 할애해 주었던 진보적 매체들에게 고마움을 전한다. 아무쪼록 이 책이 폭력이나 권력과는 전혀 다른 세계 변혁의 길을 추구하는 사람들에게 조금이라도 도움이 되길 바란다.

2003년 3월 15일 '국제 반전평화의 날'에
조정환

걸으면서 묻기 | 시사평론
제국의 석양, 촛불의 시간
차례

태양에서 촛불로 5

제1부 제국과 위기

로마제국과 지구제국 19
화폐 정치와 그 위기 24
경제위기 다르게 보기 30
신자유주의에 대한 주체적 접근 35
사회주의는 자본주의 발전의 국가주의적 주권형태 41
프롤레타리아가 사회주의를 거부한 후 59

제2부 제국의 석양, 촛불의 시간

제국의 석양은 시작되는가 65

전쟁의 시간과 촛불의 시간 69
집속탄과 탄저균 사이에서 75
9·11 테러와 반지구화 운동의 미래 83
21세기 풀뿌리 대안: 빅딜도 뉴딜도 아니다 91
노동의 혁명에서 존엄성의 혁명으로 98
오늘날 조직화의 새로운 기반 103
새로운 사랑의 투사·1 109
새로운 사랑의 투사·2 112

제3부 시민사회에 대한 성찰

다크 시티에서 119
신자유주의적 사유화 속에서 사회의 공적 재구축의 전망 130
'붉은악마' 현상 속의 근대성과 탈근대성 137

대안적 성담론의 폭발과 '재생산을 위한 성'의 위기	160
'지식인의 죽음'의 종장으로서의 '작가의 죽음'	168
제로 매스컴	176
현대 사회의 의료문제	184
사상전향제와 준법서약서	192
신자유주의와 운동의 국가화	198
삶정치의 관점에서 본 이른바 '과거청산' 운동	203
활력의 윤리와 폭력	213
'우리 안의 폭력'에서 '우리 안의 활력'으로	226
폭력의 마스트 콘트롤	233
로또 현상과 '인생역전'의 두 가지 길	237
시민사회의 상식과 몰상식	242

제4부 시민사회를 넘어서

반결정론자 맑스 251
맑스가 우리에게 남긴 문제 256
발리바르와 인권의 정치에 대한 비판적 검토 259
'PD'의 진실과 맑스의 진실 267
월러스틴의 '자유주의 종말론' 280
네그리와 자율주의 정치철학의 궤적 284
자율주의 사상의 국제적 발전 289
『제국』과 민족주의 에피스테메로부터의 엑소더스 292
주권적 주체성에서 구성적 주체성으로 295
기억의 정치학과 꿈의 정치학:『제국』논쟁에 부쳐 301
형성의 측면에서 살펴본 한국 노동계급 315

제1부

제국과 위기

로마제국과 지구제국

 스파르타쿠스는 로마 제국에 대항하여 어떻게 싸웠는가? 그는 산적단을 이끌다가 붙잡혀 노예로 팔렸고 검투사가 되었다. 그는 동료 검투사들과 함께 검투사 양성소를 탈출해 베수비오 산에 은신처를 마련했고 이곳에서 도망친 노예들을 조직해 반란을 일으켰다. 집정관들이 이끄는 군대를 무찌르면서 이탈리아 북쪽으로 진군하던 이들 9만 명이 넘는 반란군의 꿈은 바다건너 시칠리아 섬으로, '제국의 외부'로 탈주하는 것이었다. 로마군의 새 지휘관 크라수스는 이들이 탈주할 뱃길을 막고 이들을 이른바 '제국의 심장' 로마로 유인한다. 바다를 통한 탈주가 저지됨으로써 불가피하게 선택한 로마군과의 전면전은 스파르타쿠스의 예상대로 패배로 끝났다.
 전투는 끝났지만 전쟁이 끝난 것은 아니다. 6천여 시민의 목숨을 요구하며 세계무역센터의 쌍둥이 빌딩을 향해 날아가는 자살 비행기의 그 고요한 비행 뒤에서, 정확하게 2073년 전 아피아 가도(街道)에 세워진 십자가들에 못 박힌 채 천천히 다가오는 죽음을 기다려야 했던 6천여 명의 반란

노예들의 신음소리가 들리는 것은 단지 환청일 뿐인가? 조지 부시는 여기에서 '영원한 복수전쟁'이라는 무협영화적 테마를 이끌어 냈다. 그런데 우리에게 스파르타쿠스 반란과 9·11 테러는, 해방의 실제적 길은 시칠리아로 가는 길인가 로마로 가는 길인가, 탈주인가 정복인가라는 물음을 던진다.

지금까지의 수많은 혁명전쟁들은 심장, 즉 관제고지를 정복하는 데에 전략전술의 초점을 두어 왔다. 자본주의에 대항하는 수많은 좌파 운동들이 '국가권력 장악'을, 그리고 '주요한 생산수단의 장악'을 목표로 삼아온 것은 그 단적인 예이다. 이것은 모든 길이 로마로, 그래서 혁명의 길도 로마로 통한다는 인식의 산물이다. 그러나 역사는, 이러한 인식 위에서 반복된 장악행위들이 세상을 뿌리로부터 바꾸지 못하며 오직 그것의 담당자(agent)만을 바꿀 뿐임을 보여주었다. 바뀐 담당자들은 이전 세계의 운동을 쇄신하고 가속시킬 수는 있었지만 세계운동의 낡은 구조를 바꾸지는 못했다. 20세기의 주류 저항운동인 사회주의가 근대의 부르주아 주권형태인 민족국가를 파괴하고 대체하기는커녕 오히려 그것을 완성했다는 사실은 이 점을 뚜렷이 보여준다. 비주류로 탄생하여 20세기 후반부에 서서히 주류로 전화되어간 민족해방운동은 사회주의 운동의 전례를 답습했다. 뉴욕과 워싱턴을 향한 자살테러가 만약 탈레반의 '투쟁'이라면 그것은 아마도 심장 로마를 향하는 낡은 중앙집권주의적 정복관념의 단말마적 연출일 것이다. 그 장면의 스펙터클함은 '실재의 사막'(지젝)이 아니라 제국예술의 생산공장인 할리우드에서 무수히 생산된 것들의 클리셰(cliché)적 모방일 뿐이다. 현존하는 중심의 장악을 위한 운동들이, 볼셰비키에서처럼 혁명적 방식으로 이루어지건 사회민주당들에서처럼 개혁적 방식으로 이루어지건, 자본의 근대화 욕구를 실현하는 데에 기여하는 하나의 기관으로 되는 것처럼,

근대 속에 현존하지 않는 것들에 대한 그리움에 따라 움직이는 근본주의적 운동들도 근대화의 빈 공간, 근대가 상상을 통해 그려낸 이미지들을 추구한다는 점에서 근대화의 실현에 기여하는 하나의 기관으로 된다.

이러한 비판을 제기했던 것은 1968년에 등장한 새로운 주체성이었다. 21세기 벽두의 자살테러는 전형적으로 20세기적인 것이지만 20세기의 68혁명은 이미 21세기적이다. 그것이 택한 길은 로마가 아니라 시칠리아였다고 말해도 좋은 것일까? 아니다. 제국에는 탈출할 외부, 시칠리아 섬이 없다. 68혁명이 택한 것은 로마도 아니며 시칠리아도 아니었다. 68혁명 주체들은, 오디세우스가 메시나 해협을 건널 때 스킬라(큰 바위)와 카리브디스(거친 소용돌이) 사이를 항해했듯, 로마와 시칠리아 사이를 항해했다. 68혁명은 현존하는 것들(핵심적으로는 민족국가)의 정복이나 실재하지 않는 환상적인 것들(문명이 시뮬레이트한 원시)에의 그리움을 추구하기보다 현존하는 것의 재구성을 통한 '새로운 인간의 창조'를 지향했다. 68혁명에 장엄한 승리도 비장한 패배도 뚜렷이 나타나지 않는 것은 이 때문이다. 그것은 현존하는 모순들을 타파하면서 새로운 것을 구성하는 영구적인 항해의 시작이었기 때문이다.

초국적의 네트워크적 주권형태인 제국으로의 이행 과정은 프롤레타리아의 이 새로운 항해에 대한 대응으로 나타났다. 공장을 넘어 사회로 확산된 프롤레타리아, 즉 다중(multitude)은 1970년대의 이탈리아에서 보이듯 아우또노미아(자율) 운동으로 결집하면서 이탈리아 공산당(PCI)의 정치적 매개역할을 약화시켰다. 기독민주당과 PCI의 내팝을 위한 타협은 다중의 투쟁으로 철회되었고 PCI는 1979년 선거에서 결정적으로 실추했다. 이 과정이 현재에까지 이탈리아 정치의 위기를 규정한다. 기독민주당과 PCI의 권력분점의 안정성은 깨지고 정권은 중도좌파연정으로, 신파시스트 포르 차이탈리아로, 그리고 신자유주의의 대리인으로 변신한 좌파 로마노 프로디의 올리브동맹으로 전전하지만 이 과정에서 심화되고 있는 것은 지배의 위기, 즉 항구적인 부패이다.

제국은 더 이상 생산을 조절하지 못한다. 초국적 금융자본과 제국적 국제기구들은 환율, 금리에 개입하면서 투기에 열을 올리고 자신의 자유운동을 위한 무역과 투자 협정에 혈안이 되어 있다. 한 마디로 말해 금융자본의 운동은 생산영역에서 초월해 있다. 이 초월의 외관은, 실제로는, 생산에서 노동계급의 투쟁과 대면하기를 회피한 것의 결과이다. 다중은 제국에 대항하는 다차원적 운동을 계속하고 있다. 오늘날 투쟁의 현존성을 전통적 관점에 따라서만 찾으려 하는 것, 즉 공장에서의 파업이나 거리에서의 시위 통계를 통해 확인하려는 것만큼 시대착오적인 것은 없다.

물론 다중은 프랑스(1995)와 독일(1996), 그리고 한국(1997)에서의 총파업들에서처럼 근대적 도시공간의 공장과 거리를 이용한다. 그런데 사빠띠스따들(1994~)은 아무도 그 투쟁의 현존을 볼 수 없었을 밀림에서의 투쟁을 누구나 볼 수 있는 투쟁으로 만들었다. 그것은 밀림에 녹음기, 캠코더와 같은 근대적 기계들뿐만 아니라 인터넷과 같은 현대적 매체를 결합시킴으로써 가능해졌다. 사빠띠스따들의 봉기는 토지점거나 권력장악을 목적으로 하는 전통적 농민봉기와 같은 것이 아니다. 그것이 바꾸고자 하는 것은 언어와 이미지의 지형이며 그것이 수행하는 전쟁은 말들(words)의 전쟁이다. 이를 통해 이들은 제국이 취한 배제, 비가시화, 망각의 전략을 깨뜨린다. 90년대에 부활한 이탈리아의 사회센터 운동들은 빈집을 점거하고 또 쫓겨나는 식의 유목적 운동을 통해 이제 소극처럼 되어버린 사적 소유의 놀이를 조롱하는 한편 이민, 신분증 없는 사람들, 가정에서 쫓겨난 주부, 망명자, 차별 받는 유색인, 학생, 활동가들의 혼성적인 생활적 문화적 자치공동체를 구성한다. 가상현실도 다중이 활용하는 중요한 투쟁 공간이다. 이곳에서는 지적재산권, 사이버검열과 감시 등에 대항하는 투쟁들이 다중의 지성과 투쟁을 유통하는 능동적 활동들과 결합된다.

가장 심층적이며 은밀한 것은 생산과 삶의 접근이다. 점차 비물질적 형태를 띠어가는 생산은 측정과 통제가 가능한 (노동)시간이 아니라 다중의 지성, 사회적 소통과 협력에 의해 규정되어 가고 있다. 이것은 삶을 노동으로 환원하고 그 시간을 착취해온 자본의 생존을 위협한다. 제국의 부패의 이면에서 구축되고 있는 이 내재적 삶의 공동체가 마치 자본의 공동체인 것처럼 나타나는 지금의 전도된 형상을 언제 어떤 방식으로 벗어던질 것인지는 알 수 없다. 그러나 삶의 공동체의 실재성을 혼성적이고 다차원적인 욕구들의 총체성에서 가시화하는 작업은 제국의 영구부패운동을 자신의 해방운동의 조건으로 전유하는 이 공동체의 삶의 일부일 것이다. (2001)

화폐 정치와 그 위기

　최근 한국을 포함한 아시아의 경제 위기를 계기로 IMF는 노동자들의 생활 속으로 깊게 파고들고 있다. 이른바 국가 부도의 위기 상황에서 마치 구세주처럼 등장한 IMF는 위기 극복책으로 일련의 구조조정 프로그램을 제시하면서 개별 국가들에게 이것의 준수를 요구했다. 위기관리를 위해 들어선 김대중 정권에 의한 이 프로그램의 '성실한' 이행이 조성하는 현실은 무엇이었는가? 노동자들에게 그것은, 정리해고의 강행과 실업의 급속한 증가, 임금의 동결 혹은 삭감, 물가 상승으로 인한 실질 임금의 축소 등으로 다가왔다. 자본에게 그것은 양면적이다. 한편에서는 대기업들을 포함하여 상당수의 생산 기업들의 파산, 고금리로 인한 투자와 생산의 위축이 나타나고 있으며, 다른 한편에서는 바로 그 고금리로 인한 금융 자본의 비대화, 외국 금융 자본의 국내 기업 사냥이 활발히 전개되고 있다. 이러한 현실은 우리로 하여금 '과연 IMF란 무엇인가'를 다시 한 번 물어 보도록 만든다.

브레튼 우즈 체제의 성립과 IMF의 케인즈주의 전략

　세계경제를 조절하고 발전도상국에 차관을 제공하는 것을 내용으로 하는 IMF의 협정 규약은 1944년 뉴 햄프셔의 브레튼 우즈에서 열린 국제 통화·금융 회의에서 공식화되었다. 1945년 12월에 그 규약은 29개국 정부의 서명으로 발효되었으며 이듬해 3월에는 IMF 사령부가 워싱턴에 설치되었다. 이 기구의 활동이 본격적으로 개시된 1947년 이후 IMF에 가입하지 않고는, 즉 자본주의 세계 체제에 통합되지 않고는 세계은행(World Bank)에 입회할 수 없었고 그것으로부터 어떠한 발전 기금도 받을 수 없었다.

　이것이 제2차 세계 대전의 종결과 더불어 구체화된 브레튼 우즈 체제였다. 이 체제는, 1917년을 전후하여 러시아와 유럽에서 혁명적으로 등장한 노동자의 집단적 권력의 승인 위에 국제 통화 질서를 구축하려 했다. 그것은, 달러를 핵심적 국제 통화로 승인하면서 달러와 금을 태환가능한 국제 화폐로 설정했다. 개별 국민 통화들은 고정 환율로 달러와 연결되었고 그 환율은 근본적 불균형이 있을 경우에만 변경될 수 있었다. IMF는, 이러한 고정 환율 체제에서 발생할 수 있는 단기적 불균형을 극복하기 위해 기금이 부족한 나라에 화폐를 공급하기 위한 기구로 설치된 금융기구였다.

　브레튼 우즈 체체 하의 IMF는, 세계의 각 지역에 대한 인플레이션적 달러 공급의 기초 위에서 세계 시장에서의 수요에 대한 국제적 적자 재정을 관리했다. 이 역할은 역설적이게도 세계 시장으로부터 국민 경제들을 일정하게 보호하는 것을 통해 가능했다. 고정 환율 체제가 이 보호의 밸브 역할을 담당했는 바, 그것은 국민 통화를 세계 시장의 단기적 운동들로부터 보호하는 기능을 했다. 이 밸브의 보존이 바로 적극적인 국가 개입이라는 케인즈주의적 구상의 본질적 부분이었다.

달러의 인플레이션적 공급과 신용 팽창, 그리고 고정 환율 체제는 국민국가의 통제하에서 노동자의 '저항'을 임금 '요구'로 바꾸어 체제 내로 통합시키려는 자본의 전략이었다. 그러나 노동자의 권력은 브레튼 우즈 체제 속에서도 체제를 불안정하게 만드는 힘으로 살아 움직였다. 노동계급은 임금의 상승과 복지 확대를 자기가치화의 수단으로 사용하면서 노동 거부를 향해 나아갔다. 사보타지, 결근, '살쾡이' 파업 등으로 표현된 노동 거부 투쟁은 임금을 둘러싼 공식적 파업보다 생산성과 수익성에 훨씬 더 심각한 영향을 미쳤다. 애초에 숙련 노동자의 권력을 파괴시키기 위해 도입되었던 노동과정의 파편화는, 노동과정 교란의 효과를 증폭시켜, 노동에 대항하는 반란의 무기로 역이용되었다. 소외된 노동에 대한 생산에서의 투쟁뿐만 아니라 복지 국가에 의한 삶의 관리에 대항하는 투쟁들(반달리즘, 범죄 등)도 늘어갔다. 1968년 프랑스의 5월 혁명과 1969년 이딸리아의 '뜨거운 가을'에서 정점에 이른 노동과 국가에 대항한 반란은 노동자에 대한 케인즈주의적 통제의 지속가능성을 의문에 부쳤다.

브레튼 우즈 체제의 붕괴와 IMF의 통화주의 전략의 대두

케인즈주의의 종말, 즉 브레튼 우즈 체제의 해체는 1971년 가을, 달러의 금 태환성 유예 선언과 1973년 3월 고정 환율 원리의 포기로 구체화되었다. 투쟁의 상승으로 착취의 비용이 높아지자 생산으로부터 유리되어 화폐의 형태로 축적되는 투기 자본이 급증했고, 세계 통화 체제에서 케인즈주의적 고정환율 밸브가 폐기됨으로써 국민 경제는 국제 시장의 화폐 흐름에 직접적으로 종속되었다. 이로부터 야기된 긴장은 1974~5년의 첨예한 경기후퇴로 표현되었다. 모든 선진 경제들에서 생산은 급격하게 하락했고 인플레이션과 실업률은 치솟았다. 미국 달러의 헤게모니를 잠식했던 유로 달러 시장으로 석유 달러가 유입되면서 세계 통화 체제의 변덕스러움은 증가되었다. 통화주의와 신자유주의는 이러한 상황에 대한 자본의 경제적·정치적 대응 전략으로 성립했다. 그것은 달러와의 고정 관계 속에 있던 통화관계의 포기(변동 환율)와 통화관계에 대한 규제철폐의 기초 위에서, 투기적 화폐 자본의 불안정한 운동을 통해 국민적 화폐 조직에 통화 규율을 부과했다.

1970년대 중반 이후 IMF는 디플레이션(통화수축)을 무기로 착취의 강화, 직·간접적 임금의 인하, 공공 지출과 임금 관계의 엄격한 통제, 고용 보장의 파괴, 국가로부터 노동조합의 추방 등의 대(對)노동자 공격을 감행했다. 그러나 이 공격은 국민 국가에 의해 주도되기보다 IMF의 구조조정 프로그램에 의해 국민국가에 강제되었다. 국민 국가들은 지구적 축적과 양립 가능한 방식 속에서 축적을 관리할 수 있는 권력을 더 이상 갖고 있지 않았기 때문이다.

이러한 디플레이션적 신용통제의 모순은 1980년대 초의 경기침체로 표현되었다. 비싸고 희소한 화폐는 대량 실업뿐만 아니라 고금리를 견디지 못한 생산 자본의 대규모 파산을 가져왔고 급기야 폴란드(1981), 아르헨티나(1982), 그리고 멕시코(1982)는 부채 지불 의무의 불이행을 선언하기에 이르렀다.

이후 금리 인하와 달러 공급의 확대를 통해 파국은 피할 수 있었지만, 생산적 투자를 수반하지 않는 투기적 신용 팽창에 의해 특징지워진 1980년대 중후반의 호황은 상환불가능한 거대한 부채를 자신의 내부에 축적하고 있었다. 그것은 노동계급을 수익성 있는 노동력으로 변형시키는 것에 실패한 것의 직접적 결과였다.

IMF의 위기

　IMF와 미국은 이 붕괴에 확장 정책으로 대응했다. 이자율의 인하, 화폐 공급 통제의 이완, 그리고 은행과 여타의 금융 기관들에 대한 재정적 지원를 포함한 거대한 통화재팽창 정책이 그것이었다. 그러나 노동자들의 불복종으로 점점 고정자본에 대한 더 높은 투자(테크놀로지 혁명)를 요구받게 되자 노동 착취는 비싸져 이윤율은 압박되었고 추출된 잉여가치는 개별 생산 자본들의 부채를 뒷받침하기에는 턱없이 부족했다. 마침내 기업들의 파산과 미회수 부채의 증대는 지구적 신용 붕괴에 대한 우려를 증폭시켰다. 1992년 미국 로스엔젤레스의 반란과 영국의 인두세 반대 투쟁, 1995년 프랑스 노동자들의 파업과 1996년 독일 노동자들의 파업 등은 이러한 우려를 하나의 현실로 전환시켜 가고 있으며, 그것들에 뒤이은 유럽에서의 향수 어린 좌파정당 집권 러시는 위기에 처한 신자유주의를 대체할 대안의 협소함을 여실히 보여준다.

　1997년 이후 신흥 아시아 공업 지역을 휩쓸고 있는 부채 위기는 현대 자본주의가 희망을 걸고 있는 최후의 생산 기지마저 착취의 곤란에 직면해 있음을 보여준다. IMF는 이들 아시아 국가들에 긴급 구제 금융을 제공하는 대신 노동을 축적 과정에 통합하는 일에 이미 실패한 낡은 구조조정 프로그램들(고금리, 정리해고를 통한 대량 실업, 국가의 역할 축소와 시장 자유 등)을 내밀고 있다. 심지어 IMF의 쌍둥이 형제인 세계은행마저 이 프로그램의 현실 적합성에 의문을 표시하고 있는 가운데, 인도네시아 대중들은 대중반란으로, 한국의 노동자들은 노사정 합의의 거부로 이 구조조정 정책에 맞서고 있다. 그러나 지난 수 십 년간의 IMF 정책 변화에 대한 지금까지의 검토는 현재의 위기를 IMF의 특정 정책의 위기로만 볼 수 없게 만든다. 그것은 20세기에 케인즈주의도 통화주의도 해결하지 못한 자본주의의 경제적 발전 전략(삶의 노동화와 노동 착취를 통한 자본 축적) 자체의 심화된 위기이다. 위기의 근저에는 노동에 대항하는 노동계급의 저항과 자기가치화 운동이 놓여 있다. 지금의 위기가 노동계급에게 하나의 기회인 이유는 바로 이 자기가치화의 잠재력 때문이다. 그러므로 노동계급에게 지금 필요한 것은 '경제 회복(즉 발전)을 위한 사회 개혁'이라기보다 '발전인가 자기가치화인가'라는 보다 근본적인 논쟁점의 제기여야 할 것이다. (1998)

경제위기 다르게 보기

하향 안정화하는 금리, 하루가 다르게 상승하는 주가, 줄어드는 재고, 전례 없을 정도로 낮은 기업 부도율, 그리고 꿈틀거리는 부동산 시장……. 1999년 3월 한국 경제가 보여주고 있는 현상들이다. 이러한 현상들은 한국 경제가 바닥을 친 후 위기 국면을 벗어나 상승 국면으로 들어섰다는 진단들을 뒷받침해 주는 것으로 보인다. 그런데도 실업률은 더 치솟아 10% 대로 접근하고 있으며, 임금은 계속해서 삭감되거나 동결될 조짐이다. 뿐만 아니라 국제경제는 여전히 위기의 한 가운데 놓여 있다. 일본 경제는 계속 침체되어 있으며 동유럽의 러시아, 라틴아메리카의 브라질, 에꾸아도르, 베네수엘라 등이 위기를 맞고 있고 중국의 위기가 예견되고 있다. 미국이 호황을 지속하고 있지만 그것이 그 거품과 더불어 주저앉으리라는 것을 의심하는 사람은 많지 않으며 다만 급작스런 붕괴인가 연착륙인가만이 관심사로 남아 있을 뿐이다.

마치 회오리바람 토네이도처럼 위기가 지구 이곳저곳을 할퀴고 있는 상황에서 한국에 상승의 징후들이 출현하는 특이한 국면은 '위기의 지속인가 탈위기 국면의 개시인가'라는 쟁점을 야기하기에 충분하다. 상승을 뒷받침하는 몇 가지 현상들을 찾는 것, 혹은 반대로 위기의 지속을 뒷받침하는 몇 가지 현상들을 찾는 것은 어렵지 않다. 사실상 이 쟁점은 위기를 낳은 원인들을 다시 묻지 않고는 풀 수 없는 문제이다. 현상의 차원에서 탈위기의 징후들이 출현하고 있다고 해도 위기의 원인이 제거되지 않았다면 그것을 위기의 극복이라고 말할 수는 없겠기 때문이다.

한국에서의 위기의 출현과 더불어 개시된 '위기 논쟁'에서 최근의 위기는 주로 순환적 위기나 구조적 위기로 진단되었다. 그러나 현실을 주체의 운동과는 독립된, 객관적 순환이나 객관적 구조로 이해하는 이런 관점들은 위기라는 현실을 객체의 형식 혹은 관조의 형식으로만 파악할 뿐 그것을 감성적 인간활동으로서 혹은 실천으로서 주체적으로 파악하는 것이 아니다. 우리가 자본을 계급들간의 사회적 관계로 이해해야 하듯이 자본의 위기 역시 계급관계의 위기로 이해할 때에만 그 이해 속에 세계의 해석에 머물지 않는 세계 변혁의 능동성의 전망이 담길 수 있다.

이런 관점에서 먼저 한국 경제위기의 국제적 요인을 살펴보자. 주지하다시피, 한국의 경제위기는 동남아시아의 다른 나라들과 마찬가지로 '부채위기'의 형태로 출현하였다. 융자되었던 해외 금융자본들이 만기가 된 융자금의 상환연기 혹은 차환(借換)을 거부하면서 일시에 밖으로 빠져나간 것이 위기를 촉발시킨 원인이 되었다. 여기에서 우리는, 이자를 찾아 광속으로 지구를 떠도는 투기적 금융자본이 위기의 근저에 놓여 있음을 알 수 있다. 아프리카의 메뚜기 떼처럼 지구의 여기저기를 날아다니며 일국경제와 지역경제를 황폐화시키고 나아가 세계경제 전체를 일시에 위기로 몰아넣는 이 거대한 이동성 투기자본의 정체는 무엇인가? 그것은 생산의 지형에서 노동과 대면하기를 피하면서 신용 제공과 이자를 통해 축적하는 자본, 즉 초국적 금융자본이다.

중요한 것은 이러한 초국적 금융자본의 존재가 결코 우연이 아니며 역사적 계급투쟁의 산물이라는 것이다. 그것은 유럽의 1968 혁명에서 출현한 재구성된 노동계급 혹은 새로운 사회적 주체에 대한 자본의 대응으로 출현했다. 학생, 여성, 실업자, 노조 외 노동자들은 전후 유럽의 장기 호황을 이끈 복지국가적 노동분할 체제(보장 노동자 대 비보장 노동자)에 대항하면서 노동 거부(즉 타율적 강제를 거부하는 능동적 삶)와 사회적 임금(즉 노동에서 독립적인 재전유로서의 소득)을 주장했다. 이러한 투쟁은 비보장 노동자들에 의해 주도되었는데, 이 때문에 보장 노동자들의 조직인 당과 노동조합은 자본과의 교섭력을 크게 잃게 되었다. 자본이 그간의 타협전략 대신에 요즈음 흔히 신자유주의라고 불리는 공격전략을 채택하게 된 것은 이 때문이다. 자본은 테크놀로지 혁신을 통해 노동자들을 생산에서 추방하는 한편, 거대 규모의 자본을 생산에서 유리시켜 화폐의 형태(금융자본)로 전화시키고 경직된 유럽 노동계급과의 대결을 피하면서 이를 잉여가치 창출이 용이한 타 지역으로 유통시키기 시작했다. 전후 브레튼 우즈 협정에 따라 창설된 IMF가 미미한 기관으로 존속하다가 1980년을 전후하여 중요한 국제기관으로 부상하는 것은 이 때문이다. 그러므로 1970~80년대에 한국을 포함한 아시아 지역이 신흥 공업국, 신흥 시장으로 변모한 것은 계급투쟁의 이 같은 국제적 지형을 떠나서는 이해하기 어렵다.

그렇다고 한국의 경제 위기가 초국적 금융자본의 음모에 의해 결정되었다고 보는 것은 일면적이다. 투기적 금융자본이 자신의 활동의 자유를 제약하는 해당 지역 경제의 제도적 장치들을 철거해야할 필요성을 갖고 있는 것은 사실이지만 그것의 우선적인 목적은 축적에 있다. 특히 한국의 경우 초국적 금융자본이 경제 위기의 음모적 조성을 통해 그 제도적 장치를 철거해야 할 필요성은 적었다. 왜냐하면 한국 자본 역시 세계화의 필요성에 직면해 있었기 때문이다. 그렇기 때문에 우리는 위기를 결정한 국내적 요인에 주목할 필요가 있다.

유럽의 68혁명이 그랬듯이 한국의 1987년 노동자투쟁은 계급관계의 재구성에 중요한 영향을 미쳤다. 그것은 장시간·저임금 노동에 기초한 국가주의적 경제발전 전략을 파열시켰으며 대중 노동자들의 전국적 결집을 가져왔다. 자본측이 주장하는 '고비용·저효율' 구조라는 표현 속에는 투쟁을 통해 강화된(이른바 '경직된') 노동계급의 활력이 투영되어 있다. 자본은 이에 대한 대응으로 테크놀로지 혁신을 통한 산업 재구조화—이의 완성을 위해서는 초국적 금융자본으로부터의 장단기 융자가 필수적이었다—를 경쟁적으로 추진했지만 그것은 자본의 유기적 구성을 고도화시키고 이윤율을 압박하는 것으로 작용했다. 1997년 초의 신노동법에 반대하는 총파업 투쟁에서 산업 재구조화에도 불구하고 유지되고 있는 재구성된 노동계급의 '경직성'이 재확인되고 착취의 곤란이 가시화되자 초국적 금융자본은 '미래의 착취에 건 내기'로서의 신용을 일시에 회수함으로써 한국에도 '부채 위기'가 출현하게 된 것이다.

그렇다면 지금까지의 IMF 신탁통치는 위기의 이 원인들을 제거했는가? 우선 위기의 국제적 요인으로 작용한 초국적 금융자본은 더욱 위험한 형태로 변형되어 가고 있다. 그것은 지구적 위기를 가져온 신자유주의를 대체할 어떠한 대안적 지배전략도 마련하지 못한 채 지구를 이리저리 횡단하면서 위기의 불씨를 퍼뜨리고 있다. 국내적 요인은 어떤가? 위기를 계기로 현 정권은 노동에 대한 (사실상 지구적 위기를 초래해 온) 신자유주의적 반격을 본격화시켜 노동계급의 취업자와 실업자로의 분할을 어느 정도

마무리할 수 있었다. 임금삭감을 동반한 이러한 분할이 일시적으로 자본의 수익성을 높일 수 있다하더라도 그것은 언제나 자본관계의 근저에서 자본의 위기를 초래하는 노동계급의 불복종성을 더욱 급진적인 형태로 변형시키는 것에 다름 아니다. 그러므로 지금의 '회복' 분위기는 더욱 격렬한 형태의 폭발을 준비하는 위기의 미봉 국면으로 이해해야 할 것이다. 이 새로운 폭발의 힘들은 공장 수준에서는 노동운동의 비타협적 부분의 재결집으로, 그리고 사회적 수준에서는 실업자들의 독자적 조직화 움직임을 비롯하여 공장 밖 지형에서의 다양한 투쟁력들의 생성과 네트워크적 결집 등의 형상으로 이미 가시화되고 있는 것으로 보인다. (1999)

신자유주의에 대한 주체적 접근

　거시담론의 폐기, 신세대, 탈주 등의 주제가 요란스럽게 토론되던 때가 바로 엊그제인데 오늘은 많은 사람들이 IMF, 신자유주의, 금융자본 등에 대한 거시적 설명을 요구하고 있다. 포스트모더니즘의 거센 목소리에 눌려 자칭 '맑스주자들'이 반성하고 고백한 지 몇 년이 지나지 않아서 이제 자칭 '포스트모더니스트들'이 반성과 고백을 시작하고 있는 풍경도 눈에 띈다. '맑스주의의 파산' 주장에 힘을 실어준 1991년 소련의 해체만큼, 오늘날 '포스트모더니즘의 파산'을 강제하는 1997년 경제위기도 우리에게는 갑작스럽게 찾아온 불청객이다. 하지만 이것은 다시금 우리를 둘러싼 현실과 그 속에서 살아 움직이는 대중들의 투쟁들을 성찰하게 만드는 소중한 기회로 다가온다.

　올해 들어 발간된 세 권의 책들 —『자본의 세계화와 신자유주의』(민주와 진보를 위한 지식인연대, 문화과학, 1998년 1월), (『신자유주의와 세계민중운동』(전태일을 따르는 민주노조운동연구소 편역, 한울, 1998년 2월),

『사빠띠스따: 신자유주의, 치아빠스 봉기, 사이버스페이스』(해리 클리버 지음, 이원영·서창현 옮김, 갈무리, 1998년 3월) — 은 이 급작스런 사건에 대해 이해하고 나름대로의 대안을 추구하려는 지적 대응의 일부이다. 이 책들은 각각 나름대로의 시각에서 오늘날의 세계경제를 진단하고 주체적 실천전략들을 모색하고 있어 주의 깊고 비판적인 독서를 요구한다.

　세 권의 책들은 오늘날 자본의 지배전략을 신자유주의로 보는 점에서는 대체로 공통된 시각을 보이고 있다. 하지만 신자유주의에 대한 이해방식은 사뭇 달라서 그것에 비판적이라는 추상적 공통성 외에 실천적 대안에서의 구체적 접근점을 찾기가 그렇게 쉽지 않다. 나는 이 주제 서평을 통해 각 책들에 나타난 신자유주의에 대한 시각들의 차이와 그것의 정치적 의미를 점검해 보려한다.

　『자본의 세계화와 신자유주의』는 경제 위기와 사회의 신자유주의적 재편의 국면에서 <지식인연대>에 의해 이루어진 적극적인 이론적 개입의 산물이다. 이 편집서는 오늘날의 신자유주의 공세에 대한 전면적이고 본격적인 비판을 시도하고 있다는 점에서 주목할만하다. 상대적으로 다양한 입장들을 보이고 있는 이 논문 모음집에서 김세균은 신자유주의 개념을 전통적 국가독점자본주의 개념과 연결시키면서, 현대 자본주의를 '포스트포디즘적·신자유주의적 국가독점자본주의'로 규정하고, 신자유주의를, '사회적 관계의 총체를 시장경제적 관계로 재편하거나 시장경제적 관계에 최대한 종속시킴으로써 자본운동의 자유를 극대화하려고 하는 정치적 이념이자 운동'으로 정의한다. 그에 따르면 신자유주의는 1970년대 중반 이래 세계 자본주의가 심대한 구조적 불황에 빠져든 이후 그 구조적 불황의 부담을 자국 및 제3세계의 노동자·민중 전체에게 폭넓게 전가시켜 해결하려고 한 선진국 독점자본의 반동적인 공세이다. 그리고 그것은 포스트포드주의적 생산체제의 수립과 자본운동의 세계화에 의해 뒷받침되면서 이전의 포드주의적·케인즈주의적 국가독점자본주의를 대체한다고 주장된다.

케인즈주의가 신자유주의에 의해 대체되었다는 김세균의 주장은 현대의 유럽의 역사과정에 대한 적실한 설명이다. 그리고 민영화와 자본의 자유이동에서 보이듯 신자유주의가 국가보다 시장을 우선시한다는 것 역시 사실이다. 신자유주의가 포스트포드주의 생산체제를 '확립'했는가는 논란의 여지가 있지만 그것이, 오늘날 포스트포드주의라는 용어로 특징지워지는 고도 테크놀로지적 생산, 소품종 다량생산, 노동의 유연화 등을 전략적 목표로 추구하고 있다는 주장 역시 하나의 경향적 사실로 받아들여진다. 그러나 김세균의 주장은 신자유주의의 동학을 자본과 노동의 적대 관계를 중심으로 설명하기보다 자본의 자기운동을 통해 설명하려 한다는 점에서 객관주의적 경향을 갖는다. 그는, 자본이 자신의 필요에 따라 스스로 운동방식을 바꾸어 나가며 그것이 체제 이행을 가져온다고 보고 있기 때문이다. 그래서 그는, "신자유주의 국가로의 이행은 선진자본주의 국가들에서는 구조적 불황의 심도가 다른 나라들보다 강하고 노동계급의 힘이 상대적으로 약했던 영국과 미국과 같은 나라에서 가장 먼저 그리고 가장 강도 높게 이루어지고 그 이후 그러한 이행이 다른 나라들에게까지 확산되어 가는 형태로 이루어졌다"고 말하게 된다. 신자유주의로의 이행이 노동계급의 힘이 약했던 나라들에서 가장 강하게 이루어진다면 그 이행의 동력은 노동계급으로부터 나오는 것으로 볼 수 없을 것이다. 물론 이 생각은 유럽의 역사적 경험과 일치하지 않는다. 유럽의 자본은 복지국가 과정에서 강한 노동계급과 대면했었고 신자유주의는 이 강한 노동계급의 저항 외에 1968년에 폭발한 프롤레타리아 여러 층의 불복종성에 대한 대응으로 발전했기 때문이다. 따라서 그가 말하는 '구조적 불황' 개념은 노동자 주체성과는 일정하게 분리된 그 무엇임이 분명하다.

　전태일을 따르는 민주노조운동연구소(이하 민노연)의 편역서 『신자유주의와 세계의 민중운동』의 기조논문 「신자유주의란 무엇인가」 역시 신자유주의로의 이행의 동력을 자본 내부의 모순에서 찾는 점에서는 김세균의 글과 유사하다. "이것의 추동력은 선진 독점자본주의의 내부 모순이다. 더 이상 지배할 수 있는 영역이 늘지 않으며 지배력을 강화시킬 수 있는 기술적 능력은 한계를 드러낸 조건 속에서 자본은 거대하게 늘어나고 있는 상태—이것은 근본적인 모순이다." 민노연의 시각에 따르면 유휴적 화폐자본이 생산자본의 첨병으로 나서는 것은 이 때문이다. 즉 독점자본이 금융자본을 내세워 자본의 자유로운 활동범위를 전 지구적으로 확대하고 비타협적으로 유연화 착취를 강요함으로써 자본의 지배를 확대·강화한다는 것이다. 그래서 신자유주의는, 민노연에 의해, 축적애로를 타개하기 위한 독점자본의 몸부림으로, 전 지구로 팽창하는 자본주의로, 금융과 투기를 전면화하고 있는 부패한 자본주의로, 노동을 비타협적으로 공격하는 반동적 자본주의로, 제3세계 민족 경제를 허물어뜨리는 제국주의적 자본주의로 정의된다.

　그렇지만 민노연의 논의에서 '왜 더 이상 지배할 수 있는 영역이 늘지 않는가, 지배력을 강화시킬 수 있는 기술적 능력은 왜 한계를 드러냈는가?'라는 질문은 정면에서 제기되지 않으며 하나의 전제로 받아들여지고 있는 것으로 보인다. 마치 김세균의 설명에서 '케인즈주의의 구조적 불황이 어디에서 연유하는가'라는 문제가 정식으로 제기되기보다 실증적으로 서술되어 버리거나 이윤율 하락 경향이라는 자본주의의 근본 법칙의 자연스런 결과로 이미 전제되고 있듯이 말이다. 이 문제들에 대한 설명의 누락은, 자본의 운동 기저에서 그것의 부단한 운동과 동요를 낳는 노동계급의 활력을 무시하거나 혹은 그것을 자본의 권력의 한 계기로만 축소시킴으로써 자본의 권력을 과대평가하게 되고 그 결과 노동자를 위축되게 만들 수 있다.

그러나 민노연의 편역서 『신자유주의와 세계의 민중운동』은 진정한 의미에서의 '권력, 세력 또는 힘은 현재 존재하는 것을 계속 존재하게 하는 힘이 아니라 현재 존재하지 않는 것을 실현시키는 힘'이라고 보는 영국의 맑스주의자 홀러웨이의 글 「사빠띠스따와 권력의 새로운 개념」, 그리고 이딸리아 출신의 맑스주의자 맛시모 데 안젤리스의 「경제의 자율성과 세계화」, 멕시코 사빠띠스따 부사령관 마르꼬스의 글 「제4차 세계 대전이 시작되었다」 등을 비롯하여 UPS 노동자 투쟁, 영국의 거리 탈환 운동, 리버풀 부두 노동자들의 투쟁, 브라질의 땅없는 노동자들의 투쟁 등을 소개함으로써 투쟁하는 노동계급의 주체적 시각으로 신자유주의를 이해하도록 도와줄 수 있는 풍부한 자료를 제공한다.

『사빠띠스따』의 저자 해리 클리버는 케인즈주의에서 신자유주의로의 이행뿐만 아니라 고전적 자유주의에서 케인즈주의로의 이행을 노동계급의 투쟁에서 찾음으로써 다른 두 책에서 누락되어 있는 질문을 제기하고 그것에 응답한다. 그에 따르면 1930~40년대에 북에서 있었던 산업 노동자들 및 실업자들의 투쟁과 1940~50년대 남에서의 반식민 투쟁들이 결합되어 고전적 자유주의와 식민주의를 종식시킨다. 케인즈주의는 임금과 단체교섭의 정부관리, 생산성 성장을 지원하기 위한 국가차원의 산업보조금 지급, 비임금 인구를 위한 복지국가, 그리고 신식민지들에서의 역반란과 발전의 혼합 등을 통해 이러한 투쟁들을 체제 내로 봉쇄한다. 그럼에도 불구하고 노동자, 여성, 학생, 농민, 그리고 생태주의자들 등을 중심으로 1960년대와 1970년대에 등장한, 노동거부를 초점으로 한, 반란들은 케인즈주의를 위기에 빠뜨리며 자본을 생산에서부터 유리시켜 화폐자본으로 축적시킨다.

이런 시각에서 보면 앞서 민노연이 신자유주의의 몸체로 규정한 '투기적 화폐자본'은 노동계급의 노동거부 투쟁으로 말미암아 인간의 삶을 노동력 상품으로 변형시키는 데 실패한 자본으로 이해될 수 있다. 그러므로 신자유주의는 노동계급에 대한 공격과 그 권력의 해체를 통해, 즉 노동자의 삶을 노동으로 전환시킴으로써 다시금 착취와 축적을 회복하려는 자본의 전략으로 이해할 수 있다. 그것이 투쟁을 통해 축적된 노동자들의 집단적 권력(그것들은 오늘날 사회적 임금, 노동조합, 고용의 안정성, 사회적 복지 … 등으로 표현된다)에 대한 가차 없는 공격을 포함하는 것은 당연하다. 오늘날 신자유주의적 발전이라는 목표 하에서 '경제를 살리자'는 표어로 표현되는 정부 주도의 통념들은 축적의 회복이라는 신자유주의의 꿈의 대중적 표현일 뿐, 삶의 자율성의 회복과 확대라는 노동계급의 꿈과는 대립하는 것이다. 사빠띠스따들은 이러한 신자유주의의 꿈에 대항하는 살아 있는 투쟁의 한 실례이다. 우리는 이러한 투쟁들의 축적과 유통이 이미 '신자유주의의 위기'를 현실화시키고 있는 것을 세계의 여러 곳에서 목격하고 있다. (1998)

사회주의 : 자본주의 발전의 국가주의적 주권형태

20세기와 사회주의

자본주의는 인류의 대다수를 나날이 노동의 굴레에 묶어두고 서로를 경쟁시키며 이윤을 위해 전쟁을 하도록 강요한다. 뿐만 아니라 자본주의는 이윤을 위해 인류의 보금자리인 자연을 무차별적으로 파괴한다. 이것은 하루 종일 노동의 고역에 시달리는 노동자들, 실업으로 생계수단을 잃고 노동할 자리를 찾아 헤매는 실업자들, 성적 사다리를 기어오르도록 채찍질당하는 학생들, 자식들과 남편 뒷바라지에 평생을 바치는 주부들, 늙어서 오갈 곳 없는 자신을 발견하게 되는 노인들, 자동차나 공장에서 나오는 매연과 소음으로 코와 귀를 막으면서 살지 않으면 안 되는 시민들 등등, 말하자면 사회 구성원 모두가 경험하는 보편적 현실이다. 이것은, 세계금융시장의 큰 손이자 투기적 주식소유자인 조지 소로스 같은 사람도 이제 공공연히 인정하는 사실이다.

20 세기 내내 자본주의의 대안이 무엇인가에 대한 고민이 진지한 생활인들, 활동가들, 예술가들, 과학자들 등에 의해 추구되어왔다. 이것은, 자본주의가 양적으로 그리고 외면적으로는 우리의 삶을 거대하고 휘황찬란한 것으로 만드는 것처럼 보이면서도 질적으로 그리고 내면적으로는 대다수 인류를 하루하루 죽지 못해 사는 숨 막히는 세월 속으로 몰아넣고 비명과 아우성이 끊이지 않도록 만들어 왔음을 시사한다. 인류는 20 세기에 들어 자본주의를 대체할 새로운 사회를 꿈이나 사상으로서 추구했을 뿐만 아니라 실제의 사회체제로서 건설한 바 있다. 소련, 동유럽, 아시아의 사회주의나 스웨덴을 비롯한 북유럽 및 서유럽의 사회민주주의는 그 사례들이다.[1]

사회주의는 1920년대 이래 한국의 좌파에게도 줄곧 자본주의를 대체할 대안사회로 인식되었다. 이것을 위해서 체포, 고문, 구금, 사회적 배제, 심지어는 죽음의 고통까지 감수한 사람들의 수가 이루 헤아릴 수 없을 정도이다. 사회주의는 이렇게 오랫동안 우리의 희망의 깃발이었다. 그것은 적대 없는 사회, 강제 없는 사회, 차별 없는 사회, 풍부한 사회의 표상이었다. 지구상에 사회주의가 현존한다는 사실은, 사회주의권 밖의 사람들에게는, 자본주의와 싸우면서 그것의 고통스런 시간을 견딜 수 있는 힘을 주는 것이었다.

그런데 1990년대에 갑작스럽게 사회주의 나라들은 도미노 식으로 붕괴했으며 살아남은 사회주의 나라들도 자본주의 세계체제에 동화되는 길을 밟기 시작했다. 북서유럽의 사회민주주의들도 자유주의와 달랐던 그들의

---

1) 나는 사회주의와 사회민주주의를 여기에서 거의 같은 차원에서 다룰 것이다. 왜냐하면 이 양자는 생산수단과 권력을 국가의 수중에 집중하고 이것을 지렛대로 사회적 생산을 운영하며 사회적 적대를 관리한다는 점에서 공통적이기 때문이다. 차이는 국가의 수중으로 생산수단과 권력을 집중하는 방법이 전자는 혁명을 통해서 후자는 선거를 통해서 이루어진다는 것뿐이다. 이에 대해서는 조정환, 『21세기 스파르타쿠스』, (갈무리, 2002)의 제1부를 참조하라.

사회주의 : 자본주의 발전의 국가주의적 주권형태 43

사회운영 원리를 포기하면서 급속하게 신자유주의에 동화되어 갔다. 이 과정에서 사회주의나 사회민주주의의 허상이 벗겨지고 그 내부의 모순들, 적대들이 외부로 알려지게 되었다. 예컨대 동유럽에서 제작되거나 동유럽을 그린 것들 중에서 진지한 영화들(<심문>, <이너 서클>, <문 앞의 적> 등등)은 동유럽을 대안 사회로 생각했던 한국의 좌파 지식인들 및 활동가들에게는 실로 충격적인 장면들을 보여주었다.

이것들은 사회주의의 역사에 대한 구체적 검토를 하지 않을 수 없도록 강제하고 또 그것의 원리에 대한 근본적 재검토를 하지 않을 수 없도록 압박하는 역사적 사건이었다. 사회주의의 역사에 대한 좀더 자세한 이야기는 사회주의의 경험과 실상을 쉽고 흥미 있게 전달해 주므로 사회주의를 이해하는 데 큰 도움을 줄 수 있을 것이다. 하지만 그것은 긴 시간을 필요로 하므로 여기서는 사회주의의 원리를 이해하는 데 도움이 되는 범위 속에서 그것의 이론사와 실제사를 검토해 보도록 하자.[2]

사회주의의 문제의식

사회주의라는 말은 1832년 생시몽의 제자인 프랑스인 삐에르 르루에 의해 처음 사용된 것으로 나타난다. 이 말은 같은 무렵 영국에서 로버트 오웬의 추종자들에 의해서도 사용되었다. 프랑스 대혁명 이후 부르주아 사회의 실상이 어느 정도 드러난 이 시기에 사회주의라는 말은 사회관계의 근본적 변혁을 통해 부와 권력의 위계적 분배를, 다시 말해 빈곤과 불평등과 부자유를 제거해야 한다는 생각을 표현했다. 사회주의자들이 맹렬하게 비

---

[2] 크리스 하먼의 『동유럽에서의 계급투쟁』, (갈무리, 1994)은 전후 동유럽 사회주의의 역사의 숨겨진 이면을, 그리고 이언 버첼의 『서유럽 사회주의의 역사』, (갈무리, 1995)는 전후 서유럽 사회민주주의의 숨겨진 역사를 이해하는 데 큰 도움을 준다.

판한 것은 무엇보다도 자유시장과 경쟁적 자본주의의 무정부성과 그것들 내부의 파괴적 적대였다. 이들은, 개인들이 자신들의 이익을 무제약적으로 추구하게 되면 그것이 자연스럽고 조화로운 사회를 가져오리라는 토마스 홉스나 아담 스미스 같은 사람들의 생각을 단호하게 거부했다. 그 대신 그들은 사회적 차원에서 인류가 상호협력하고 서로를 위해 연대할 수 있다고 주장했으며 개인적 이익도 협소한 이기적 차원에서가 아니라 공동체의 차원에서 폭넓게 정의할 필요가 있다고 주장했다. 이 점에서 사회주의자들은 오늘날의 코뮤니스트들3)과 많은 공통점을 갖고 있다.

그러나 사회주의자들은 오늘날의 코뮤니스트들과는 다른 면을 갖고 있었다. 그 차이는, 이러한 목적을 달성하기 위해 이들이 사용하고자 한 방법들에서 두드러지게 드러난다. 예컨대 사회주의의 창시자이자 자본가였던 오웬은 억압당하고 있는 비합리적 대중들이 사회주의적 엘리뜨들에 의해 새로운 습관을 갖도록 교육될 필요가 있다고 주장했다. 그렇게 되면 영국 산업이 더욱 생산적이고 수익성 있게 되리라는 것이었다. 오웬은 처음에는 동료 자본가들과 귀족들이 그러한 교육을 수행해 줄 것을 기대했다. 하지만 기대가 어긋나자 그 교육을 수행할 주체를 노동조합과 협동조합에서 찾게 되며 마침내는 유토피아적 공동체 실험으로 나아가게 된다. 오웬과 달리 생시몽은 은행가와 기업가에게서 사회를 계획하고 운영할 주체를 찾았다.

당시 사회주의자들에 비해 소유의 특권과 빈곤을 제거하는 것에 더욱 급진적이었던 자코뱅 경향의 사람들(바뵈프, 부나로띠, 블랑끼 등)도 사회주의자들과 마찬가지로 '위로부터의 사회 변혁'이라는 관점을 공유했다.

---

3) 전통적 맑스주의의 사상체계에서 코뮤니즘은 사회주의로부터의 이행을 통해 도달하는 그것의 높은 국면으로 정의되어 왔지만 나는 여기에서 그것을 '현재의 모순을 타파하는 주체성의 연합적 운동' 그 자체로 정의한다.

이들은 오웬이나 생시몽과는 달리 가난한 사람들, 밑바닥 사람들, 그리고 노동하는 사람들을 위해 싸웠다. 그런데 이들의 목적은 사회변혁을 이루기 위한 국가권력의 장악에 있었다. 이들은 이 목적을 달성하기 위해 소규모의 혁명가들로 구성된 비밀결사를 수단으로 사용했다.

사회주의자들에 대한 맑스의 비판과 그 한계

사회주의자들의 이러한 엘리트주의적 경향, 위로부터의 하향식 혁명 전략에 대한 비판은 맑스에 의해 이루어진다. 그는 「유태인 문제에 대하여」에서 사회적 해방을 정치적 해방으로부터 구분하면서 양자를 동일시하는 청년 헤겔학파 브루노 바우어의의 관점을 비판한다. 이 글은 인간의 유적 자율(인간해방)의 입장에서 정치적 해방론을 비판하는 내용을 담고 있는데 이것을 우리는 '위로부터의 사회주의'에 대한 근본적 비판으로 읽을 수 있다.

> 현실적이고 개별적인 인간이 추상적 공민을 자신 속으로 환수하고 개별적 인간으로서 자신의 경험적 삶, 개별적 노동, 개별적 관계 속에서 유적 존재가 되어 있을 때, 그리고 인간이 자기 '고유의 힘'을 사회적 힘으로 승인하고 조직하며, 따라서 그 사회적 힘이 더 이상 정치적 힘의 형태로 자기자신으로부터 분리되지 않을 때, 이 때 비로소 인간 해방이 완성된다.[4]

완성된 정치적 국가 속에서 인간은 정치적 공동체의 상상적 구성원으로서의 삶과, 타인을 수단으로 간주하고 자신까지 수단으로 격하시키는 시민사회에서의 사적 인간으로서의 삶 사이에서 분열된다. 바로 이 분열의 재생산이야말로 국가가 시민사회를 극복하는 "정신주의적"[5] 방법이라고 해

---

4) 칼 맑스, 『맑스의 초기저작 : 비판과 언론』, 열음사, 361쪽.

야 할 것인데, 역설적인 것은, 바로 사회주의자들이 이 정신주의적 방법을 가장 완성된 형태로 제안한다고 볼 수 있다는 것이다. 맑스는, 인간이 현실적으로 제약에서 자유로워지지 않고도 국가가 그 제약으로부터 자유로워질 수 있다는 주장, 다시 말해 인간이 자유인이 아님에도 국가가 자유로운 국가일 수 있다는 주장은 사실상 인간을 현실의 제약에 묶어놓는 신비한 방법의 하나일 뿐이라고 비판한 것이다.

 그는 이 초기의 생각을 철학 비판과 정치경제학 비판을 통해 구체화하는데 그것을 통해 발견한 것이 희생자일 뿐만 아니라 (아니 오히려) 주체인 프롤레타리아트이다. 맑스에게서 프롤레타리아트는 "시민사회의 한 계급이지만 시민사회의 계급이 아닌 한 계급"이며 "국가 체제의 결과들에 일면적으로 대립하고 있는 것이 아니라 국가 체제의 전제들과 전면적으로 대립하고 있는 한 영역"이다. 프롤레타리아트의 현존재 속에서는 봉건제의 원리인 신분뿐만 아니라 부르주아 사회의 원리인 사적 소유까지 해체되어 있다. 그리고 프롤레타리아트는 완전한 인간 상실을 표현한다. 그런데 바로 이 때문에 프롤레타리아트는 인간의 완전한 재획득을 통해서만 자신을 획득할 수 있는 계급이 될 수 있는 것이다.[6]

 프롤레타리아트를 주체로서 형상화한 것은 위로부터의 사회주의 관념을 극복할 중요한 이론적 단초를 마련한 것이다. 그러나 국가권력 장악을 통한 사회변혁이라는 사회주의적·자코뱅적 관념은 맑스에게서도 유지된 적이 있다. 『공산주의자 선언』에 나타난, 국가권력 장악과 국가의 민주화라는 생각이 그것이다. 여기서 물론 국가권력 장악의 주체는 프롤레타리아트로 재조정되어 있다. 하지만 「유태인 문제에 관하여」에서 그가 '특정한

---

5) 같은 책, 343쪽.
6) 같은 책, 386~387쪽.

국가에 대한 비판이 문제가 아니라 국가 자체에 대한 비판이 문제'라고 한 점에 비추어 보면 이것은 이론적으로는 일정한 후퇴를 의미한다.

맑스 이후의 맑스주의적 사회주의론

이것은 이후의 맑스주의자들에게 국가권력 장악을 혁명 운동의 초미의 관심사로 삼을 수 있는 문헌적 빌미를 제공했다. 정작 맑스 자신은 1870년의 파리 코뮨을 경험하면서, 프롤레타리아트는 기존의 국가권력을 장악해서 그대로 사용할 수 없고 자신의 고유한 사회운영의 제도를 새로이 창출해야 한다고 주장했다. 그렇지만 이 변화된 생각은 후세대의 맑스주의자들에게 별로 주목되지 못했다.

맑스주의자들은, 러시아 미르 공동체 연구에서 보이듯이 역사 발전의 객관적 필연성보다 생산자들의 직접적 연합이라는 주체성에 더 큰 강조점을 두게 된 말년의 맑스와는 반대 방향으로 나아갔다. 아래로부터의 혁명 운동인 파리 코뮨이 패배하자 이들은 이것으로부터 자본주의가 안정화되었다는 결론을 이끌어 냈다. 그리고 이들은, 자본주의는 궁극적으로 붕괴할 수밖에 없으므로 이 시기에 대비하기 위해 선거를 통해 기존의 국가권력을 장악하고 이를 지렛대로 사회를 바꾸어 나가자는 (오늘날 전형적인) 의회주의적·사회민주주의적 이행관을 이끌어 냈다. 맑스 사후 결성된 제2인터내셔널은 바로 이러한 이행관에 토대를 두고 구축된다.

우리가 사회민주주의와 대립적이라고 이해하는 레닌의 혁명적 사회주의는 생각만큼 사회민주주의와 대립적이지 않다. 레닌은 제2인터내셔널 우파의 의회민주주의적 전략에 반대하고 혁명의 필연성을 강하게 주장했다. 하지만 그는 국가권력 장악이라는 목표를 우파(베른슈타인) 및 중도파

(카우츠키)와 공유했다. 한 발 더 나아가 그는, 직업적 혁명가들의 비밀결사라는 자코뱅의 방법론을 그대로 도입하여 전위와 대중을 명확하게 구분지음으로써 맑스에 의해 비판된 바 있는 위로부터의 사회주의라는 관념을 재생시켰다.

물론 레닌도 1905년 혁명의 패배 이후에 맑스의 국가론을 탐구하여 기존 국가 기구의 파괴라는 생각으로 나아간 적이 있다.[7] 하지만 그는, 국가권력의 장악이 혁명의 첫째 목표라는 생각을 바꾸지는 않았다. 그가 국가권력 장악의 주체를 무엇으로 보았는가는 애매하다. 1917년 혁명의 초기인 4월에 그는 "모든 권력을 소비에뜨로"라고 하는 전술구호를 통해 프롤레타리아의 자기조직을 권력 주체로 설정하지만 그해 7월 이후부터는 이 구호를 철회했다가 10월 혁명 직전에 다시 이 슬로건을 제기한다. 전체적으로 보면 이러한 태도 변화는 전위당인 볼셰비키가 실질적으로 권력을 장악할 수 있는가 없는가라는 기준에 따라 이루어졌던 것으로 보인다.

이렇게 사회주의와 사회민주주의에서 국가권력 장악이 초미의 관심사로 대두되는 것은 그것이 반혁명의 힘을 진압할 집중된 권력을 제공할 수 있으며 시장 경제의 무정부성을 극복할 중앙계획화의 힘을 제공할 수 있다는 이유 때문이다. 확실히 국가권력은 국가에 반하는 힘들을 진압하고 계획화의 가능성을 제공할 수 있다.

그런데 문제는 간단하지 않다. 대체 '국가에 반하는 힘'은 무엇을 지시하며 '사회주의적 계획화'란 실제로 무엇에 기여하는가? 이 문제를 이해하기 위해 사회주의의 역사 속에서 '국가에 반하는 힘'이 무엇으로 설정되었으며 '사회주의적 계획화'가 무엇에 기여했는가를 살펴보아야 한다.

---

7) 이것은 레닌이 가장 좌익적이었던 시기에 집필한 『국가와 혁명』, (한국어판 ; 논장, 1988)에 나타난다.

역사적 사회주의의 실제

1917년이 우리에게 중요한 의미를 갖는다면 그것은 그전까지 공상이나 희망 혹은 과학의 형태로만, 다시 말해 추상적으로만 존재했던 사회주의가 실제의 사회체제로 구체화되었다는 것이다. 러시아에서 프롤레타리아는 봉기를 했고 전위당은 그것을 지도했으며 당이 국가권력을 장악하여 주요한 생산수단을 국유화 혹은 집단화했던 것이다. 국가는 강력한 계획체제를 도입하여 일상적 의미의 시장을 일소하고 노동력, 노동수단, 노동대상(원료) 등 생산의 제 부문을 계획에 종속시켰을 뿐만 아니라 생산물에 대한 계획적 분배를 시행했다.

1928년 이후에 도입된 중공업화는 후진국 러시아를 산업 선진국, 기술 첨단국, 군사 강대국, 공업 생산량 세계2위의 소련으로 빠르게 탈바꿈시켰다. 소련은 국가주도의 계획이 무엇을 가져올 수 있는가를 보여주었다. 분명히 이것은 민족의 독립을 이루었을 뿐만 아니라 생산력 발전을 가져왔고 축적을 가속시켰다. 제3세계가 소련을 자신의 미래상으로 설정하게 된 것은 이 민족 독립과 경이로운 산업 발전 때문이었을 것이다.

대체 이 경이로운 발전은 무엇에 의해 이루어졌던 것일까? 우리가 주목해야 할 것은, 국가주도의 계획이 다름 아니라 민중의 노동을 계획적으로 조직하는 활동이었다는 것이다. 혁명 이후 러시아는 노동자 국가라는 명분으로 노동자들의 헌신과 희생을 요구하고 또 실제로 동원할 수 있었다. 물론 그것은 순수하게 자발적이었던 것만은 아니다. 공산주의적 토요노동이 권장되는가 하면 쉼 없이 일하는 스타하노프적 인간형을 사회주의적 인간형으로 선전하는 이데올로기 작업이 뒤따랐고 사회주의 국가에 대한 도전은 크론슈타트의 수병반란처럼 프롤레타리아의 움직임인 경우에도 반혁명으로 간주되어 무력으로 진압되었다. 결국 반혁명을 방어할 수 있는 권력의 집중장소로서의 국가는 프롤레타리아에게 강제노동을 부과하는 기구로 바뀌었고 계획은 이 강제노동의 효율성을 극대화하기 위한 계획으로 자리 잡았다. 프롤레타리아트의 권력기관인 소비예뜨와 노동자의 경제적 방어조직인 노동조합은 사회주의가 발전하면 할수록 형해화하여 국가의 명령을 노동계급에게 전달하는 전동벨트로 바뀌었다. 오직 당과 관료의 권력만이 비대해져 갔을 뿐이다.

일당국가의 이 거대한 힘은 주요한 생산수단의 국유화에서 주어졌다. 자본주의는 생산수단으로부터 생산자들을 분리시키는 것에서 시작되고 그 분리의 유지를 통해서 나날이 재생산된다. 사회주의는 과연 이 양자의 분리를 지양했던 것일까? 국유화는 과연 이 분리의 지양을 향해 나아가는 실질적 경로였을까? 결코 그렇지 않다. 국유화는 생산자와 생산수단의 분리를 유지하는 '비개인적' 방식이었을 뿐이다. 국가 그 자체가 집단적 자본가로 전화하여 생산수단을 장악하고 있었고 생산자인 노동계급은 임금노동자와 다를 바 없이 생산수단에 대한 실제적 접근권과 통제권을 갖지 못했다. 국유화는 생산자와 생산수단의 분리를 극복하는 실질적 경로가 아니었다. 그것은 소유자로서의 국가와 생산자로서의 민중 사이의 적대를 나날이 심화시킬 뿐이었다. "정치적 국가가 자신의 생명의 철폐, 즉 길로틴을 향해 다가가는"[8] 일은 일어나지 않았고 민중을 길로틴으로 밀어 넣는 일만이 증가했다.

국가권력이 강화하는 것의 이면은 노동자 권리의 약화였다. 사회주의가 발전하면서 노동조합은 파업권, 단체교섭권 등을 점차 박탈당하고 임금 수준은 정부의 결정에 종속되었다. 노동자들은 성과급제의 대대적 도입으로

---

8) 칼 맑스, 『맑스의 초기저작 : 비판과 언론』, 열음사, 345쪽.

상호간의 치열한 경쟁('사회주의적 경쟁')에 노출되었다. 생산 기준량을 초과하는 비율에 따라 누진적으로 높은 성과급이 주어졌기 때문이다. 이렇게 노동자 개개인들이 상호경쟁으로 원자화되자 1930년대부터는 노동자의 이주나 이동도 허락을 받고서야 이루어질 수 있었다. 혁명 직후에 폐지되었던 짜르의 국내통행허가제가 1932년에는 훨씬 더 악화된 형태로 재도입되었기 때문이었다. 또 파업은 반혁명적 사보타지로 분류되어 사형 또는 장기 징역형으로 처벌되었다.

이 모든 것은 미국을 따라잡자는 발전주의적 경쟁 논리에 의해 정당화되었다. 외형적으로 사회주의에서는 자본가 계급이 없는 것으로 보였고 이윤 범주도 사라진 것으로 보였으며 피착취자·피억압자로서의 노동계급도 없는 것으로 보였다. 하지만 당과 국가에 포진해 있는 관료 집단은 날이 갈수록 국가자본을 돌보는 자본가 계급으로 기능했으며 국제무역 속에서 이윤은 뚜렷한 모습으로 나타났다. 사회주의적 인민은, 생산수단으로부터 유리되어, 살아가기 위해서는 위로부터의 명령에 따라 노동현장에 나가지 않으면 안 된다는 점에서 자본주의 하의 프롤레타리아와 다를 바가 없었다. 이렇게 자본주의적 계급적대는 사회주의 속에서 변형된 형태로 재생산되었다. 이 점을 떠나서는, 동독에서 왜 노동자들이 평의회를 구성해서 당에 대항했는지, 체코슬로바키아나 폴란드 혹은 헝가리에서 민중들이 봉기했을 때 왜 소련군이 파병되어 이들을 무력으로 진압했는지, 중국 천안문에서 학생들이 당과 국가에 대항하는 시위를 벌인 이유가 무엇이며 이들에게 당이 발포 명령을 내리게 된 동기는 또 무엇인지, 소련의 해체와 공산당의 불법화를 왜 시민들이 환영했는지, 유고슬라비아나 알바니아나 북한에서 주민들이 왜 목숨을 건 탈출을 시도했고 또 지금도 하고 있는지를 이해하기란 불가능하다.

사회주의의 경험은 우리에게 자본주의가 무엇인지를 다시 정의하지 않을 수 없도록 자극한다. 자본주의는 자본가 계급이 있는가 없는가, 혹은 임금노동이 있는가 없는가에 따라 정의되곤 했다. 혹은 자본주의는 상품경제가 있는가 없는가 혹은 임금노동이 있는가 없는가에 따라 정의되기도 했다. 이러한 정의들은 사회주의 사회들에 표면적으로 부르주아지가 존재하지 않으며 상품경제나 임금노동이 존재하지 않는다는 사실을 들면서 사회주의 사회를 자본주의와는 뭔가 근본적으로 다른 사회로 정의하도록 유도한다. 분명히 사회주의는 시장 중심의 자유주의적 자본주의와는 다른 형태, 다른 원리에 따라 움직인다. 시장 자본주의와는 달리 국가가 사회의 중심에서 생산, 유통, 분배 등 사회의 재생산의 제 계기들을 조직한다.

그런데 그것의 결과로서 반복적으로 재생산되는 것은 무엇인가? 사회적 개인들이 생산수단으로부터 지속적으로 유리되는 사회에서 그 개인들이 자신들로부터 유리된 생산수단에 접근하려면 자신의 외부에 권력으로 구축되어 있는 국가와 명령-복종의 관계를 맺지 않으면 안 된다. 특정한 개인들의 입장에서 보면 각자가 능력에 따라 명령의 지대에 진입하기도 하고 또 복종의 지대로 떨어지기도 하는 것으로 보이지만 명령-복종의 관계 자체는 이것들을 통해 끊임없이 구조적으로 재생산된다. 각 개인들이 이 관계에 자신의 삶을 정열적으로 투여하면 그럴수록 그들은 이 관계에 더욱 깊이 종속된다. 사회주의적 인민 속에서 개인들은 국가를 떠나서 횡적으로는 아무런 관계가 없는 원자화된 개인들, 연합하지 못한 개인들로 존재한다. 법률, 관행, 문화, 정치 등 사회의 제 부문이 개인들을 사회적 개인으로 형성되지 못하도록, 오직 국가와의 관계 속에서만 자신의 사회성을 발현하는 정치적 개인들로 머무르도록 규제하고 설득하고 관행에 젖게 한다.

개인과 국가가 맺는 명령/복종 관계의 핵심은 노동이다. 개인들은 국가 속에서 노동할 수 있고 국가 속에서만 노동의 성과를 분배받을 수 있다. 국가와의 관계를 떠나서 개인들은 사회주의적 노동세계에 참여할 수 없으며 그렇게 되면 살아남을 수 없다. 개인들의 삶은 노동이라는 단일한 표준 척도에 따라 측정된다. 바로 이것은 생시몽, 오웬과 같은 공상적 사회주의자들뿐만 아니라 프루동과 같은 무정부주의적 사회주의자들, 엥겔스, 카우츠키와 같은 과학적 사회주의자들, 그리고 레닌, 뜨로츠끼, 로자, 그람시와 같은 혁명적 사회주의자들, 판뇌쾨크, 오토 룰레와 같은 평의회 공산주의자들 등이 스탈린주의자들과 공유한 핵심적 생각이자 동시에 자본가들이 밤낮으로 추구하고 있는 바로 그것이다. 사회주의적 노동 윤리는 자본주의적 노동 강제를 윤리로까지 격상시킨 산물일 뿐이다. 사회주의가 자본주의의 국가주의적 발전 형태에 다름 아닌 것은 바로 이 점 때문이다. 사회주의는 삶의 다양성을 노동이라는 오직 하나의 표준으로 환원시키는 통합되고 동질적인 사회체제라는 점에서 자본주의를 새로운 형태로 반복하고 있다. 이 사회 속에서 계급적대는 노멘클라투라(소련의 특권계급)와 사회주의적 인민 사이의 적대로 변형되어 나타난다.

시장과 국가를 넘어서

만약 두 세기에 걸쳐 자본주의의 대안으로 생각되어온 사회주의가 자본주의의 변종에 불과하다면, 과연 우리가 자본주의를 벗어날 길이 있기나 한 것일까? 많은 포스트맑스주의적 사유들 혹은 포스트사회주의적 사유들이 이 질문 앞에서 '출구는 없다' 혹은 '대안은 없다'고 단정하고 자본주의를 필요에 맞게 고쳐가면서 살자는 생각에 안착하기 시작했다. 사회주의를

'필연적인' 대안체제로 굳게 믿은 사람일수록 오늘날 '대안이 없다'는 절망에 빠지기가 더욱 쉽다. 그러나 이 절망의 논리는 인류의 희망을 어떤 객관적인 '대안적 사회체제'에서 찾는 몰주체적 관점의 표현이다. 이러한 관점은, 인류의 희망이 현재의 문제를 타개해 나가는 인간의 사회적 실천에, 인간들 간의 사회적 관계를 변혁하는 과정 자체에 있음을 잊고 있다. 실제로 사회주의적 관점은 '객관적 진리'의 이름으로 이 몰주체적 관점을 정식화한 바 있다. 이 관점 속에서 인간의 주체적 실천과 노력은 자연과 역사의 객관적 발전에 종속된다.

맑스는 사회주의자들과는 달리 미래에 대한 구체적 언급을 최대한 자제했다. 그는 야만의 가능성을 늘 잊지 않으면서 혁명의 잠재력을 탐색했다. 왜냐하면 미래는 현재에 작동하고 있는 (사회적이고 자연적인) 다양한 경향들의 각축에 의해 결정될 열려진 문제라고 생각했기 때문이다. 확실히 미래는 정해진 길을 따라 가는 예정된 과정이 아니다. 그러므로 우리는 밝은 미래가 확정되어 있지 않은 만큼 어두운 미래도 확정되어 있지 않다고 말할 수 있다. 그것은 전적으로 우리의 지적 정서적 행위적 노력에 달린 문제일 것이기 때문이다. 사빠띠스따들은 이것을 '물어가며 걷기'라고 표현했다.

맑스는 시장에 대해서 가졌던 단호한 비판적 태도만큼 국가에 대해서 단호하게 비판적이지는 않았다. 그는 사회변혁에서 국가가 수행할 역할에 대해서 말할 때 조심스러움을 보였다. 또 국가에 관한 그의 견해는 자주 변하며 이론적 입장과 전술적 태도 사이에 뛰어넘기 어려운 간극이 발견되기도 한다. 그러나 지난 한 세기에 걸친 사회주의의 실험을 겪고 난 후의 우리도 국가에 대해서 그처럼 조심스러운 태도를 가져야 할 것인가? 노동계급이 그것을 장악하고 이용하여 새로운 사회를 가져올 수 있다고 생각할 여지를 남겨두어도 좋을 것인가?

  나는 그렇지 않다고 생각한다. 국가는 화폐, 자본과 마찬가지로 개인들 사이의 소외된 관계의 정치적 표현일 뿐이다. 생산수단으로부터 생산자의 분리가 교환관계를 발생시키고 그것이 가치관계, 즉 노동시간에 의한 삶 시간의 측정과 단순화를 야기하며 그 결과 화폐가 개인들을 매개하는 일 반적 등가물로 우리의 삶에 개입한다. 그리하여 화폐는 개인들의 모든 노동의 산물이 그 개인들을 더욱더 생산수단과 생산행위, 그리고 생산물로부터 분리시키는 전도된 역할을 수행한다. 바로 이 화폐처럼 국가도 각 개인들이 자신들의 고유한 활력으로부터 분리되는 상황에서 그 복수적 개인들의 공동관계를 매개하는 초월적이고 환상적인 권력으로 성립하는 것이며 개인들의 활력은 국가 회로를 따라 흐르는 한에서는, 매순간 권력으로 전도되어, 각 개인들의 삶을 짓누르는 물구나무 선 역할을 하게 되는 것이다.

  이 사실은 국가를 권력의 해체, 즉 개인들의 활력을 활성화하는 수단으로 사용할 수 있으리라는 좌파의 많은 사람들의 믿음이 근거 없는 것임을 의미한다. 또한 동시에 이 사실은 국가가 무력이나 테러를 통해 일거에 폐지될 수 있으리라는 일부의 구식 무정부주의자들의 신념도 근거 없는 것임을 의미한다. 이것은, 교환의 공간인 시장이나 교환의 수단인 화폐 혹은 교환의 결과인 자본이 법령이나 폭력을 통해 타도되거나 폐지될 수 없는 것과 마찬가지다. 공식적 시장이 금지된 상태에서 무수한 암시장의 비공식적 꿈틀거림을 보여주었던 사회주의의 실험은 이 점을 여실하게 보여준다. 개인들이 노동시간을 척도로 하는, 그리고 화폐를 매개체로 하는 교환을 통해 소통하는 사회적 관계(즉 가치관계) 자체를 계속 받아들이는 한, 다시 말해 화폐적 교환의 관계를 대체할 새로운 인간적 관계를 창출하지 못하는 한 인간이 소외를, 그리고 시장이나 국가를 극복하는 것은 불가능할 것이다.

  그러면 우리가 이 가치관계를 어떻게 폐절할 수 있을 것인가? 정말 어려운 문제가 아닐 수 없다. 가치관계 자체가 지금까지의 인류가 (어떤 의미에서는) 스스로 구축한 관계이기 때문에, 이 문제의 해결을 위해서는 전 인류의 지혜를 집단적으로 모으고 조직할 것을 필요로 한다. 이것은 유적 차원에서 인간의 집단적 결의를 통해서만 온전히 풀 수 있는 문제이다.

  그렇다면 우리는 인류의 의지가 결집될 때까지 기다리며 이 문제의 해결을 유예해야 할 것인가? 그렇지 않을 것이다. 우리는 지금, 우리의 삶이 제기하는 모순들과 갈등들을 바로 우리들 각자가 서 있는 현장에서 힘닿는 데까지 풀어나가려 노력함으로써 그 각각의 노력들의 의식적 협력을 향해 나아갈 수 있을 것이다.

  20세기까지의 역사는 우리에게 '시장인가 국가인가'를 선택하도록 강요해 왔고 이 강요 앞에서 자유주의자들은 시장을, 사회주의자들은 국가를 선택해 왔다. 실제로 20세기 후반의 역사는 제1세계의 복지국가나 제2세계의 사회주의 국가나 제3세계의 권위주의 국가 등 지구상의 모든 지역이 국가를 중심으로 사회관계를 조직해 왔다고 해도 과언이 아니다. 그러나 국가가 민중에게 가져다준 것은 권태(제1세계), 질식(제2세계), 비참(제3세계)이었다. 역사는 (시장이 그랬듯이) 국가도 개인들의 공동관계를 매개하는 환상적 공동체였음을 보여준다. 1968년의 대중들이 시장도 국가도 아닌 공동체의 길을 추구하자, 자본과 국가는 이에 맞서 지금 신자유주의라는 이름의 통제체제를 구축하고 있다. 그것은 경제적인 것과 정치적인 것의 분리를 세계시장과 제국의 관계로 재생산하는 것이다.

  이러한 상황에서 좌파의 주류는 국가라는 환상적 공동체를 수호하거나 강화하려는 시도를 하고 있다. 이것은 사회(민주)주의자들이 20세기에 추구했던 바로 그 길이다. 이것은 분명히 보수적인 방책이다. 아무리 그것이 진보라는 이름으로 포장된다고 하더라도 말이다. 물론 시장과 국가의 고전적 분절결합 대신 세계시장과 제국으로의 새로운 분절결합으로 나아가고 있는 자본의 행보가 진보적인 것도 아니다. 왜냐하면 그것은 가치관계를 지키기 위한 새로운 몸부림일 뿐이기 때문이다.

가치관계를 폐절하려면 시장에의 의존이나 국가에의 호소를 넘어서야 한다. 그것은, 오늘날 매우 다양한 모습으로 살고 있는 개개인들이 경제와 정치의 분리를 거부할 것을 요구한다. 인간이 자기 '고유의 힘'을 사회적 힘으로 승인하고 조직하면서도, 그 사회적 힘이 더 이상 정치적 힘의 형태로 자기자신으로부터 분리되지 않도록 노력할 필요가 있다는 것이다. 삶의 다양성이 노동으로 환원되는 것을 거부하고, 개개인들의 공동관계를 어떤 초월적 권력의 매개 없이 직접적으로 실현하기 위한 의식적 조직적 실천적 노력이 필요하다. 이를 위해서 아마도 우리는 화폐의 삶, 권력의 삶을 살기보다 화폐나 권력의 대의제를 삶의 직접적 필요에 종속시키는 방향으로 나아가야 할 것이다. 이것을 우리는 (68혁명의 함성과 사빠띠스따들의 절규[야! 바스따!]를 참조하면서) 자율·자치라고 부를 수 있을 것이다.

사회주의라는 용어는 더 이상 유토피아적이지 않으며 생산적이지도 않다. 지금까지와는 다른 '진정한' 사회주의의 가능성을 모색하는 것도 그다지 바람직한 일이 아니다. 왜냐하면 사회주의는 단일한 목적, 단일한 원리, 단일한 형태, 단일한 조직에 인류를 종속시킨다는 점에서 자본주의의 원리를 그대로 체현하는 것이기 때문이다. 개개인들의 삶과 문화, 사회적 기획에서의 풍부함과 다양성을 살려 나가면서 서로의 공동관계를 상승적으로 조절하는 인간관계를 표현할 새로운 개념이 창안될 필요가 있다. 맑스를 비롯하여 많은 사람들은 이것을 코뮤니즘(communism)[9]이라는 용어를 사용하여 설명하려고 노력해 왔다. 만약 우리가 이보다 더 풍부하고 창의적인 개념을 창안할 수 있다면 현 시대의 문제를 풀어나가는 실천 활동이 한층 기쁘고 보람 있는 일이 될 것임은 분명하다. (2002)

---

9) 이것은 오랫동안 '공산주의'라고 지칭되어 온 일괴암적 사회와는 다른 것으로 이해되어야 한다. 이에 대해서는 조정환 편역, 『미래로 돌아가다』, 갈무리, 281쪽 참조

프롤레타리아가 사회주의를 거부한 후

　우리는 소연방의 해체를 둘러싸고 전개되는 여러 해석들 가운데 뚜렷이 변별되는 두 가지 견해의 대립을 볼 수 있다. 하나의 견해는 그것이 사회주의에 대한 자본주의의 영원한 승리를 의미한다는 것이다. 이것은 조지 부시를 비롯한 우파 이데올로그들에 의해 제기되었다. 또 하나의 견해는 소연방의 해체가 사회주의의 해체가 아니라 또 다른 형태의 자본주의(요컨대 국가자본주의)의 해체에 불과하다는 것이다. 이것은 국제사회주의자들을 비롯한 다양한 좌파 지식인들 및 활동가들에 의해 제기되었다.
　그런데 이 두 가지 견해가 암묵적으로 공유하고 있는 생각이 있다. 그것은 사회주의가 1917년 혁명에서 드러난 프롤레타리아의 혁명적 자결능력의 사상적 체제적 표현이라는 것이다. 이 생각을 통해 우파는 프롤레타리아의 자본에 대한 종속이 피할 수 없는 역사적 운명임을 강조하고 싶어한다. 그리고 좌파는, 소연방의 해체에도 불구하고, 사회주의는 여전히 오늘날의 프롤레타리아가 자신을 해방시키기 위해 치켜들 수 있는 기치라고 말하고 싶어 한다.

  그러나 1917년 혁명의 역사는 사회주의가 프롤레타리아 혁명의 표출임과 동시에 그것의 봉합이었음을 보여준다. 1905년에 레닌은 러시아 프롤레타리아의 혁명적 자치조직인 소비예뜨의 의미를 폄하했다. 그러나 망명에서 돌아온 1917년의 레닌은 러시아 프롤레타리아의 혁명적 자결능력의 중요성에 대한 인식을 강하게 보여준다. 그것은, 그가 많은 구 볼세비끼들의 반대에도 불구하고 당내에서 관철시킨 "모든 권력을 소비예뜨로!"라는 전술구호에 집약되어 있다. 이 구호는 1902년 『무엇을 할 것인가』에서와는 반대되는 생각을, 즉 사회주의적 의식성을 프롤레타리아 자생성에 복종시킬 것을 암시하는 것이며 오늘날 사빠따주의자 마르꼬스가 주장하는 "복종하는 명령"의 사상에 접근하는 것이다. 이것은 사회주의당에 의한 국가권력 장악을 사회주의로 이해하는 통념과는 거리가 먼 것이다. 레닌은 1916년에 『국가와 혁명』에서 국가장치의 파괴가 필요하다는 생각을 강렬하게 제기했었다. 그것은 제2인터내셔널의 통념인 국가권력 장악의 전략과는 사뭇 다른 것이었다. 또 이에 앞서 그는, 카우츠키의 사회애국주의와는 달리 "제국주의 전쟁을 내전으로"라는 봉기전술을 제기한 바 있다. 혁명사상의 이 발본화가 그로 하여금 국가주의로 치닫던 제2인터내셔널로부터의 분리와 소비예뜨주의에의 사상적 접근을 가능케 한 것으로 보인다.

  그러나 그가 보여준 발본적 사고는 실제적 혁명의 시기에 지속되지 못했다. 1917년 10월(혹은 좀더 빠르게는 7월 4일) 이후 레닌의 사고는 제2인터내셔널적 관념으로 돌아간다. 이것은 혁명의 힘의 급격한 하향과 동시적인 것이었다. 짜르 시대의 국가기관들은 파괴되기보다 온존되었으며, 권력은 정반대의 방향으로, 다시 말해 '소비예뜨로부터 (당과 일체화된) 국가로' 옮겨갔다. '사회주의'의 건설과정으로 불리는 이 과정이 프롤레타리아의 자결능력의 해체와 봉합의 과정이었음을 우리는 주목해야 한다. 프랑스, 헝가리, 독일 등에서의 혁명이 패배하기 전에, 이미 러시아에서의 혁명이 기울고 있었던 것이다. 대중의 자치적 권력기관인 소비예뜨가, 노동조합과 마찬가지로, 당의 명령을 대중 차원에서 관철시키는 전동벨트로 전화한 것은 혁명이 사회주의에 한정되었음을, 나아가 혁명이 사회주의 속에서 봉합되었음을 뚜렷이 보여준다. 전개된 것은, 레닌의 말 그대로, 국가자본주의에 다름 아닌 사회주의였다.

소연방의 해체는 분명 사회주의의 해체이다. 그러나 그것은 프롤레타리아의 자결능력의 해체를 의미하는 것은 아니다. 그것은 오히려 사회주의로부터 그것의 해방을 보여준다. 월러스틴이 1989년을 일컬어 1968년에서 1989년에 걸친 한 시기의 마지막 해라고 했듯이 사회주의의 해체는 1960년대 이후 이미 실제적으로 진행되고 있었다. 이 해체 과정을 이끈 핵심적 동력은, 사회주의자들의 주장과는 달리, 제국주의라기보다 공산당과 사회주의 국가에 대항하는 전통적인 혹은 현대적인 노동자들이었다. 솔제니친과 사하로프로 대표되는 작가들, 과학자들, 예술가들, 기술자들 등의 저항투쟁, 저임금의 노동강제에 대항하는 광산 노동자들의 파업들, 사회주의 쿠데타를 인간사슬로 좌절시킨 민중들을 빼고서 소연방의 해체를 주체적으로 설명할 수는 없다.

설령 20세기 초의 세계 프롤레타리아들이 사회주의를 자신들의 과도적 대안으로 사고했다 할지라도 현대의 지구적 프롤레타리아들은 자신의 손으로 사회주의를 해체시키면서 새로운 대안구축의 필요성을 제기하고 있다. 그것은 이미 1917년 혁명에서 소비예뜨의 형상으로 자신을 드러낸 바 있는 프롤레타리아의 자결능력을 '지구화하는 자본주의의 모순을 타파하는 현실적 운동'으로 재구성하는 데에서 시작될 수 있는 일이다. 최근 다시 부활하고 있는 노동계급의 전투성들(예컨대 미국 GM 노동자 파업)을 비롯하여 새로운 노동자들이 창안한 새로운 투쟁형태들(예컨대 반지구화 투쟁의 전자적 네트워크들)에 우리가 주목해야 하는 이유는 바로 이 때문이다. (2001)

제2부

제국의 석양, 촛불의 시간

제국의 석양은 시작되는가

1991년 소련의 붕괴와 더불어 부시 1세가 '새로운 세계질서'를 선포한 지 12년이 지났다. 그 질서에 무엇이 새로웠는가? 냉전 권력하의 국가주의적 세계체제에서 초국적 자본 주도의 시장주의적 세계체제로, 케인즈주의에서 신자유주의로, 제국주의에서 지구제국으로의 전환이 뚜렷이 나타난 것이다.

이 새로운 세계질서는 두 가지 형태의 전쟁을 수반했다. 첫째로는 전 세계의 노동계급에 대한 화폐적 명령체제의 구축을 위한 계급적 내전. 여기에는 국유산업들을 공공성 동기에서 벗겨내 이윤 동기에 종속시키기 위한 사유화 전쟁, 노동조합을 중심으로 구축된 노동계급의 정치적 구성을 해체하기 위한 유연화 전쟁이 포함된다. 이른바 '재구조화'라고 불리는 이 내전의 결과로 지금 지구상의 무수한 원주민과 노동자들이 추방, 정리해고, 고용불안정, 임금삭감, 노동강도 강화 등을 겪고 있다. 또 하나의 전쟁은 신자유주의화에 장애가 되는 민족국가들과 그 주민에 대한 군사적 전쟁이다. 여기에는 베네수엘라, 북한, 쿠바, 이라크, 이란 등 인민주의적이거나 국가주의적이거나 혹은 근본주의적인 질서를 통해 초국적 자본의 자유로운 운동에 걸림돌이 되는 국가들에 대한 신자유주의화 전복전쟁이 포함된다. 1991년의 걸프전, 1999년의 발칸전쟁 등은 그 전형적 사례들이다.

전자의 전쟁이 주로 IMF, WB, WTO, MAI, 그리고 개별 민족국가들에 의해 수행되었다면 후자는 주로 UN, NATO, MDP(미사일방위체제), 각국 군대들에 의해 수행되었다. 제국주의 시대와 달라진 것은 이 둘 중 어느 전쟁에서건 이해당사자들과 지배세력들(기업들, 국가들, 기타 이익단체들) 사이의 협상과 합의가 전쟁의 필수요건으로 등장했다는 것이다. 이것은 지배체제가 통일적 세계권력의 구축을 위한 비잔틴적 연합의 형태를 갖추었음을 의미한다.

그렇다면 신자유주의적 제국 체제는 새로운 케인즈주의인가? 그렇지 않다. 지배세력간 합의가 중요해진 만큼 지배세력의 다중에 대한 일방주의는 강화되기 때문이다. 이 계급간 적대의 첨예화가 불러온 것은 아래로부터 다중의 새로운 도전이다.

신자유주의의 첫 번째 전쟁에 대항하는 도전들은 1992년의 로스앤젤레스 봉기, 1994년의 치아빠스 봉기, 1995년 프랑스 공공부문 총파업, 1996년 한국 노동자 총파업, 1997년 인도네시아 반란으로 이어졌고 마침내 이것들은 1997년에 아시아, 라틴아메리카, 러시아에서의 신자유주의를 경제위기로 몰아넣었다. 제국은 이 위기를 신자유주의를 더욱 확장하고 심화하는 기회로 삼으로 했고 이를 위해 세계의 여러 지역에 금융폭탄을 터뜨렸지만 도전은 중단되지 않았다. 1999년 씨애틀에서 신자유주의적 지구화에 반대하는 직접 행동이 폭발하여 퀘벡, 제노바에로 계속되었으며 2001년 아르헨티나의 다중은 봉기를 통해 지구화에 항의했다.

신자유주의의 두 번째 전쟁에 대항하는 도전들은 이와는 다른 형태를 띠었다. 알 카에다는 2001년 9월 11일 쌍둥이 빌딩을 붕괴시켰고 북한은 핵개발을 통해 대량살상무기의 합의적 독점체제(NPT)에 정면으로 도전했으며 베네수엘라의 차베스는 빈민들의 결집을 통해 미국이 지원하는 쿠데타 기도를 좌절시켰다.

신자유주의적 제국은 다중의 아래로부터의 도전에, 그리고 신자유주의의 경계선에 있는 국가들의 옆으로부터의 도전에 직면하여 미·일을 포함하는 세계경제의 동반 침체로 표현되는 체제위기를 겪고 있다. 체제위기는 흔히 지배세력들 간의 분열을 초래한다. 이 상황에서 가장 큰 곤란에 봉착한 것은 새로운 세계질서 속에서 초국적 자본의 정치적·군사적 무기고의 기능을 맡게 된 미국이다. 서구의 지배계급들이 다중의 투쟁에 밀려 주춤하는 가운데 미국의 매파들은 합의 없는 일방행동에의 욕망에 더욱더 이끌리고 있다. 미국은 9.11에서 정점에 이른 비신자유주의 국가들의 도전이 갖는 취약점(대중으로부터 분리된 테러 사용)을 역이용할 수 있다고 믿고 있다.

신자유주의적 초국적 자본들을 지키기 위해 미국이 내놓은 새로운 전략은 '테러에 대항하는 무한전쟁'이다. 이것은 미국의 이라크 공격의 목표가 비단 석유 통제권의 장악에만 있지 않음을 암시한다. 미국은 두 번째 도전(미국이 '악의 축'이라 부르는 국가들의 옆으로부터의 도전)에 대한 역공을 통해 첫 번째 도전(아래로부터 '다중'의 도전)까지 진압하려는 이중목표 하에서 움직이고 있다. 그 암호명은 '신자유주의를 위기로부터 구출하기'이다.

그러나 이 기도는 2003년 2월 15일 천 만 명 이상이 결집된 전 지구적 반전시위에 의해 좌절될 위기를 맞고 있다. 영국의 블레어마저 반전시위의 압력에 밀려 후퇴함으로써 미국에 대한 전폭적지지 세력의 폭은 점점 좁아지고 있다. 미국의 새로운 전략은 아프가니스탄에서의 승리가 채 확인되기도 전에 이미 포위되고 고립되고 있는 것이다.

  그럼에도 불구하고 미국의 매파는 '전쟁이 일어나면 여론이 달라진다'는 신념에 따라 일방적 전쟁 개시를 주장하고 있다. 미국의 일방주의는 전 세계 지배계급 내 합의에 의한 다중 지배라는 신자유주의적 제국질서의 골간을 무너뜨릴 것이고, 이로 인한 지배세력의 분열과 지배의 전 지구적 위기는 완전히 '다른' 세계를 구축하기 위한 한층 높은 기회를 다중에게 제공할 것이다. 오늘날 전 지구적 수준에서 성장하고 있는 다중들의 투쟁이 만약 (월러스틴이 장기파동론에 따라 결정론적 방식으로 예상하고 있는) '미국의 종말'을 현실화한다면, 그것은 신자유주의의 비잔틴식 제국 자체의 종말을 알리는 서막이 될 것이다. (2003)

전쟁의 시간과 촛불의 시간

　　냉전 시대의 종식은 새로운 형태의 열전 시대를 열었다. 1991년에 걸프에서, 1999년에 발칸에서 미국과 그 동맹국들은 이라크, 유고슬라비아에 폭탄을 퍼부었다. 그것은 미·소 두 초강대국을 중심으로 분할된 진영간의 냉전과 달랐을 뿐만 아니라 식민지 분할을 노리는 거대 제국주의 나라들 사이의 전통적 열전과도 달랐다. 그것은 냉전 붕괴 이후의 신자유주의적 세계질서 하에서 '보장받는' 권력들이, 서로간의 합의를 기초로, 이 질서 속에서 보장받지 못하는 소외된 권력들을 공격하는 형태를 띠었다. 이 새로운 전쟁은 국제법을 준거로, UN을 주체로 수행된다는 점에서 일종의 지구적 경찰행동이었으며 지구제국 속에서 보장 집단과 비보장 집단 사이의 내전의 형태를 띠었다.

　　2001년 9월 11일은 이슬람 근본주의로 무장한 비보장 집단의 신자유주의에 대한 도전을 보여주었다. 그런데 그것은 신자유주의적 지구화에 대항하여 지난 십 여 년 간 발전되어온 비판의 쟁점을 일거에 역전시켰다. 1994

년 사빠띠스따 봉기에서 시작되고 1999년부터 본격적으로 결집된 반(혹은 대안)-지구화 시위가 지구제국 대 지구다중의 적대를 명백히 제기하면서 신자유주의에 대항하는 전 인류적 연대를 부각시키고 있던 시점에서 알 카에다는 미국을 지목한 테러를 벌였다. 이것은 계급들 사이의 적대 대신 권력들 사이의 적대와 민족국가들 사이의 적대를, 다시 말해 낡은 민족주의적 대립구도를 중심적 의제로 끌어올렸다. 이 대립구도에 붙인 알 카에다의 이름은 지하드, 즉 "성전"이었다.

이것은 미국에게 역전의 호기를 제공했다. 미국은 알 카에다가 제기한 대립구도를 지구제국의 관점에서 재해석했다. 그것은 '성전'을 '테러'로 범죄화하고 "테러에 대한 전쟁"을 기획하는 것으로 나타났다. 미국이 체계화한 정치적 범죄학에 따르면 "테러에 대한 전쟁"의 적(敵)은 세 가지 유형으로 분류된다: 1) '악의 축'=이라크, 이란, 북한 2) '불량 국가'=쿠바, 리비아, 수단 3) '실패한 국가'=시에라 리온, 소말리아.

미국 자신의 말처럼 이 전쟁은 끝이 있을 수 없는 것이다. 왜냐하면 테러 잠재국가로 분류되는 세 번째 범주, 즉 '실패한 국가'는 신자유주의의 패배자를 지칭하며, 신자유주의가 금융폭탄으로 끊임없이 패배자를 만들어 내는 한에서 실패한 국가의 목록은 무한히 늘어날 것이기 때문이다. 남미의 신흥공업국 아르헨티나가 서서히 '실패한 국가' 범주로 추락하고 있는 현실에서 세계에서 미국의 적성 국가로 되지 않도록 보장되어 있는 나라는 전혀 없다고 해도 과언이 아니다. 이 점은 미국이 2001년 말 아프가니스탄을 공격한 후 알 카에다 조직원을 잡는다는 명목으로 소말리아, 보스니아·헤르체고비나에서 군사작전을 개시한 것에서, 그리고 이란, 예멘, 인도네시아, 필리핀 등 중동 및 동남아시아의 여러 국가에 특수부대를 투입할 예정이라고 밝히고 있는 것에서 암시되는 바이기도 하다.

이처럼 "테러에 대한 전쟁" 전략은 미국이 아래로부터 다중의 도전과 옆으로부터 비보장 국가들의 도전에 직면하여 지구제국의 정치적·군사적 무기고로서 자신의 위상을 만회하기 위한, 그리고 미·일을 포함한 세계경제의 동반침체로 나타난 신자유주의의 위기를 극복하기 위한 군국주의적 역습이다. 그리고 이 역습의 전략은 지난 십년간 '인도주의적 개입'에서 '테러에 대한 전쟁'으로 서서히 발전해 왔다.

그렇다면 이라크에 대해 미국이 기도하고 있는 전쟁도 이 기획의 일부인가? 물론 그렇다. 미국은 이라크를 공격해야 할 이유를, 이라크가 '대량살상무기'를 개발하고 있으면서 그것을 감추고 있다는 점에서 찾는다. 이 무기가 이라크의 전제주의의 배경이 되고 잠재적 테러 국가나 테러 집단에 판매되면 전 세계에 위협을 주게 된다는 것이다.

좌파의 많은 주장들은 이것을 순전한 '구실'로만 보면서 이라크에 매장된 세계 제2위 수준의 석유가 미국이 이라크를 침공하려 하는 '진짜' 이유라고 설명하는 경향이 있다. 미국이 OPEC으로 결집된 (주로 비자유주의적인) 산유국들에 의한 유가통제로 인해 어려움을 겪고 있는 것은 사실이며 이라크에 대한 영향력 증대가 침체에 빠진 미국경제를 활성화하는 데 유익할 것임은 분명하다. 실제로 1990년대에 붐을 이루었던 하이테크 산업이 거품을 남기며 이윤창출에 실패한 상황에서 석유와 연관된 전통적 산업 부문이 수익성을 만회할 산업으로 기대되고 있는 것도 사실이다.

그렇지만 석유를 미국의 이라크 침공의 유일한 혹은 가장 중심적인 이유로 파악하는 것은 일면적이다. 주로 지금의 전쟁을 제국주의의 식민지 쟁탈전과 동일시하는 데서 비롯되는 이 견해는 석유가 매장되어 있지 않은 북한의 경우와 이라크의 경우를 분리시키고 미국이 북한을 공격할 가능성이 없다는 결론을 내리게 한다.

'테러에 대한 전쟁'이 신자유주의의 위기를 극복하려는 전쟁이라는 시각에서 보면, 미국이 침공의 명분으로 들고 있는 '대량살상무기'는 무시할 수 없는 중요성을 갖는다. 이 맥락에서 북한의 핵개발은 이라크의 생화학무기 개발만큼이나, 아니 그보다 더 신자유주의 하 미국의 위상에 위협적인 것으로 간주되고 있다고 볼 수 있다. (일방적인 이라크 침공에 비판적인 브레진스키가 '더 위험한 것은 이라크보다 북한'이라는 견해를 노골적으로 표현한 것을 주목하라.) 신자유주의적 발전은 하이테크 정보화에 의존해 왔고 그것은 대량파괴무기를 생산할 수 있는 능력을 지구 전체에 확산시켰다. 신자유주의의 경제적 패배자들도 상대적으로 적은 비용으로 대량파괴무기를 생산할 수 있는 것이 지금의 현실이다. 미국은 이러한 현실이 신자유주의의 핵심 무기고로서의 자신에게 가해오고 있는 위협에 예민해지고 있다.

'테러에 대한 전쟁'은 지구제국의 비보장국가들 및 세력들에 의한 대량학살무기의 생산과 판매를 저지함으로써 전후 지금까지 유지되어온 독점체제, 즉 소수국가들 혹은 신자유주의 질서 속의 보장 국가들에 의한 대량파괴무기 독점체제를 유지하는 것과 깊은 관계를 갖고 있다. 왜냐하면 대량파괴무기의 생산이야말로 신자유주의의 지구적 산업구조를 규정하는 강력한 힘일 뿐 아니라 다중에게 복종을 강요하고 명령을 부과할 절대적이고 형이상학적인 권력으로 기능해 왔기 때문이다.

이런 의미에서 '테러에 대한 전쟁'은 9.11의 근본주의적이고 민족주의적인 상상력을 전유하여 그 전쟁을 '성전'의 주체들을 겨냥하는 것으로 되돌리는 한편 지금까지 신자유주의에 대항하여 발전해온 다중의 전 지구적 연대운동을 해체시키는 것에 주요한 목적을 둔다. 이것은, 미국이 주창한 '테러에 대한 전쟁' 기획이 즉각적으로 세계 각국에 반향을 일으켜 각국이 앞다투어 '테러방지법'을 제정한 것에서 확인할 수 있다. 최근의 테러방지법들에서 테러는 기존 체제에 위해가 되는 모든 행동을, 다시 말해 일체의 파업이나 시위까지 범죄시할 만큼 광범위한 것으로 정의되고 있다.

이런 상황에서 한국을 포함한 많은 나라의 반전운동은 반미주의의 목소리에 이끌리고 있다. 반미가 반전의 주요 요구로 등장하는 데에는 나름의 이유가 있다. 미국이 유럽의 여러 나라들의 반대를 무릅쓰고 이라크에 대한 침공을 일방적으로 이끌면서, 전쟁을 원치 않는 다중의 표적이 되고 있기 때문이다. 그래서 반미주의는 강력한 호소력으로 다중 속에 파고들고 있다.

하지만 다중은 반미주의를 통해 너무 많은 것을 잃는다. 그것은 미국 내의 광범위한 반전세력들을 잃게 되며 이보다 더 중요하게는 지금까지의 대안적 지구화 투쟁들을 통해 구축해 온 자신의 지구 정치적 주도력을 잃는다. 왜냐하면 미국 내에서 반유럽주의가 형성되고 있고 유럽과 기타 지역에서 반미주의가 형성되고 있는 국면에서 하나의 민족국가 미국에 반대하는 기획은 또 다시 특정 민족 국가나 권력 블록들에서 새로운 정치적 대안을 찾게 하는 효과를 낳을 것이기 때문이다. 이 측면에서 볼 때, 마치 자연스러운 것처럼 받아들여지는 반미주의는 다중의 투쟁을 무력하게 만들 수 있는 함정으로 작용한다.

확실히 오늘날 지구제국 속에서 유럽파와 미국파의 분열이 나타나고 있는 점은 주목되어야 한다. '테러와의 전쟁' 전략은 각국 지배계급에게 그것이 불러일으킨 폭넓은 공명과는 대조적으로 그 전쟁의 방법(폭, 수위, 속도)을 놓고 지구제국 보장국가들 사이에 갈등을 불러일으키고 있다. 이것은 '민족국가들의 상층합의'라는 지구제국을 떠받쳐온 기둥이 허물어지고 있음을 보여준다. 이 분열을, 이라크 석유를 둘러싼 이해관계의 차이를 중심으로 해석하는 것은 일면적이다. 2003년 1월 18일과 2월 15일의 전 지구적 반전시위가 각국 지배계급에 불러일으킨 태도변화(예컨대 블레어의 후퇴와 이라크 전에 대한 EU 공동성명서의 도출)에서 읽을 수 있듯이, 지구제국 지배세력들 사이의 분열은 아래로부터의 투쟁들이 지구제국의 상층에 불러일으키는 효과이다.

자신의 투쟁의 결과로 지배계급들이 갈등할 때 다중은 갈등하는 양편 중의 그 어느 한편을 편드는 함정에 빠지지 않도록 주의해야 한다. 이럴 때일수록 다중은 자신의 주장과 대안을 좀더 분명하게 제시할 필요가 있다. 다시 말해, 오늘날의 반전운동은 전쟁 '반대'라는 소극적(negative) 주장을 넘어 지금까지 달성한 전 지구적 다중 연대를 기초로 하여 지구제국과는 완전히 다른 코뮨적 사회의 상을 적극적(positive)으로 제기하고 이를 행동으로 뒷받침하는 방향으로 나아갈 필요에 직면해 있다. 지금 지구의 이곳저곳에서 전쟁의 불에 반대하여 조용히 켜지고 있는 촛불들은 바로 이 필요를 뒷받침할 내재적 힘들일 것이다. (2003)

집속탄과 탄저균 사이에서

아프가니스탄의 하늘에서 집속탄(集束彈)이 쏟아져 내리고 있다. 수백 개의 소형폭탄이 든 탄통이 터지면 각각의 소형폭탄들은 탄도탄의 속도로 날아가는 수천 개의 쇠 파편으로 갈라져 사람들의 몸을 무차별적으로 분해한다. 불발된 것은 땅속 지뢰가 되어 폭력을 다음 세대에까지 전달한다. 코소보의 어린이와 민중을 지금도 죽이고 있는 불발 집속탄은 1년 전에 뿌려진 것이며 라오스에 묻혀 있는 50만 톤 가량의 집속탄은 25년 전 베트남전 때에 뿌려진 것이다.

하이테크 테러

한마디로 집속탄은 전쟁 폭력을 확산시키며 폭력을 세대를 넘어 지속시킨다. 이른바 '테러에 대한 전쟁'의 정신을 집속탄보다 더 분명히 보여주는 것이 또 있을까? 집속탄이 목표물을 조준하지 않고 폭력을 확산시키듯이 부시의 전쟁도 '조준된' 목표물을 갖고 있지 않다. 벌써 4주가 넘게 아프가니스탄에 폭탄을 퍼부었지만 테러와의 연루가 입증된 인물은 단 한 명도 잡지 못했으며 알 카에다도 탈레반도 건재하기만 하다. 그의 전쟁은 전쟁과 폭력 자체의 확산, 전쟁을 위한 전쟁의 확산으로 집약된다. 그런데 확산은 지속의 공간적 형태이다. 집속탄이 시간을 넘어 전쟁과 폭력을 유전시키듯이 부시의 전쟁도 '새로운 세계질서'라는 이름으로 아버지 부시가 시작했으며 클린턴이 승계했던 전쟁을 지속한다. 새로운 세계적 전쟁질서를 다음 세대로 유전시키는 것이다.

마치 '일반적' 권력이었던 로마제국의 황제처럼 혹은 '일반적' 매춘부인 화폐처럼, 부시의 혼과 주먹은 지금-이곳(now-here)이라는 구체의 시공간과 유리된 채 한반도, 베트남, 그라나다, 앙골라, 이라크, 소말리아, 코소보, 아프가니스탄을 포함하는 언제-어디서나(always-everywhere)의 추상적 시공간 속을 유령처럼 휘젓고 다니고 있다. 정체도 없고 아무 소리도 없는 자살적 침묵 속에 갑작스럽게 쌍둥이 빌딩을 주저앉힌 2001년 9월 11일의 '스펙터클 테러'와는 달리, 부시의 이 '하이테크 테러'는 소란스러움으로, 거짓말, 과장, 협박, 기만, 위선, 거만함, 뻔뻔스러움, 애국주의적 선동들로 가득 차 있다. 그리고 세계에서 가장 가난하며 평균수명 46세에 그치는 참혹한 단명(短命)의 사회를 향한 이 살상적 전쟁이 중동의 광물자원, 경제적 수지타산, 국제 정치적 영향력 등으로 얽힌 추악한 다국적 테러의 모습을 띠어 가는 꼴을 보는 것은 메스꺼운 일이다. 중동의 석유와 가스에 깊은 이해관계를 가진 '제3의 길'의 블레어가 수줍음도 걷어치운 채 부시의 뒤를 바짝 따르고 있으며 자위대의 해외파병과 지위상승을 노리는 고이즈미가, 아프가니스탄에서의 약화된 영향력의 만회와 미국으로부터의 외교적 선물을 노리는 푸틴이, 그리고 핵개발로 인한 경제봉쇄의 중지와 부채

탕감을 노리는 파키스탄의 바지파이 정부가, 서방으로부터의 투자에 목을 매고 있는 사우디아라비아의 파드 신자유주의 왕정이 제 각각 다른 이해관계 속에서 이들을 뒤따르고 있다. 불과 한 달 여 전에, 베트남 국민에게 고통을 준 베트남전에 참전했던 것을 사과한다고 말한 김대중 정부도, 그 말의 침이 채 마르기도 전에, 아프가니스탄 국민에게 고통을 줄 새로운 파병의사를 표명함으로써 그가 수상한 노벨 평화상의 정체가 무엇인지를 새삼 다시 한 번 생각하게끔 만들고 있다.

신경제 신화의 종말과 세계경제의 침체

부시가 클린턴의 전쟁을 계속하고 있지만 2001년 1월, 클린턴에서 부시로의 권력 이동이 통치의 단순한 지속 혹은 구 정책들의 반복을 의미하지는 않는다. 그것은 신자유주의 속에서의 분명한 우향 이동을 의미한다. 다시 말해, 그것은 국가, 교회, 가족 등 낡은 공동체들의, 그리고 특히 군대의 좀더 보수적인 정치적 동원을 의미한다. 왜 시장으로 돌아섰던 미국에서 다시 국가로의 부분적 회귀가 나타나기 시작했는가?

이것은 이른바 '신경제' 신화의 종말과 결부되어 있다. 2000년 12월 미국 대통령 선거는 벤처기업을 중심으로 하는 급격한 기업부도의 시기와, GDP 성장률의 하락, 경기 선행 지수, 제조업 구매 지수의 하락 등 모든 경기지표의 급락과, 다시 말해 10년 호황의 종말의 시기와 겹쳤다. IT부문을 중심으로 하는 10년간의 장기호황은, 아시아와 라틴 아메리카에서의 불황으로 인한 미국으로의 자본유입에 의해 지탱되었다. 이런 상황 속에서 자본은 정보기술의 혁신을 통한 급격한 신자유주의적 구조조정을 추진했는데 이것은 노동계급의 조직력에 대한 파괴와 임금인상의 억제를 겨냥한 것이었다. 호황 속에서 나타난 첨예한 빈부격차, 호황의 성과의 소수 수중으로의 집중은 그 결과였다. 그러나 그것은 2000년 하반기부터 나스닥 지수의 폭락으로 상징되는 불황으로 역전되었다. 이에 놀란 미국 연방준비이사회가 지금까지 수차례에 걸친 금리인하로 경기부양을 시도했지만, 기업의 투자능력 감퇴, 자본의 해외유출 증대, 무역적자와 재정적자의 악화는 수그러들 줄 모르고 있다. 여기에 더한 일본, 유럽의 동반 불황은 세계경제를 장밋빛으로 묘사해온 모든 이론들, 자본주의가 경기순환과 위기에서 벗어났다고 주장한 '신경제' 이론들이 신화에 불과했음을 입증하고 있다.

그러나 경기순환에 대한 객관주의적 신비화는 경계되어야 한다. 그것은 자본의 구조조정에 대항하는 노동계급의 주체적 투쟁을 보지 못하게 만든다. 잊지 말아야 할 것은, 낮은 임금, 높은 실업률, 높은 가계부채를 겪고 있는 미국 노동계급의 전투성의 회복이다. 1997년 UPS 국내 트럭 운전사들의 파업에서 1998년 제너럴모터스 노동자들의 파업으로 이어진 미국 노동계급의 전투성의 부활 이후, 대선 직전인 2000년 10월 로스앤젤레스의 거리는 『이코노미스트』의 한 저널리스트에 의해 이렇게 묘사되고 있다.

> LA 전역이 파업으로 시끄럽다. 금방 타결될 것 같던 MTA(시 교통국) 파업이 예상외로 장기화되고 있는 가운데 이번에는 외곽 지역과 LA 중심부를 연결하는 메트로링크 전철의 정비 노조까지 일손을 놓겠다고 위협하고 있다. 이렇게 되면 MTA 파업으로 가뜩이나 막히고 있는 프리웨이는 그대로 주차장이 될 판이다. 게다가 부분 파업중인 LA 카운티 공무원 노조마저 11일부터 전면 파업을 선언하고 나섰다. 이 가운데는 USC 카운티 병원 등 의료계 종사자도 포함돼 있어 그 여파가 주민 건강에까지 미칠 전망이다. LA에 이처럼 많은 파업이 동시 다발적으로 일어난 것은 처음인 것 같다. 올 초부터 조짐이 심상치는 않았다. 청소원들이 가두 행진을 벌이는가 하면 지난 5월부터 시작된 헐리웃 광고배우 파업은 최장기 기록을 세우며 아직까지 계속되고 있다.

여기에 우리는 올해 초 노스웨스트항공(NW), 유나이티드항공(UA)에서의 항공사, 승무원 파업과 하와이 주 공립학교 교사들의 파업을 추가해야 한다. 호황에 내재한 모순은, 미국이 수 십 년간 전 세계를 대상으로 자행해 온 비행기 폭격을 미국의 심장인 펜타곤과 쌍둥이 빌딩으로 되가져오기 전에, 맥카시즘과 기술혁명이 지하로 쫓아냈던 노동자 전투성을 미국의 주요 도시들에 새로운 얼굴로 되가져왔다. IT산업의 발전이 계급갈등과 파업을 끝내기는커녕, 그것을 공장노동자로부터 공무원, 준공무원, 벤처 노동자, 청소년, 배우, 의사, 항공사, 교사 등에게로 확장시킨 것이다.

그런데 자본은 자신들의 위기와 그 위기의 연장의 밑바닥에 이들 노동계급의 투쟁이 놓여 있음을 분명히 알고 있다. 그러므로 부시의 전쟁이 '조준된' 목표물을 갖고 있지 않다는 말은 그 이면까지 동시에 이해되어야 한다. 부시가 목표물을 조준하지 않는 것은 목표물이 없기 때문이 아니다. 오히려 목표물이 도처에 있다는 것, 아프가니스탄의 도처뿐만 아니라 이라크, 팔레스타인, 이란, 콜롬비아, 한반도, 유럽, 그리고 미국까지 포함하는 지구의 도처에 있다는 것이 그가 구태여 조준을 할 필요가 없는 이유이다. 그의 공습과 지상전의 목표물은 삶의 만회를 위해 아우성치고 있는 복수적이고 혼성적인 대중들, 즉 다중들(multitudes)이다. 부시의 조준되지 않은 전쟁은 다중에게 공포를 조성함으로써 복종을 유도하기 위한 것이다. 이미 그는 반지구화 운동을 침묵시키는데 성공했으며, 파업을 자제시키는데 성공했고, 테러리스트 중에 유학비자를 소지한 인물이 있다는 이유로 외국인의 이민과 유학 제한에 착수할 수 있었다. 우리는, 지난 3월, 멕시코 폭스 정부의 유화정책을 기회로, 라깡도나 정글에서 출발하여 멕시코 시티에까지 자치와 원주민 권리를 주장하며 행진한 사빠띠스따의 대장정을 기억하고 있다. 테러에 대한 전쟁은 이들 사빠띠스따들에게도 침묵을 강요하고 있다. 그것은 분명 '우리와 한 편이 아니면 테러리스트들과 한패'라는 부시 독트린의 억압적 효과이다. 그와 그의 동맹자들의 전쟁은 전 세계의 다중을 무력화시키기 위한 지구적 초토화 작전이다. 아프가니스탄의 하늘에서 쏟아지는 집속탄이 실제로는 바로 우리 자신을 겨냥하고 있는 셈이다.

탄저균

지난 한 달간의 그림은 집속탄으로 상징되는 자본의 공습에 탄저균이 맞서 투쟁하고 있는 형상을 보여준다. 탄저균은, 9·11의 테러가 그랬듯이, 얼굴도 없고 목소리도 없이 유령처럼 배달되고 뿌려진다. 탄저균은 이미 미대법원, CIA, 백악관, 국회의사당, 연방정부 청사 등 미국의 입법, 사법, 행정을 불문한 모든 통치기구들에 스며들었다. 그러나 그것은, 9·11의 자살 비행기가 세계무역센터의 우두머리들뿐만 아니라 그곳에서 일하는 다수의 이민노동자, 서비스노동자들까지 무차별적으로 죽게 만들었듯이, 우정공사 노동자, 병원 노동자, 사진 기자를 포함하는 다중들까지 감염시킴으로써 지구 전체를 무차별적으로 죽음의 공포에 떨게 하고 있다. 가루의 형태로 퍼진 후에 피부, 호흡기, 소화기로 침입하여 악성종창, 호흡곤란, 복통, 오심, 구토, 혈변, 토혈 증세를 야기해 죽음에 이르게 만드는 탄저균의 작동방식은 그 무차별성에서 볼 때 집속탄의 방식과 무엇이 다른가? 탄저균도 집속탄과 마찬가지로 냉전기의 미·소 갈등 속에서 탄생한 무기이다. 탄저균의 은밀한 확산은 집속탄의 요란한 확산과 마찬가지로 무차별적 절멸의 정신에 따라 움직이며 공포를 무기로 한 절망의 정치를 강화시킨다.

9·11 테러가 누구의 행위인가가 불확실한 만큼 탄저균 테러의 진원지

도 불확실하다. 그러나 분명한 것은, 집속탄과 탄저균의 격렬한 경합이 신자유주의라고 불리는 현존의 전쟁적 세계질서의 극복 수단이기는커녕, 그것을 재구축하고 강화하는 수단으로 작용할 것이라는 점이다. 그것은 세계화를 코뮨적 인류사회 구축의 계기로 역전시키고자 하는 다중의 노력을 억압하면서 인류를 암울한 절망과 공포 속으로 몰아넣는다. 절망과 공포를 통해 과연 희망과 존엄의 삶이 건설될 수 있을까?

여기서 우리는 다시 사빠띠스따를 참조할 수 있다. 1994년 봉기 첫 주에, 초좌파 그룹이 은행과 지하주차장을 폭발시키면서 자신들과의 연대를 제안해 왔을 때 사빠띠스따들은 그것이 자신들의 활동을 억압할 뿐이라면서 그들의 테러행위를 비판했다. 개인적인 방식의 테러리즘보다는 다중의 집단적 행위가 사회변화를 이루는 가장 효과적인 방식이라고 생각했기 때문이다. 1996년, 같은 나라의 게릴라 조직인 EPR이 여러 차례의 폭탄공격과 매복공격을 통해 은행을 폭발하고 또 시민들까지 죽게 만들었을 때, 부사령관 마르꼬스는 "우리는 당신들의 지원을 요청하지 않았으며 당신들의 지원을 원하지도 않는다. 우리는 다른 목표를 갖고 있다. 우리는 민주주의와 정의를 위해서 싸우고 있다. 만약 당신들이 권력에 이르게 된다면 우리는 당신들과도 싸우게 될 것이다"고 말했다.

희망과 존엄을 위하여

복수나 분노의 폭발이 우리의 목표는 아닐 것이다. 우리가 사는 세상을 인류에게 적합한 곳으로 바꾸는 일에서는 수단이 목적과 괴리되어서는 안 된다. 제도에의 탐닉도 범죄에의 함몰도 해방된 인류사회를 이룰 수단으로는 부적합하다. 내가 사빠띠스따의 목소리에 귀 기울일 것을 제안한 것은, 그들이 저항의 레알리다드(Realidad)를 걸어가면서 집속탄과 탄저균의 공포정치 대신 희망과 존엄의 삶이 필요한 것이 아니냐고 우리에게 물어오고 있었기 때문이다. 이제 우리가 그 물음에 답하고 우리의 경험을 토대로 새로운 물음을 제기할 차례다. (2001)

9·11 테러와 반지구화 운동의 미래

왜 미국은 9·11 사건에 대해 '왜?'라고 묻지 않는 것일까? 선악은 분명하며 자신은 선의 편에 서 있다는 삼류 헐리우드 영화의 흑백논리가 백악관과 국방성과 CNN을 지배하고 있다. '왜?' 대신에 '누가?'로 관심의 초점을 옮김으로써, 그리고 '왜?' 없이 보복의 '어떻게?'와 '언제?'에 세계의 이목을 고정시킴으로써 미국은 세계의 시민들이 문제의 진정한 원인을 사고하고 그 해결책을 찾는 노력에 착수하지 못하도록 방해하려 한다. 그러므로 우리는 미국이 시작하려는 이 전쟁게임에 맞서고 지구화에 대항하는 운동을 전진시키기 위해 '왜 라덴과 알 카에다는 펜타곤과 세계무역센터 건물에 자살공격을 퍼부었는가?'부터 물을 것이다.

석유를 둘러싸고

전후 미국의 대외 정책은 '나의 적의 적은 나의 친구'라는 논리에 의해 수립되었다. CIA가 무자헤딘을 지원한 것도 이에 따른 것이다. 1992년까지 아프가니스탄을 통치한 PDPA(아프가니스탄 인민민주당) 정부는 소련식 국가자본주의로 서방 제국주의와 경합하고 있었다. 무자헤딘은 아프가니스탄의 이 친소 정권에 대항하는 무장 게릴라 단체였고 라덴은 무자헤딘의 전사 출신이며 CIA의 첩자로 알려졌을 정도로 친미적인 인물이었다. 미국이 무자헤딘과 라덴을 훈련시키고 지원한 동기는 1979년 아프가니스탄을 침공한 소련을 봉쇄하고 그 체제를 해체하기 위한 것에 국한된 것은 아니었다. 그것은 같은 해의 이란혁명을 계기로 급부상한 반미·반소적 시아파의 이슬람 근본주의를 약화시키기 위해 전통적 수니파의 대항권력을 키우려는 목적도 갖고 있었다. 이를 위해 미국은 아프가니스탄의 수니파 반군을, 나아가 이란을 침공한 이라크 바트당의 사담 후세인을 지원했다.

미국이 이란혁명을 필사적으로 봉쇄하려 한 정치적 이유는 베트남전에서의 패배 이후 약화된 미국의 헤게모니를 만회하고 이란을 중핵으로 하는 이슬람 근본주의 정부의 분리주의 정책을 파괴하려는 것이었다. 왜냐하면 분리주의가 중동의 석유, 광물 자원에 대한 미국의 접근권을 위태롭게 만들고 있었기 때문이다. 실상 이란혁명은, 1974년 석유위기 이후 확산된 신자유주의의 이중적 의미에서 파멸적인 결과들─한편에서는 중동지역 민중의 생존기반의 파괴, 다른 한편에서는 이 지역 지배계급의 통치의 위기─에 직면하여 이슬람권의 분리독립을 통한 민족통합을 이루려는 반동적 시도였다. 그것이 서양 음악과 음주의 금지, 율법에 입각한 형벌의 부활, 여성 차별 등의 보수적 정책들을 수반한 것은 이 때문이었다.

1992년 PDPA 사회주의 정부의 전복 이후인 1996년에 파키스탄의 원조 하에서 정권을 장악한 탈레반은, 이란과 동일하게, 이슬람 신정국가 건설을 목표로 한 반(反)서방 분리주의 정책을 실시했다. 사회주의 붕괴 이후 확산되기 시작한 현행의 지구화를, 중동 지역의 국민적 통합의 기반을 흔드는 위협으로 보았기 때문이다. 탈레반 외에도 하마스(팔레스타인), 헤즈볼라(레바논), 모로 이슬람해방전선(필리핀) 등이 현행 지구화의 대표 주자인 미국을 향한 성전을 계속하고 있는 것도 동일한 맥락의 것이다. CIA로부터 훈련을 받은 빈 라덴의 테러조직인 알 카에다도 이러한 근본주의 조직의 하나인데, 이들이 미국에 대항한 자살 공격을 감행했다면 그것은 이 지구화하는 자본의 운동에 대한 이슬람권의 일반적 저항의 일부일 것이다.

그런데 그 저항이 자살 테러라는 결사적인 형태를 띤 이유는 무엇일까? 그것은 현행의 지구화 속에서 분리주의 정권들이 겪는 위기를 반영한다. 실제로 이 위기는 신자유주의가 중동으로 확산됨에 따라 점차 심화되어 왔다. 조지 카펜치스(George Caffentzis)는, 9월 11일에 그것도 자살 테러라는 극단적 형태로 미국에 대한 공격이 가해진 이유를 이해하기 위해서는, 아랍권의 강국이며 빈 라덴의 고국인 사우디 아라비아의 왕정이 최근 경제를 개방하고 지구화하기로 결정한 사건을 주목해야 한다고 말한다.

1998년 9월, 사우디의 압둘라 왕세자는 워싱턴에서 미국과 유럽의 여러 석유회사들의 고위층과 만나 '해외 기업의 토지 소유권'을 허용하겠다고 제의했고, 정부가 2000년 중반 새로운 외국기업 투자법을 제정하여 이를 비준한 것이 그것이다. 이것은 NAFTA가 멕시코 정부로 하여금 치아빠스 주의 토지에 대한 판매와 외국인 소유를 허용하도록 압박한 것과 유사한 경우이다. 사우디 아라비아에서 해외자본에 의한 토지 소유가 허용된 것은, 신자유주의 하에서 전개되는 초국적 자본에 의한 토지 엔클로저에 이슬람권의 문호를 개방한 것으로 이슬람권 사람들에게는 적색경보를 알리는 것이었다.

토지 엔틀로저의 첫 조치로, 2001년 5월에 Exxon/Mobil과 Royal

Dutch/Shell Group은 사우디 아리비아에 250억 달러의 천연가스 개발프로젝트를 도입했다. 이것은 1975년 석유 산업의 국유화 이후 사우디가 처음으로 신자유주의적 지구화의 루비콘 강을 건넜음을 보여주는 신호탄이었다. 미국과 서구에게 이 조치는, 지금까지 정유 등의 지류 산업에 머물러 온 사우디 원유에 대한 접근권을, 채굴을 비롯한 주류 산업으로까지 확장할 기회였던 반면, 사우디 국왕과 그 주변세력에게 이것은 높은 실업률을 줄이고 석유수출과 해외노동력에 대한 의존도를 낮추어 1983년 이후 지속되어온 국민소득의 감축 경향을 역전시키고 민중의 점증하는 저항을 무마할 기회였다. 이 조치는 중동 지역의 여타 석유 생산국들(오만, 바레인, 쿠웨이트 등)의 경제정책에 충격을 줄 것이고, 분리주의 정책을 취하는 이슬람 근본주의 세력에 대한 도전을 강화시킬 것이었다. 여기에 더하여, 최근 등장한 부시 정부는 중동 광물자원에 대한 소유권을 주장하면서 어떤 협상들도 파기할 태세였고, 팔레스타인보다는 이스라엘을 노골적으로 편들었다.

이것들이 가져올 것으로 예상되는 암울한 미래에 대한 공포가, 라덴의 네트워크로 하여금, 9월 11일의 자살 테러를 감행케 한 것으로 추론된다. 그것이 사우디 아라비아로부터 미국과 서방의 퇴각을 촉발시킬 것으로 기대하면서, 그리고 사우디 아라비아와 그에 동조하는 이슬람 국가들로 하여금 '미국인가 이슬람인가' 중에서 양자택일케 하도록 압박할 것을 기대하면서 말이다.

테러와 반지구화 운동

그렇다면 9·11 테러는 시애틀에서 제노바에까지 이어진 반지구화 운동의 일부인가? 우리가 '반(反) 지구화라는 부정적 언어로 사고하는 한에서 그렇게 대답될 수 있을지도 모르겠다. 붕괴된 세계무역센터의 쌍둥이 건물과 국방성 건물이 지구화의 경제적 군사적 상징이라는 점도 이를 뒷받침하는 것처럼 보인다. 수 천 명에 달하는 사망자중에 무고한 민중이 다수 포함되어 있었음에도 불구하고, 적지 않은 사람들이 테러의 성공에서 통쾌감을 감추지 못하는 이유가 있었다면, 바로 테러의 이 반지구화적 외관 때문일 것이다.

　그러나 라덴과 알카에다의 분리주의는 결코 자본주의적 지구화 자체에 '적대'하지 않는다. 그것은 중동 지역의 자연 착취 및 민중 착취의 주도권을 놓고 서방의 신자유주의 세력과 '경쟁'하고 있을 뿐이다. 라덴은 펜타곤과 CIA의 '아들'일 뿐만 아니라 자신들의 기금을 금융 투기와 자본 운동의 전방위적 자유화, 주가 조작, 그리고 국제적 아편 거래에서 확보한다는 점에서 지구화의 이용자이자 수혜자이지 그로 인한 피해자나 혹은 그에 대한 적대자가 결코 아니다. 그들이, 특정 건물은 물론이고 특정 국가로도 환원될 수 없는 자본의 세계적 명령 네트워크로 작동하고 있는 신자유주의에 대한 근본적 투쟁보다는 그것의 상징적 목표물에 대한 투쟁을 선택한 것도 그들의 이러한 사회경제적 위치 때문이라 할 수 있다. 그들은 자본의 지구화에 적대하기보다 미국의 취약성(라덴의 말로는 '종이 호랑이')을 보여주고 중동 내에서 서방 자본의 활동을 침식하며 자국 자본의 활동 공간을 넓히는 데 관심이 있을 뿐이다.

　이런 맥락에서 볼 때, 적지 않은 사람들의 기대와는 반대로, 9·11 테러는 지구화에 대항하는 아래로부터의 투쟁에 중대한 위협으로 작동할 것으로 보인다. 왜냐하면 9·11의 테러는, 1990년대 초 사회주의 붕괴 이후 발전되어온 새로운 투쟁 구도를, 요컨대 네트워크화된 주권으로 국제적 지배를 확립하려는 제국과, 그에 대항하는 다중의 반권위주의적이고 반대의주의적이며 비폭력적이고 협력적인 자율 투쟁 사이의 대립 구도를, 다시금 제국주의 대 대의적 전위들의 테러리즘적 투쟁의 대립이라는 전통적 구도로 되돌리는 경향이 있기 때문이다.

쌍둥이 빌딩과 펜타곤이 피습된 직후 부시는 테러를 '전쟁'으로 규정하면서 10년을 끌 수도 있을 장기 전쟁 상태를 선포했다. 매스 미디어를 비롯한 여론기구들은 보복 전쟁을 선동하면서 다중의 애국주의와 도덕주의를 고무하려고 혈안이다. 반지구화 운동은 침묵을 강요당하고 있다. 이러한 상황이, 시애틀 이후 신자유주의적 지구화에 대항하여 발전되어온 다중의 민주적 힘들의 결집을 어렵게 만들 것임은 분명하다.

제도화와 범죄화의 이중 유혹

중동에서 수니파와 시아파의 오래된 대립은, 오늘날의 지구화하는 세계 질서 속에서 서방의 신자유주의를 받아들일 것인가 아니면 그에 대항하는 분리주의적 국민통합을 이룰 것인가의 대립으로 나타나고 있다. 미국, 소련, 중국 등 세계의 주요 강대국들이 깊게 연루되어 있는 이 대립의 참혹한 결과는, 기아와 질병으로 평균 수명 46세를 넘지 못하며 인구의 대다수가 남부 파키스탄 접경과 북부 투르크멘, 우즈베키스탄 접경지대에서 난민 생활을 하고 있는 아프가니스탄 민중의 삶 속에서 집중적으로 나타나고 있다. 신자유주의 하에서 아프가니스탄의 민중은 사막과 황무지로, 지구 밖으로 쫓겨나고 있는 것이다. 이들은 지금 미국을 증오의 표적으로 보면서도 '탈레반도, 북부동맹도, 자히르 국왕도 다 싫다'고 말하고 있다. 이 말은, 신자유주의와 관련되어 있는 세력들뿐만 아니라 근본주의 세력들까지 자신들에게 희망보다는 절망을 가져다주었다는 사실에 대한 정확한 통찰을 표현하고 있다.
　시애틀에서 본격화된 지구화에 대항하는 투쟁은, 추방과 배제로 인하여 삶과 죽음의 경계를 넘나드는 다중들의 존엄한 항의이다. 그런데 이것은 이제 제도화와 테러리즘의 이중 유혹에 직면하고 있다.
　먼저 제도화의 유혹. 지난 세기 사회주의적 대안이 실패로 돌아갔음이 확인된 후, 정당과 노조 등 시민사회적 형식을 빌어 사회를 바꾸려던 저항세력들은 혁명적 대안 대신 자본주의적 제도의 개혁을 통한 사회변화라는 '제도화를 통한 대장정'으로 돌아섰다. 유럽 여러 나라에서 정권을 장악한 사회민주주의를 필두로, 세계의 여러 공산당들, 사회당들, 노동당들이, 심지어 남아프리카 공화국의 ANC가, 그리고 세계의 여러 진보정당들이 그 대장정에 줄을 섰거나 혹은 줄을 설 준비를 하고 있다. 그런데 역설적이게도 신자유주의는 이들에 의해 약화되기보다 보호되며 정교화되거나 강화되어 왔고 자본은 이들의 도움으로 위기를 탈출해 왔다.
　둘째 범죄화의 유혹. 이것은 저항의 제도화의 바로 그 이면이다. 전통적 저항형식들의 제도화는, 수많은 사람들을 축출하고 배제하며 청소하는 것을 정당화하는 것이었다. 신자유주의적 정리해고는 제도화된 노동조합의 승인 하에서 이루어지며, 원주민들은 좌우정당들의 합의를 통해 확립된 '새로운 투자법안들'에 의해 토지로부터 축출된다. 심지어는 대다수의 NGO들조차 기업들, 국가들, 국제기구들의 후원을 자신의 생존기반으로 삼으면서 자연과 사회의 문제들의 근본적 해결보다는 기업적 '해결'(?)에 그들의 활동을 제한하고 있다. 하트와 네그리가 말한 바 있는 이른바 '시민사회의 국가에의 포섭'이 진행되고 있는 것이다. 그 결과 제도화의 물결 속에서 제국과 다중 사이에는 갈등을 중재할 제도적 메커니즘이 더 이상 존재하지 않는다. 바로 이것이 범죄화에의 유혹의 토대이다. 자본은, 다중이 처해 있는 이 범죄화에의 유혹을 자극하고 다중의 자기표현을 폭력화함으로써 그들의 시위를 사회로부터 고립시키는 전술을 개발했다. 시애틀에서와는 달리 제노바에서 경찰이 시위대를 향해 전투화, 몽둥이, 물대포, 최루가스 등을 마구 사용하고 마침내 까를로 쥴리아니를 죽게 만든 것은 그 전술의 직접적 결과이다. 자본주의적 지구화에 대항하는 시위대 속에 '블랙 블록(Black bloc)'이 등장하여 경찰에게 돌을 던지기 시작한 것은 이 전술이 다중 내부에 가져오는 효과일 것이다.

우리가 만약 폭력과 비폭력, 탈법과 준법 사이의 구획선을 운동 속으로 도입하여 전자들을 운동 '외부'로 밀어낸다면 그것은 자본이 원하는 '선악' 양분의 담론에 함몰하는 것이다. 우리는 자본이 설치한 이 법률적, 도덕적 이분법을 넘어서야 한다. 필요한 것은 운동에 참여하는 다양한 타자들을 존중하고 그들에 대해 '책임질 수 있는' 협력의 능력을 키우는 것이다. '범죄적인 것'으로 비판되어야 할 것은 타자들에 대한 무책임함이다. 타자들과의 협력을 만들어 낼 수 없는 방법을 통한 저항은 그 무책임함으로 인하여 범죄적 결과를 가져오게 된다. 우리가 이러한 저항에 이끌린다면 그것은, 세계 다중들의 반대에도 불구하고 카불에 대한 테러공습을 시작한 자본주의 제국의 본원적 폭력성과 무책임성을 모방하는 것에 지나지 않을 것이다. 9·11 테러가 어떤 의미가 있다면, 그것은 이 사건이 우리에게 우리가 가서는 안 될 길을 알려 준다는 점에 있다. (2001)

21세기 풀뿌리 대안 : 빅딜도 뉴딜도 아니다

　산업 구조의 조정은 단순히 경제적인 문제로 이해될 수 없다. 자본들은 노동자들의 투쟁에 대응하면서 치열한 자본간 경쟁에서 살아남기 위하여 끊임없이 자신의 구조를 갱신해 나가지 않을 수밖에 없도록 강제 당한다. 산업의 기술적 구조의 측면에서 한국의 자본은, 1970년대 후반에 박정희 정권이 직면했고 또 그 앞에서 붕괴했던 경공업 중심에서 중화학 공업 주도로의 구조조정을 넘어, 1980년대 후반 이후로는 첨단산업 주도로의 구조조정을 강요받아 왔다. 무엇이 그것을 강요했는가? 1987년의 노동자 대투쟁 속에서 집단적으로 각성되고 계급적으로 훈련된 노동자들이 더 이상 저임금의 장시간 노동을 감내하려 하지 않았고 1990년대 초에까지 조직적 투쟁력을 강화하면서 더 나은 노동조건, 더 높은 임금, 더 적은 노동시간을 요구하고 있었기 때문이다. 자본은 이렇게 강화된 (이른바 '경직된') 노동자들에 대항하는 투쟁 무기를 테크놀로지 혁신과 첨단산업으로의 산업 재구조화에서 찾았다. 1990년대에 들어서, 1980년대의 투쟁에서 그 위력을 발휘해 온 노동자들의 전통적 투쟁 조직들(주로 노동조합)이 약화(이른바 '유연화') 경향을 보이는 것을 보면, 그리고 오늘날 한국의 산업이 반도체나 통신과 같은 첨단 고부가가치 산업에 의해 주도되고 있는 것을 보면 자본의 이러한 전략이 부분적으로 성공을 거두었음은 분명하다.

한국의 신자유주의적 산업 재구조화와 '빅딜'

산업의 기술적 재구조화의 이러한 부분적 성공에도 불구하고, 이전의 국가 주도 중화학공업화 과정에서 한국적 축적의 주도적 소유 형태로 자리 잡고 힘을 키워온 재벌 체제는 산업의 전면적 재구조화(그리고 노동의 그에 상응하는 것으로의 재구성)라는 자본의 당면한 전략적 목표 달성에 중대한 한계를 부여하고 그것을 왜곡시키는 것으로 작용해 왔다. 재벌 체제의 해체 혹은 변형은 흔히 아래로부터의 민중의 요구인 것처럼 표현되었지만, 실제로는 1980년대에 자신의 활력을 투쟁적으로 표출한 한국의 대중 노동자들의 저항에 직면해 축적의 애로를 겪고 있었던 총자본의 절실한 자기 요구이기도 했다. 이렇게 볼 때 김대중 정부 이전의 정권들이 재벌적 소유 구조의 재편을 시도하려 했던 것이 비단 아래로부터의 요구 때문만은 아니었음을 알 수 있다. 그러나 그러한 시도들은 적어도 당시에는 실패할 수밖에 없었다. 왜냐하면 서방의 '경직된' 노동계급의 투쟁을 피해 급속히 산업화하는 제3세계 신흥 시장에서 투자처를 찾고 있던 투기적 금융자본들의 이해와, 무리한 차입을 통해서라도 경쟁적으로 자신을 확장시키려 하고 있었던 한국 재벌들의 이해가 부합하고 있었고, 그것은 김영삼 정부의 '세계화' 구호가 보여주었듯, 피할 수 없이 강제되고 있었던 신자유주의적 지구화 드라이브 속에서 일국 정부의 통제력을 넘어서는 것이었기 때문이다.

 그러나 투기적 금융자본은 이자(혹은 신용을 통해 주어지는 이자에 대한 '보장')를 찾아 광속(光速)으로 지구를 헤매는 자본이다. 자동차, 반도체, 석유화학, 통신 등을 둘러싼 한국 재벌들의 출혈적 경쟁과 여전히 '경직성'을 유지하고 있는 노동계급의 존재 — 이것은, 1996년 말에서 1997년 초에 걸쳐 전개된, 신노동법에 대항하는 전국적 총파업 투쟁에서 확인되는데, 우리는 이 사실을 통해 산업 구조조정을 통한 노동력 재구성의 시도가 부분적으로밖에 성공하지 못했음을 알 수 있다 — 는 잉여가치에 대한 압박 요인으로 작용하여, 투기적 금융자본들의 유일한 관심사인 이자를 보장해 주기는커녕(잉여노동으로부터 나오는 잉여가치는 산업 자본의 몫인 이윤, 토지 자본의 몫인 지대, 그리고 금융 자본의 몫인 이자로 분할되는데 잉여가치가 적거나 없을 때는 이자 역시 적거나 없을 수밖에 없다) 그 원금 보전에 대한 불안감까지 제공하기에 충분했다. 그들은 단기 융자의 상환 연기를 거부하면서 서둘러 보따리를 싸기 시작했다. 1997년 중반에 태국, 인도네시아 등지에서 점화된 부채 위기의 불꽃이 한국으로 너무나 신속하고도 쉽게 옮겨 붙었던 것은 이 때문이다.

 김대중 정부가 신자유주의적 구조 개혁의 일환으로 민영화, 자본 시장 전면 개방 등과 더불어 재벌들간의 사업교환(이른바 '빅딜[Big-Deal]')을 상대적으로 강도 높게 밀어부칠 수 있는 것은 IMF의 구제금융을 통해서야 겨우 미봉된 이 위기 상황 덕분이라 할 수 있다. 현 정부는 정리해고의 법제화라는 반노동자적 정책을 통해 노동이 가해온 이윤 압박 요인을 덜어 주는 한편, 재벌에게 위기의 책임을 물으면서 재벌 개혁을 통해 축적에 효율적인 자본 구조를 창출하려 하고 있다. 물론 이것은, 지구 전체(위기의 진원지인 동남아시아, 장기불황에 시달리고 있는 일본, 브라질이나 에콰도

르를 비롯한 남미, 러시아를 비롯한 동유럽, 석유값 하락으로 침체를 겪고 있는 중동, 그리고 위기의 조짐을 보이고 있는 중국까지)가 축적의 위험지대로 변하고 있는 현실에서, 한국이 축적의 안정을 보장받을 수 있는 땅으로 되어 국제적 축적의 기관차 역할을 다하기를 갈망하는 국제 금융자본의 절실한 요구와 부합한다.

한국의 모든 자본들의 가치가 하락할 대로 하락하고, 정리해고와 임금삭감에 의해 노동비용이 대폭적으로 감축된 최근에 와서, 정부의 경기부양책에 힘입어 경기회복의 가능성이 엿보이자, 한국 밖으로 빠져나갔던 금융자본들이 다시 돌아와 한국의 경기회복 속도를 실제보다 부풀려 극찬하면서 융자의 손짓을 보내고 있는 것을 볼 수 있다. 이것은 과연 지금까지 한국을 뒤덮었던 경제위기의 끝을 알리는 신호인가? 이러한 상황은 노동자들에게 위기가 발생하기 이전과 같은 준(準) 완전고용 상태를 다시 가져다 줄 것인가? 나아가 노동자들의 삶의 질을 향상시켜 줄 것인가?

한국적 '뉴딜'의 위기

빅딜로 대표되는 자본 내부의 개혁은, 국가 개입에 반대하는 시장주의자들로부터 낡은 국가주의의 잔재로 비난받을 뿐만 아니라 심도 있는 재벌개혁을 현재의 위기를 푸는 열쇠로 사고하는 국가주의자들로부터 그 불철저성을 비난받으면서도, 일정한 성과를 거두고 있다. 반면, 노사정위원회를 통해 지금까지의 노자간 계급 적대 관계를 해소시켜 노동자들을 경제 발전과 축적의 합의적 동력으로 확보하기 위한 김대중 정부의 노자 관계 개혁 시도는 민주노총의 노사정위원회 탈퇴로 심각한 곤경에 처해 있다. 사실상 정부의 노사정 대타협 정책은 한국노총 뿐만 아니라 민주노총 일부에서도 공명을 얻어 한국판 뉴딜(New-Deal)에 대한 기대를 광범위하게 창출해 온 것이 사실이다. 그러나 불과 1년여의 협상 과정에서 노사정위원회는 정리해고와 임금삭감을 정당화하는 친자본적 기구로서의 그 한국적 얼굴을 노동자 대중에게 명백히 드러내었다. 그 결과, 재구조화 과정에서 약화되어온 자신의 입지를 자본과의 타협을 통해 만회하려 하면서 뉴딜에 대한 기대를 감추지 않았던 노동조합 운동 지도 세력들도 조합원 대중에 대한 설득력을 갖기가 매우 어렵게 되었다.

신자유주의적 개혁의 완료와 '위기의 끝'을 고대하는 자본의 앞날에는 노동자들의 저항 잠재력이라는 '먹구름'이 짙게 끼어 있다. 이에 현 정부는 한국노총을 파트너로 노사정 타협을 강행하는 한편, 비타협적 노동운동을 겨냥해서는, 경기회복의 분위기에 찬물을 끼얹는 행위는 용납되지 않을 것이라고 하면서 협박을 서슴지 않고 있다. 그러나 ('시장에 맡긴다'는 신자유주의의 전통적 공리에 비추어 보면 특이한 것인) 정부의 경기부양 정책에 힘입어 최근 조성된 경기회복의 분위기에도 불구하고, 그리고 경기회복을 통한 고용창출이라는 정부의 호언과는 정반대로, 가파르게 상승하는 실업률과 심화되는 노동자들의 삶의 위기 때문에 노동자들을 타협의 무대로 끌고 오기도, 채찍으로 그들을 무릎 꿇리기도 쉽지는 않을 것으로 보인다. 우리보다 먼저 경제 위기를 경험했고 다양한 방식으로 그 위기를 봉합하여 경기를 호전시킨 서구의 일부 나라나, 한국 정부가 위기 극복의 모범으로 상찬해 온 멕시코의 사례가 보여주듯이, 경기회복에도 불구하고 높아진 실업률은 다시 낮아지지 않았으며 노동자들의 삶의 위기 역시 사라지기는커녕 오히려 심화되었기 때문이다.

이러한 상황에서 케인즈주의와 신자유주의를 절충한 '제3의 길'과 새로운 뉴딜(new New-Deal)을 기치로 내건 중도 좌파 세력들이 미국, 서유럽,

동유럽, 남미 등지에서 부상했던 것처럼, 한국에서도 이러한 정세는, 노사정위원회의 파행에도 불구하고, 신자유주의를 대체할 21세기적 대안으로 뉴딜을 부각시키려는 노력들을 널리 확산시키고 있는 것으로 보인다. 돌이켜 보면, 1930년대에 미국에서 시도되어 전후 서구에서, 그리고 넓은 의미에서는 사회주의 동구에서까지 복지국가를 뒷받침하는 것으로 확산된 케인즈주의적 뉴딜 정책은 1917년 혁명에서 출현한 노동계급의 불복종성을 발전의 동력으로 전화시키기 위한 수동혁명 전략이었다. 그것은 포드주의적 산업 재구조화를 수반했는데, 이것은, 대중 노동자의 조합적 조직화를 보장하면서도, 숙련 노동자를 중심으로 하는 종래의 비타협적 노동자 전위를 해체시키고, 여성, 학생, 실업자 등의 비보장 노동자 범주를 차별화함으로써 노동계급을 분할통제하기 위한 것이었다.

빅딜도 뉴딜도 아니다

우리가 지금, 대세에 영합해, '제3의 길이 과연 가능한가?'라고 묻는다면 그것은 자본의 문제틀 속에 우리를 속박하는 결과를 가져온다. 우리는 이러한 질문 방식을 넘어서야 한다. 제3의 길은 신자유주의의 위기를 극복하려 하지만, 1968혁명 이후 (한국의 경우 1987년 투쟁 이후 점차) 공장의 울타리를 넘어 사회 전체로 확대된 무대에서 새로운 사회적 주체로 부상하고 있는 사회적 노동자들을 다시 축적과 발전의 동력으로 흡수·동화하려는 자본의 전략에 다름 아니다. 다시 말해 제3의 길은, 설령 그것이 가능하다고 해도, 자본주의가 자신의 탄생과 더불어 노동자들에게 지속적으로 부과해 온 생태적·사회적 삶의 위기를 지연시키고 심화시킬 뿐이다. 자세히 살펴보면, 노동조합 지도 세력은 자신이 자본과의 타협을 원하고 있음에도 불구하고 자본과의 타협에 거리를 둘 수밖에 없도록 아래로부터 압박을 받고 있으며, 실업자들은 국가나 노조로부터 독립적으로 스스로를 조직할 필요를 강하게 느껴가고 있다. 그리고 여성, 학생, 농민, 철거민, 지식인 등 다양한 사회 존재들은 뭔가 새롭고 자율적인 삶의 방식을 개척해야 한다는 절박한 필요를 느끼고 있다. 빠르게 확산되어 가면서 자본에게 압력을 가하는 생태론적 의식들, 성차별에 반대하면서 자신들의 잠재력을 다양한 방식으로 확인시키고 있는 여성들의 자기표현들, 대안교육을 향한 학생들의 새로운 모색들, 비타협적 산업 노동자들의 독립적 결집들, 그리고 컴퓨터 통신과 인터넷을 수단으로 확장되는 대중들의 자율적 네트워크들 등은 그것의 산물이다.

　이러한 움직임들의 탄생과 성장은, 자본이 시장에서 국가로, 국가에서 다시 시장으로 왔다 갔다 하고 있는 것이 노동자들을 삶의 위기에서 구출해 주기 위한 것이 아니라 노동자들을 통제하기 위한 방법을 찾고 있는 것일 뿐이라는 인식이 확산되고 있음을 반증해 주는 것으로 보인다. 가시적이거나 비가시적인 이 다양한 투쟁들, 운동들, 자율적인 삶의 방식들이 앞으로 어떻게 서로 조정되고 배열되어 새로운 아상블라쥬(지푸라기나 폐품 등을 이용해서 조립한 예술 작품)를 이룰지는 분명치 않다. 한 가지 분명한 것은 21세기가, 자본과 국가의 존속을 전제로 위로부터의 구조 개혁을 통해 삶의 노동화라는 지금까지의 고통스런 역사를 지속하려는 빅딜 혹은 뉴딜 세력과, 자본과의 거래보다 삶의 자율적 구축을 지향하는 아래로부터의 독립적이고 자율적인 움직임들 사이의 투쟁을 통해 규정될 것이라는 사실이다. 이와 더불어 분명한 것은, 노동자들의 희망이 전자를 통해서가 아니라 후자를 통해서 실현될 것이라는 사실이다. (1999)

노동의 혁명에서 존엄성의 혁명으로

　많은 사람들은, 착취와 억압과 전쟁으로 점철된 20세기에, 자본주의의 대안을 사회주의에서 찾아 왔다. 현실의 사회주의들은, 공장에서 단련된 노동자들이 민중을 이끌 것이며 원주민이나 농민은 분해되어 노동자로 됨으로써만 그들의 소소유자적 계급성을 벗어날 수 있다는 관념을 강화시켰다.
　그러나 20세기가 채 저물기도 전에 지구상의 사회주의들은 붕괴했다. 자본가들과 그 이데올로그들은 이것이 자본주의의 최종적 승리를 의미한다고 주장했다. 역설적인 것은, 사회주의 나라들의 민중들도 그것의 붕괴를 기쁨으로 받아들일 뿐만 아니라 나아가서는 그 붕괴에 능동적으로 참여했다는 점이다. 외관상으로 옛 소련을 비롯한 여러 사회주의 나라의 민중들은 공산당의 불법화와 상품 논리의 대대적 유입을 환영하는 듯이 보였다. 이 모습은, 자본주의는 더 이상 다른 대안이 있을 수 없는 최종적 사회이며 역사는 끝났다는 후꾸야마 식 주장에 무게를 실어 주었다. 그러나 이 '새로운 세계질서'의 첫 장면은 걸프만에서의 전쟁이었으며 그 다음 장면은 발칸에서의 인종청소와 수많은 국지전들이었다.

탈근대가 포스트모더니즘의 나팔을 불면서 이처럼 잔혹한 모습으로 찾아왔을 때, 이를 뒤집는 사건이 멕시코의 가장 후진적인 지역인 치아파스에서, 도시에서 멀리 떨어진 깊은 밀림 라깡도나에서, 작업복 차림의 현대화된 노동자들에 의해서가 아니라 검은색 스키 마스크를 쓰고 목총을 둘러맸으며 말을 탄 원주민 농민들에 의해 벌어질 줄을 누가 상상이라도 했겠는가? 스스로를 사빠따를 따르는 사람들, 즉 사빠띠스따라고 부르는 이들의 혁명적 봉기는, 마치 원시가 신자유주의적 문명의 발밑을 허물며 치솟아 오르는 모습으로 나타났다.

이것은 우리를 노년의 맑스가 부딪혔던 것과 유사한 문제 상황에 던져 넣는다. 자본을 넘어설 힘을 줄곧 공장 노동자에게서 찾았던 맑스는, 노년에 이르러, 자본에 대항하는 러시아의 미르 공동체와 농민의 저항이 사회 이행에서 어떤 역할을 할 것인가라는 문제에 봉착했었다. 사빠띠스따의 봉기는, 제2인터내셔널 이후의 사회주의 운동에서 잊혀졌던 이 미완의 탐구 과제를 다시 제기한다. 게다가 이 봉기는, 이 탐구 과제를, 계급, 인종, 성별, 지역, 종교, 문화 등에 따라 분할선이 그어진 현대사회에 맞선 소수자들의 저항이 사회 이행에서 어떤 역할을 할 것인가라는 문제로까지 확장시켜 놓고 있다.

첫째로 이들의 봉기는 현대 자본주의가 최종적으로 완성된 사회가 아니라 인류에게 단말마적 고통을 안겨주고 있는 낡고 위기에 찬 사회임을 증언한다. 이 위기에서 벗어나려는 자본의 시도는, 멕시코 혁명의 승리를 통해서 얻었던 법조항, 즉 농민의 토지 이용권을 규정한 연방헌법 27조를 삭제하려는 시도로 나타났다. 원주민들은, 이에 대항하는 무장 저항을 선택함으로써, 토지로부터 농민의 분리를 영구화하는 이 시도를 어떤 불가항력적 법칙으로 받아들이기를 거부했다.

둘째로 이들은, 현대사회의 변혁은 공장 노동자들이 중심이 되어 여타 민중을 지도하는 위계적 방식으로 이루어질 수는 없으며, 원주민, 실업자, 여성, 지식인, 노동자, 농민, 빈민, 학생 등 사회의 지배적 공리에 의해 고통을 당하는 소수자들이, 자신들의 사회적 존재에서 비롯되는 필요와 욕구를 적극 제기하고 공명대(共鳴帶)를 찾아 연합함으로써 광범위한 전선을 구축하는 방향으로 나아가야 함을 보여준다. 마르꼬스는 "피착취 계급의 통일"과 "여러 계급의 통일"이라는 두 전선의 병행적 구축이 가능하다는 말로써 이러한 생각을 표현했으며, 사빠띠스따들은 원주민회의, EZLN, FZLN, 그리고 CND 등 다층위적인 투쟁체들의 병행적 구축을 통해 이것을 실천했다.

셋째로 사빠띠스따는 기술 문명에 대한 새로운 태도를 제시했다. 그들은 기술 문명이, 무릎 꿇고 찬미해야 할 것(포스트모더니즘)도, 비난되고 폐지되어야 할 것(원시주의)도 아니며, 오직 삶과 해방의 이익을 위해 가공되어야 할 것임을 보여주었다. 그들은, 봉기 첫날부터, 멕시코 정부에 대한 선전포고를, 그리고 자신들이 싸움에 나서게 된 이유를, 초현대적 테크놀로지인 인터넷을 이용해 전 세계 사람들에게 알렸고 그들로부터 지지와 공명을 이끌어 냈다. 그리하여 그들은, 원주민으로서의 자신들의 오래된 정체성을 새롭게 구성된 사이버스페이스와 결합시키는 데 성공했다. 이로써 이들은 신자유주의적 배제정책에 의해 강제된 말살 위기에서 벗어날 수 있었다. 마르꼬스는 자신들의 전쟁을 '말들의 전쟁'이라고 부름으로써, 치아빠스 봉기가 획득한 투쟁의 지적, 문화적, 윤리적 성격을 정의했다. 투쟁의 이 새로운 성격으로 말미암아, 내전은 각 측의 물리적 무장력에만 국한되지 않는 지적·윤리적 역관계에 의해 규정되었다. 미국의 지원을 받아 초현대식 무기로 무장한 멕시코 정부군이, 원시적 무기로 무장한 사빠띠스따와, 2001년 오늘까지, 7년에 걸친 전쟁을 치러야 했고 마침내 수도 멕시코시티로의 진입을 허용해야 하는 상황에 이르게 된 것은 투쟁력을 구성하는 이 복잡한 차원들을 떠나서는 이해하기 힘든 것이다.

마지막으로 가장 중요한 것은, 이들이 혁명을 정치적·경제적 수준보다 훨씬 깊은 삶의 존엄성이라는 존재론적 수준에서 재정의한 것이다. 이것은, 국가권력 장악이라는 혁명의 전통적 목표에 대한 단호한 거부를 통해 드러났다. 그것은, 인류의 공동체적 결속을 위한 혁명이 국가라는 형태를 통해서는 이루어질 수 없다는 인식에 기초한다. 이것은, 1871년의 코뮨 혁명을 통해, 새로운 혁명은 기존의 국가를 접수해서 사용할 수 없음을 깨달았던 맑스의 발견과 상통하는 것이면서도, 제2인터내셔널 이후의 전통적 혁명관에 묶인 사람들로 하여금 사빠띠스따 운동을 '무장한 개량주의'라고 비난하게 만드는 지점이기도 하다. 파리 코뮨 이후 사빠띠스따가 인류에게 제기하는 가장 중요한 사상적·정치적 혁신은 국가 권력 장악에 대한 분명한 거부이다. 이 이 정치학 위에서 이들은, 각 개인들, 집단들, 계급들이 자신들의 존엄을 주장하고 그것의 침해에 저항하며 존엄의 확장을 위해 노력할 것을 주장한다. 그들이 말하는 자치(autonomy)는 바로 이 노력을 지칭하는 것에 다름 아니다. 마르꼬스는, 『거울들의 책』에서, 자치는 일체의 거울놀이의 중단을 통해서 달성될 수 있는 것임을 시적으로 표현한다. 그에 따르면 자치는, PRI-PAN의 신자유주의나 PRD의 민중주의·사회주의와 같은 대의정치적 거울들 속에 비친 나를 쳐다보며 사는 것이 아니라, 스스로 삶의 행진을 시작하는 것이다.

멕시코시티로의 3천 km에 달하는 대장정(사빠투어)은, 이 삶의 행진의

한 국면이다. 승리와 위기를 동시에 함축하고 있는 이 행진은, 신자유주의에 반대하는 인류의 존엄의 행진이다. 이런 의미에서, 사빠띠스따와는 다른 조건에서 부과되는 삶의 위기를 극복하기 위한 이 땅의 소수자들의 투쟁도 실제로는 그 행진의 일부라고 할 수 있다. 신자유주의의 광풍 속에서도 삶의 지구적 대장정의 밑그림은 이렇게 조금씩 그려지고 있다. (2001)

오늘날 조직화의 새로운 기반

　오늘날의 지구 사회는 제국주의를 대체한 새로운 주권 질서인 제국으로 구성되어 가고 있다. 제국은 자본의 위기의 현대적 존재형태이며 동시에 그것의 정치적 봉합형태이다. 그것은 근대의 민족국가적 주권 질서와는 달리 어떤 민족국가의 헤게모니도 용인치 않는 새로운 네트워크형의 세계질서이며 주권의 새로운 지구적 형태이다.
　민족국가적 주권은 유럽의 권력들이 근대에 구축한 제국주의들의 주춧돌이었다. 제국주의는 유럽 민족국가들의 국경 너머로의 연장이었을 뿐이다. 제국은 이와는 달리 영토적 권력 중심이나 고정된 국경을 설치하지 않는다. 그것은 중심이나 경계를 오히려 장애로 인식한다. 흔히 생각되는 바와는 달리, 미국은 제국주의적 프로젝트를 실행하는 어떤 민족국가적 중심이 아니다. 제국 역시 제국주의와 마찬가지로 단일한 지휘자, 통합적 권력에 의해 운영되지만, 제국에서 미국이 행사하는 특권은 오히려 구 유럽 제국주의 권력들과의 차이에서 나온다. 다시 말해 미국의 특권은 세계의 권력 배치에서 차지하는 지배적 위치와 지배의 의지로부터가 아니라 네트워크 속에 분배된 권력들의 끊임없는 합성과 재합성 능력으로부터, 힘을 힘 자체로서가 아니라 정의와 평화와 같은 보편 가치들에 복무하는 존재로서 제시하는 능력으로부터, 세계의 갈등을 해소하면서 합의의 영역을 확장시켜 내는 그것의 능력으로부터 나온다.

제1세계, 제2세계, 제3세계를 장소적으로 구분하는 지구의 제국주의적 지리학은 급격한 변형을 겪고 있다. 이제 제1세계 속에서 제3세계가 발견되며 제2, 제3세계 속에서 제1세계가 발견된다. 어제의 제1세계가 오늘은 제3세계로 되며 거꾸로 어제의 제3세계가 오늘은 제1세계로 된다. 이렇게 통치의 지리적 형태는 극히 유동적이다. 제국은, 비장소적이며 문명 세계 전체를 지배하는 공간적 총체성이다. 이 때문에 그것은, 경쟁 속에서 발생하는 하나의 역사적 체제로서가 아니라, 역사를 중지시키면서 현 상태를 영원히 고정시키는 질서로 나타난다. 다시 말해 그것은 시간적 경계의 밖, 역사의 외부, 그리고 역사의 종말에 도달한 체제로서 나타난다.

실현된 세계시장 속에서 자본주의적 생산양식이 겪고 있는 이행들 역시 근본적이다. 노동과정에서 산업적 공장 노동이 차지하는 비중은 축소되고 소통적이고 협력적이며 정서적인 노동은 점차 커가고 있다. 노동의 서비스화는 제3세계들에서의 산업적 공장 노동의 발전에도 불구하고 지울 수 없이 뚜렷한 지구적 추세이다.

생산의 양적 구성만이 변하고 있는 것이 아니다. 지구 경제의 탈근대화 과정에서 부의 생산은 더욱더 사회적 삶 그 자체의 생산으로, 삶정치적 생산으로 되고 있다. 소비품을 생산하는 기계에서 기계를 생산하는 기계로의 변화가 자본주의 생산양식의 이행에서 획기적이었다면, 오늘날 주목되는 것은 삶을 생산하는 기계들의 출현이다. 오늘날 제국의 기계는 소비품과 노동수단을 생산할 뿐만 아니라 노동대상인 원료와 노동주체인 노동자 자신까지 생산하는 것으로 되고 있다. 극소전자기술 및 유전자공학의 발전과 그것의 생산에의 적용은 이 과정을 가속시키고 있다.

생산의 이 제국적 국면에서 경제적인 것과 정치적인 것, 그리고 문화적인 것은 점차 서로 중첩되며 서로 얽힌다. 오늘날의 정보경제에서 정보는 경제적인 동시에 정치적이고 또 문화적인 것이다. 정보는 상품이자 통제이고 또 이데올로기이다.

제국은 생산의 심원한 변형을 통해, 경제, 정치, 문화의 이 혼효를 통해 영토와 주민을 관리할 뿐만 아니라 자신이 깃들어 사는 세계 자체를 생산한다. 그것은 인간간의 상호작용을 통제할 뿐만 아니라 인간성 자체를 직접적으로 지배하려 한다. 그것의 지배 대상은 사회적 삶 전체이다. 그 결과 그것은 억압과 파괴의 거대한 권력들을 산출한다. 그리하여 낡은 지배형태에 대한 향수를 불러일으키기도 한다.

하지만 우리가 주목하는 것은, 제국으로의 이행과 지구화의 과정이 해방의 힘들에도 새로운 가능성을 제공한다는 것이다. 제국은 외부가 사라진 총체이면서 동시에 유사(類似) 외부를 부단히 창출함으로써 생존하는 모순적 주권 형태이다. 제국의 합의 창출은 야만인과 반역자들에 대한 부단한 배제를 통해서만 간신히, 그것도 일시적으로만 이루어진다. 제국은 이렇게 생성 속에 이미 퇴폐와 쇠퇴를 포함하는 위기로서 출현한다.

제국은 성, 인종, 지역을 불문한 모든 인류를 생산 과정 속으로 통합하며 그것이 인류 사회 전체의 제국으로의 통합을 규정한다. 공장에 통합되어 있던 전통적 노동계급은 이제 사회-공장, 공장-사회의 일부로 편입된다. 이 과정에서 형성되는 것은 현대의 프롤레타리아트인 다중(multitude)이다.

다중은, 전근대 사회에서 왕과의 관련 속에 존재했고 주로 농촌-토지와 결부되어 있었던 민중(people)이나 근대 사회에서 민족국가적 주권 속에서 존재했고 주로 도시·공장과 결부되어 있었던 대중(mass)과 구별된다. 그것은 제국적 주권 속에 존재하면서 지구 사회 전체에 비장소적으로 산포되어 유동하는 복합적 성분의 새로운 주체성이다. 근대로의 이행기에 민중이 대중 사회의 한 구성부분으로 편입되었듯 오늘날의 탈근대적 사회에서 민중과 대중은 다중의 한 구성부분으로 편입된다.

다중은 제국 속에 존재하면서 제국에 대항하는 힘이다. 다중의 창조적 힘은 지구적 흐름과 변화의 대안적 조직화를, 대항·제국을 자율적으로 구축할 수 있다. 제국과 싸우며 그것을 전복하려는 투쟁들뿐만 아니라 그것의 진정한 대안을 구축하려는 투쟁들 역시 제국적 지형 위에서 발생할 것이며 지금 발생하고 있다. 이 투쟁들을 통해서 다중은 제국을 넘어설 새로운 민주적 형태와 새로운 구성적 권력을 창출할 것이다.

다중의 삶에는 세 가지 벡터가 내재한다.

첫째의 벡터는 내부성이다. 다중은 자본의 현대적 주권 형태인 제국 내부에 존재한다. 제국은 제국주의와는 달리 더 이상 외부를 갖지 않는 주권 형태로서 다중의 삶을 생산하고 재생산하는 사회적, 정치적, 윤리적 기계이기 때문이다.

둘째의 벡터는 저항성이다. 주요하게는 화폐와 정보, 그리고 폭탄으로 구성되는 제국의 권력은 다중의 역동적이고 실질적인 힘을 사물화하고 시뮬레이션하며 파괴적 잠재력으로 응축하여 축적한 것에 다름 아니다. 다중은 제국의 이 축적과 지배 메커니즘 내부에 살지만 이러한 제국적 메커니즘에 저항한다.

셋째의 벡터는 구성이다. 제국은 지구와 인류 전체를 통합한 총체성으로 행세하며 다중을 내부적 형태, 즉 포섭과 종속의 차원 속에 감금하려

한다. 하지만 그것이 불가피하게 자신의 외부를 생산하게 되는 것은, 제국이 갖는 총체성의 실제적 한계를 보여준다. 이 한계를 규정하는 것은, 내부적 저항들의 새로운 목표들을 향한 재조직화와 재정향을 통해 작용하는 다중의 대안적 구성력이다.

이 세 가지 벡터가 오늘날, '제국 안에서, 제국과 싸우며, 제국을 넘어서는' 다중들의 복합적이고 혼성적이며 자율적인 활력을 구성하며 오늘날 인류에게 필요한 조직화에 새로운 기반을 제공한다. (2000)

새로운 사랑의 투사·1

영화 <닥터 모로의 D.N.A.>는 유전자 조작을 통해 원숭이나 하이에나를 인간으로 변형시키는 닥터 모로의 세계를 그리고 있다. 돌리를 비롯한 복제동물들의 탄생에서 예증되고 있고, 게놈 프로젝트가 보다 대규모로 예고하고 있듯이, 디지털 테크놀로지와 바이오 테크놀로지의 발전은 인류 역사에 커다란 변형을 가져올 것이 분명하다.

이것은 인간과 자연에 대한 자본의 지배 방식의 일대 전환을 예고한다. 자본은 오래 전부터 인간의 이데올로기 영역을 식민화함으로써 인간의 사유와 행동에 대한 통제를 수행해 왔다. 그러나 그것은 스피노자, 맑스, 들뢰즈를 비롯한 다양한 사상이론적 바이러스들과 수많은 대중들의 실천적 힘에 의해 한계에 봉착하게 되었다. 1968년 혁명과 1989년의 격변은 이 한계 부과 작용들의 최근의 사례들이다. 이에 대한 대응으로 자본은 이제, 통제의 이데올로기를 직접 인간과 동물의 유전자에 주입하고자 한다. 프랑꼬 베라디는 "자본은 기술·사회적 인터페이스들을 약호화하고 사회적 상호

작용의 신경회로와 틀들을 생산하는 기호증식과정"이 되었다고 말하는데, 이것은 현대 사회에서 자본의 질적 변화를 정확하게 지적한 것이라 생각된다.

변화된 자본과의 싸움을 위해서는 행동만으로는 부족하며 이데올로기 비판만으로도 부족하다. 물론 아직도 많은 경우 대중은 몸으로 행동하고 지식인은 두뇌로 이론작업만을 한다. 하지만 행동과 지식, 실천과 이론의 구획선은 점차 희미해지고 있다. 예컨대 해커들의 싸움은 이론인가 실천인가? 오늘날 행동은 지식화할 것을 요구받으며 지식은 행동화할 것을 요구받는다. 그렇기 때문에 이론과 실천의 관계를 외재적인 것으로 파악하는 변증법적 통일이라는 개념은 오늘날 이론과 실천, 지식과 행동의 관계를 포착하기에 불충분하다. 이론에 대한 실천의 우위라는 옛 유물론의 교의는 이미 낡았지만, 이론과 실천의 평행이라는 교의도 양자의 분리를 고정화한다는 점에서는 불충분하다. 양자는 지금 분리 불가능할 만큼 뒤섞여지고 있기 때문이다.

지금까지의 대중문화공간들은 1980년대 운동의 급작스런 단절 이후 정신적 공황을 치유하고 대중들의 사회역사적 안목을 지속·발전시키는데 중요한 기여를 해 왔다. 특히 대학을 비롯한 공식적 교육제도들이 신자유주의적 시장화에 종속된 이후 인류 정신의 자율성과 건강함을 유지함에 있어서 비제도적 대중문화공간들에 기대되는 역할은 이전보다 더 커지고 있다. 바로 이 시점에서 1990년대 들어 창출된 많은 비제도적 대중문화공간들이, 상업주의와 제도화의 압력 앞에서 흔들리면서, 자기변형하는 자본의 일부로 포섭되어 가고 있는 것은 안타까운 일이 아닐 수 없다. 이것은 시민사회의 자본에의 포섭과정의 한 측면으로 이해되는데, 비제도성을 시민성과 동일시해 온 기존 문화공간들이 이 포섭의 힘에 굴복하게 되는 것은 필연적인 것으로 생각된다. 이 굴복과정이 실용 강좌의 비중 증대, 회원 간 소통로의 약화, 수익 원리의 강화 등을 수반하는 것으로 보인다.

오늘날 1980년대의 정파들에 의해 실험되었던 보다 통일되고 일관된 '의식'에의 욕구가 출현하는 것은 (애초 포스트모더니즘에 면역성을 갖지 못했던) 비제도적 대중문화공간의 내용적 해체에 대한 자연스런 반작용으로 보인다. 그러나 이 양자는 기계-인간, 노동-지성 등의 혼성체인 다중의 자율성을 살려 낼 메커니즘을 구축하는 것에 실패하고 있다는 점에서 공통성을 갖는다.

다중은 권력으로부터 탈주하고 있는 대중이다. 우리 모두는 이 탈주하는 대중의 일부이다. 낡은 지배제도 속으로 복귀하거나 새로운 지배제도 속에 우리를 감금시키지 않고 탈주와 유영을 계속할 수 있는 '아래로부터의 새롭고 영구혁명적인 제도화'의 길은 정녕 불가능한가? 우리는 지금 이 절박한 질문 앞에 서 있다. 우리는 이 질문 앞에서 진지할 필요가 있다. 장소가 맺어주는 전통적 결연 형태를 완전히 떠나지 않으면서 컴퓨터 네트워크로 연결되는 다중 자신의 네트워크. 지성과 감성이 부단히 교류되는 공간이면서 더 폭넓은 다중의 네트워크에 스스로를 연결시키고자 노력하는 결연으로서의 조직. 유기적·무기적 생명의 네트워크의 한 노드이자 인터페이스로서 작용할 조직. 집권적 중앙의 명령 하에서 일사분란한 군사적 조직으로 발전했던 전통적 조직화가 시효를 상실한 현실에서, 새로운 조직화가 가능하다면 그것은, 인류를 노예화하는 방향으로 더욱 가속적으로 발전되고 있는 현대의 기술들과 문화들을 인류의 지구적 사회화를 위해, "사회적 인류"의 구성을 위해 전취하고 발전시키는 집단적 지성으로, 사랑의 투사로 커 나가기 위한 노력으로 나타날 것이다. 우리의 실천들은 모두 바로 이 노력의 일부이며 그것의 마디들일 것이다. (2000)

새로운 사랑의 투사 · 2

 계급, 인종, 성별, 문화, 세대 등 인류 사회의 제 집단들, 영역들 사이의 상호적대가 현대 사회의 우연적이고 일시적인 질병이 아니라 현대 사회 그 자체의 토대이며 작동 원리이다. 자연과 인간의 적대, 기술과 인간의 적대도 인간들 사이의 적대에 그 깊은 뿌리를 두고 있다.
 노동자는 더 열심히 생산을 하면 할수록 그의 노력으로 더 많아진 생산물로부터, 그리고 그 결과로 더욱 거대해지는 생산수단으로부터 나날이 유리된다. 가난, 사고, 해고 위협, 실업, 질병이 노동하는 그의 곁에 늘 함께 한다. 사회의 개인들은, 세상을 바꿀 마음에서 하건 매수의 결과로 하건, 투표를 열심히 하면 할수록 그 결과로 더 거대해지는 국가권력을 보게 된다. 그는 선거가 끝나자마자 자신에게 과세, 규제, 억압, 감시, 고문을 행하며 자신을 무시하는 초개인적 권력 앞에서 무력함을 느끼며 정치적으로 소외된 자신을 발견하게 된다. 여성들은 남편과 아이들을 돌보는 데 헌신하면 할수록 남편의 출세와 아이의 성적(成績) 향상에서 대리만족을 찾지 않으면 안 되는 소외된 처지에 놓이고 그러면 그럴수록 가부장제의 굴레가 자신을 가혹하게 옥죄이는 것을 발견한다. 열심히 공부하라는 사회적 가족적 압력 앞에서 숨 막히는 시간을 보내는 학생들도 예외가 아니다. 공부를 열심히 하면 할수록 친구들과의 자유롭고 평등한 관계는 어려워지고 경쟁의 사다리는 더 잔인한 모습으로 자신 앞에 나타난다. 민족국가간 경쟁에서 민족애와 민족적 응원이 강하면 강할수록 다른 민족들은 자신들로부터 더욱 멀어진다. 민족적 한을 풀고 자부심을 만회하기 위한 경우에도 그것은, 더 깊은 자탄으로 빠지거나(실패의 경우) 민족적 우월감과 제국주의적 열정으로 쉽게 넘어가곤(성공의 경우) 한다.

이렇게 우리는 인간적 능력들의 발휘가 그 능력들에 대한 억압력으로 되돌아오는 적대적 사회 속에 살고 있다. 그 결과 경쟁과 차별과 억압은 마치 대기처럼 지구 사회를 뒤덮고 있다.

인류는 인간 사회 내부의 이 적대를 해결할 수 있을까? 자본가나 권력자들이 쉼 없이 이야기하듯이, 그것은 인간들의 경쟁적 본성의 발현이므로, 누구나 이 적대와 더불어 사는 것이 필연적인 것은 아닌가? 혹은 개혁주의자들이 강조하듯이, 그 적대들은 조금씩 완화시킬 수는 있어도 완전히 해결할 수는 없는 성질의 것이므로, 상식에 비추어 몰상식을, 합리에 비추어 비합리를 고쳐 나가는 데 만족해야 하는 것은 아닌가?

우리는, 우리의 삶을 '근본적으로 권태롭고 불행한 것'으로 정의하려는 이 시도들에 맞서고 싶다. 착취, 억압, 물신화, 소외, 빈곤, 차별, 폭력, 전쟁, 고문, 강제노동, 실업 등등을 가져오는 이 사회적 적대가 인류의 운명이라는 주장을 받아들이고 싶지 않다. 이 욕구는 환상적인 것인가? 그렇지 않다. 역사는, 오늘날의 사회적 적대가 자본주의 이전의 사회적 적대와 동일한 것이 아님을 보여준다. 오늘날의 적대는 지난날의 적대를 풀어나가는 수단들이 가져온 역사적 결과이며 우리의 나날의 행위에 의해 재생산되고 있는 결과물일 뿐, 결코 우리에게 주어진 운명이 아니다. 필요한 것은 절망과 타협이 아니다. 사회적 적대를 우리의 선택, 우리의 행위, 우리의 삶이 가져온 결과로 이해하면서 새로운 선택, 새로운 행위, 새로운 삶의 구축을 통해 이 적대를 해결하고자 하는 노력이 필요하다.

근대의 인류는, 평등한 개인들 사이의 자유로운 교환으로서의 시장과 그것을 보증하는 정치적 공동체로서의 국가를 도입함으로써 신분적 불평등과 인신적 구속, 그리고 자연에의 예속으로부터 벗어났다. 그런데 이제 바로 그 시장과 국가가, 다중과 자연에 대한 착취와 억압의 거대한 체제를 창출하고 있는 것이다. 평등한 개인들 사이의 자유로운 교환을 매개하기 위해 탄생한 화폐는 인간의 능력을 노동시간으로 환원하는 물신의 역할을 수행할 뿐만 아니라, 계량가능하고 축적가능하며 소진되지 않는 그것의 성질로 인하여, 인류 역사상 유례없는 권력인 자본을 창출했다. 개인들 사이의 공적 관계를 보증함으로써 개인들 사이의 사적 교류관계의 결함을 보완하기 위해 탄생한 국가는, 사적 개인들 위에 군림하는 거대 권력이면서 그 자체 자본의 역할을 수행하는 근대적 민족국가로 전화했다.

20세기에 인류에게 대안을 제시해온 전통적 좌파는, 시장에 대해서는 부정, 긍정, 불확정 등 다양한 태도를 보였지만 국가를 장악하고 그것을 현대 사회의 문제를 풀어가는 수단으로 삼아야 한다는 데에 대해서는 공통된 입장을 취했다. 20세기 말에 붕괴한 사회주의들이나 신자유주의에 융화된 사회민주주의는 그 대표적 사례이다. 그리고 생태주의 운동의 일부도 국가를 생태 문제 해결의 수단으로 삼자는 방향으로 기운 바 있다.

우리는 시장과 국가, 그리고 양자의 분화는 현대 사회의 적대를 재생산하는 기본 구조라고 생각한다. 개인들의 사적 관계를 화폐가 매개하고 개인들의 공적 관계를 국가가 매개한다. 이것은 현대 사회에서는 누구도 벗어날 수 없는 인간적 자연처럼, 누구도 부인할 수 없는 신성한 진리처럼 우리의 삶 속에 자리 잡고 있다. 하지만 이것이 역사적이며 과도적인 현실임은, 이미 150여 년 전에, 맑스에 의해, 누구도 거부하기 어려운 술어들로 밝혀진 바 있다.

화폐는 보편적 교환관계의 구축을 통해 개인들 사이의 평등하고 자유로운 교류를 실현했다. 하지만 그것은 형식에서만 평등하고 자유로운 관계이다. 화폐는 개인들 사이의 실질적 교류관계에서는 불평등과 부자유를 심화시킨다. 국가는 개인들 사이의 공동적 관계를 실현했지만 개인들의 수평적 교류를 막으면서 그 자신을 초월적 권력으로 옹립하는 한에서만 그렇게 했다. 이렇게 정치와 경제의 분리 위에서 각각 분업적 방식으로 자본주의적 관계를 지구적 규모에서 나날이 재생산하고 있는 시장과 국가는, 개인들 사이의 실질적 교류관계, 소통관계의 확립을 갈망하는 현대의 인류와는 양립할 수 없는 제도들로 되고 있다.

인류에 대한 시장과 국가의 분업적 지배는, 인간의 유적 능력의 화폐 혹은 권력으로의 전화가 일상적으로 관철될 수 있게 만든다. 이것은, 다른 무엇보다도, 개인들의 다양한 능력들을 노동으로 환원하고 노동시간을 가치 척도로 정의할 수 있는 시장과 국가의 환원주의에 기초한다. 이 환원주의는, 다중의 전 지구적 탈주와 전통적 좌파의 국제주의 운동을 흡수하면서, 이제 이른바 신자유주의라고 불리는 전 지구적 자본 운동으로 나타나고 있다. 이에 따라 시장은 유통과 분배뿐만 아니라 생산까지 포괄하는 실질적 세계시장으로 작동하고 있고, 국가는 거대한 네트워크적 주권인 지구제국의 정치적 마디로 편입되고 있다.

그렇다고 세계시장과 제국의 국제화된 분업적 지배에 틈이 없는 것은 아니다. 무엇보다도 제1차 산업혁명기의 민중과 제2차 산업혁명기의 대중이 봉기와 전유를 넘어서는 구성적 탈주운동을 통해 다중으로 재편되고 있는 현실이 주목되어야 한다. 이것은 새롭게 창출되고 있는 주체성이며 화폐 및 국가의 환원주의를 폐지할 수 있는 새로운 잠재력이다. 제3차 산업혁명이라고 불리는 정보화는 자연과 육체를 넘어 인간의 지성을 착취의 주요 대상으로 포섭하고 있지만, 다른 한편에서, 그것은 다중에게 버츄얼 스페이스를 통한 투쟁의 전 지구적 유통의 무대를 제공하면서 이 새로운 주체성의 결집을 자극하고 있다.

원주민과 인터넷의 전자적 직조를 보여준 치아빠스의 봉기, 그리고 인터넷의 도움을 빌어 초국적 금융자본에 대항하는 초국적 시위를 조직한 시애틀·퀘벡·제노바를 잇는 반지구화 투쟁들에서 확인되는 것은, 다중이 노동자, 여성, 원주민, 국민, 동성애자, 실업자 등 위로부터 부과된 정체성들을 거부하면서 인간의 유적 능력을 다양성과 잡종성의 노선 속에서 실현하려고 노력하고 있다는 것이다. 그것은, 고전적 맑스주의에 의해 추구된 노동 거부와 아나키즘에 의해 추구된 국가 거부를 개인들의 매개되고 소외된 관계에 대한 거부로 심화시키고, 인류의 집단성을 획일성 속에서가 아니라 복수성의 실질적 교류로 재정의하려는 노력을 보여준다.

이것을 우리는 자율이라고 부른다. 우리는 자율을 '제 멋대로 한다'는 개인주의적 자유주의의 에피스테로부터 구출하여 인류의 집단적 소통과 상승적 공생의 맥락 위에서 추구되는 개인성으로 재정의할 것이다. 그것은 개인의 자유로움이 인류의 자유로움의 전제가 되고 인류의 자유로움이 개인의 자유로움의 전제가 되게 하는 역동적 운동을 일컫는 이름에 다름 아니다.

오늘날 자율의 운동은 다양한 곳에서 다양한 방식으로 전개되고 있다.

그것은 지성적 차원, 감성적 차원, 실천적 차원, 육체적 차원 등 인간성의 모든 차원에서 가시적 형태로, 혹은 비가시적 형태로 전개되고 있다. 우리는, 차원에서 분리되고 시간적으로 분절되며 공간적으로 분산된 이 다양한 운동들의 소통과 유통에 관심을 갖고 있다. 우리는 인터넷이라고 하는 비교적 최근에 발전된 소통과 표현의 공간을 통해 이 운동들의 소통과 유통에 참여하고자 한다. 이것을 통해 우리는 우리 자신의 활력을 권력에 대항하는 방향에서 표현해 내고자 한다. 그리고 이것을 통해 우리는 매스미디어들의 힘에 의해 끊임없이 억눌리고 감추어지며 소멸되는 경향이 있는 전 지구적 활력의 목소리들을 경청하고 조명하고 드러냄으로써 인종, 성, 지역, 국적, 언어, 문화를 넘어서는 광역적 소통의 문화를 만드는 운동 속에 살고자 한다. 이것이 21세기의 초에 우리가 웹저널 『자율평론』을 창간하는 이유이다. (2002)

제3부

시민사회에 대한 성찰

다크 시티에서

수몰과 시장

난생 처음 타본 기차가 중학교 일학년생이었던 나를 서울역에 내려놓은 것은 1969년 5월 31일 아침이었다. 전날 밤에 진주를 출발한 그 기계가 캄캄한 밤을 통과하여 미지의 세계에 나를 던져 놓은 것이다. 여기저기 치솟은 괴물 같은 빌딩들, 굉음을 울리며 도로를 질주하는 크고 작은 차들, 무표정하게 몸을 부딪치며 바쁘게 걸어가는 사람들…. 이들 가운데 내가 아는 사람은 없었고 차들은 어디론가 무심하고 분주하게 움직이기만 했으며 건물들은 수위가 지키거나 문이 굳게 잠겨 있었다. 멀미가 났다.

이곳은 대체 어떤 곳일까? 내가 1969년 이전에 살던 곳에는 뒤에 산이 있고 앞에 들이 있고 옆에 강이 있었으며 곳곳에 친구들이 살고 있었다. 마을 사람들 중 내가 모르는 사람은 아마도 거의 없었을 것이다. 어른들은 동네 아이들의 출생에서부터 성장 과정에 이르기까지 각자의 내력에 대해 대강은 알고 있었다. 여름날 밤이면 우리 집 옆의 연못가에 젖은 짚불을 피우고 모여앉아 어른들은 뭔가를 두런두런 이야기했고 우리 또래는 소나무 가지에 매달린 그네를 타거나 흙장난을 했다. 우리는 날이 밝기가 무섭게 고무신에 검정 팬티만을 입고 강가로 달려가 헤엄을 치고 물고기를 잡았다. 그러다가 배가 고프면 자갈밭에서 완두콩을 구워 먹거나 집으로 달려와 삶아 놓은 보리쌀을 한 움큼 씹어 삼킨 후 다시 달려 나가 공차기를 했다.

  서울이라는 곳이 있다는 것은 들어 알고 있었지만 실제로는 물론이고 그림으로도 본 적은 없었다. 놀랍도록 인상적인 것은 시장이었다. 그곳에서는 여러 가지 물건들을 돈을 받고 팔고 있었다. 그것들 중에는 신기한 것들도 많았지만 서울로 오기 전에는 들에서 따서 먹었던 수박, 참외, 오이도 있었으며 심지어는 시골의 둑길, 들판, 야산에 지천으로 널린 쑥도 있었다. 그것들을 돈을 치르고 사서 먹어야 한다는 것은 내게는 이상한 일이었다. 나는 서울에 오기 전에 시장이라는 것을 본 적이 없다. 마을에서 멀리 떨어진 완사라는 곳에서 5일에 한 번 씩 장이 선다는 것과, 어른들이 이따금씩 거기에 가서 쌀이나 보리를 주고 옷이나 신발 같은 것을 바꿔온다는 사실을 알고는 있었지만 나는 그 5일장이라는 것도 서울에 와 텔레비전에서 비춰주는 영상을 통해서 비로소 그 모습을 어림할 수 있었다. 생각해 보면 마을에 구멍가게가 두 개가 있었던 것 같다. 그런데 돈을 내야 뭔가를 주는 그곳에 내가 가게 되는 날은 설날 세뱃돈 몇 원을 탔을 때나 도시에 사는 형님이 내려와 용돈을 주는 따위의 특별한 경우들뿐이었다.

  그런데 갑자기 나는 돈이 없으면 아무 것도 할 수 없는 세상에 옮겨져 있었다. 차를 타지 않고는 학교에 갈 수 없었기 때문에 하루의 시작은 차장에게 돈을 내는 것에서 시작되었다. 학교에 가면 선생님이 공납금을 내라고 했고 배가 고파 밥을 먹으려고 해도 돈을 내야 했다. 돈을 주고 책을 사야했으며 친구에게 연락을 하고 싶어도 돈을 내고 전화를 해야 했고 누군가를 만나 이야기를 나누려 해도 어디엔가 돈을 내고 들어가야 했다. 어디서 무엇을 하건 돈을 내야 했다. 만화방에서도 돈을 내야 했고 산에 들어 갈 때도 돈을 내야 했다. 극장에 들어갈 때는 물론이고 고궁에 들어갈 때에도 돈을 내야 했다. 시골의 나에게서 돈은 어쩌다가 필요한 것이었지만 서울의 나에게서 돈은 공기와 같은 것으로 되었다. 도시의 풍부함이 크면 클수록, 그래서 유혹과 욕구가 크면 클수록 나는 좌절로 상처 입거나 절제로 자신을 다스려야 했다. 모든 사물들, 공간들, 설비들이 누군가의 소유였으며 돈 없이는 그것에 결코 접근할 수 없었기 때문이다. 버스비를 포함하여 오 백 원의 용돈으로 한 달을 보내야 했던 내게 서울은 어두웠다. 그것은 일종의 다크 시티(dark city)였다.

나에게는 두 가지 선택만이 주어져 있었던 것 같다. 돈을 벌기 위해 시장으로 나서거나 아니면 가족에게 의존하면서 최소한의 돈으로 살아가는 것이었다. 전자는 몸을 파는 노동자가 되는 것이었으며 후자는 그것을 일시적으로 유예하는 것이었다. 형님들과 동생들이 학업을 중단하고 전자의 길을 걷도록 강요받고 있었을 때 나는 가족들의 배려 위에서 후자의 길을 걸었다. 주어진 공부를 하고 책을 읽고 고향 친구에게 향수 어린 편지를 쓰는 것이 시장의 세계, 시장의 시간이 강요하는 고독과 궁핍을 살아가는 나의 방식이었다. 근대화의 시간, 자본주의의 시간은 이렇게 단 한 번의 기차여행으로 불쑥 다가와 내 삶을 포위했고 그 전의 시간은 영원 속으로 사라졌다. 남강댐은 자본주의적 근대화가 필요로 하는 전력(電力)을 가져다주었겠지만 그것은 나의 마을, 나의 과거를 수몰시키고서야 가능했다.

시장과 국가

한국에서 근대화의 현실은, 시장이 모든 조화를 보장하는 보이지 않는 손이라는 아담 스미스의 생각을 계속 거부해 온 것 같다. 만약 그의 말이 옳았다면 시장을 향한 근대화의 여정이 그토록 많은 폭력과 피로 얼룩질 이유가 없었을 것이다.

내가 대학에 들어간 지 몇 개월도 되지 않아서 학교는 문을 닫고 수위 대신 군인들이 교문을 지켰다. 나는 수업료를 냈지만 학교는 강의를 제공하지 않았다. 학교가 아직 시장의 원리에 충실하지 않았던 것일까? 수업료는 강의의 가격이 아니었던 것일까? 대학 시절 동안 여러 번 학생들은 유신에 반대하는 시위를 조직했고 그때마다 군인이 투입되고 때로는 무장군인이 교문을 걸어 잠그고 학생들의 출입을 막았다. 그런데도 학교는 수업료를 학생들에게 되돌려 주지는 않았다.

박정희의 정부는 무소불위의 권력으로 시장 위에 군림했다. 노동자들은 돈이 없이는 그 무엇에도 접근할 수 없었지만 국가권력은 돈이 없이도 많은 것에 접근할 수 있는 것 같았다. 아마도 그 때문에 대학가에 광포(狂暴)한 고시열풍이 휩쓸고 법학과가 대학을 상징하게 되었는지 모른다. 시장이 아니라 국가가 오히려 시장을 계획하고 조절했다. 때로는 보이게, 때로는 보이지 않게 시장은 국가에 의해 보장, 육성, 관리되고 있었다.

대학생이 되어서는 나도 시장에 몸을 내다 팔기 시작했다. 아이들에게 입시에 필요한 과목들을 가르쳐 주고 그들의 부모들로부터 임금을 받는 것이었다. 매우 임시적이고 불안정하며 비정규적인 시간제 노동. 하루하루가 어둡고 암담했는데 그것은 비단 국가의 횡포 때문만은 아니었다. 삶은 자본주의 시장에서 화폐에 의해 매개되는데 이것은 노동자가 생활수단에 접근하기 위해서는 매 순간 자신의 몸을 파는데 성공해야 한다는 것을 의미한다. 그러나 노동력의 판매는 끊임없이 유동하는 시장 상황에 의존하기 때문에 판매의 성공은 결코 보장되어 있지 않다. 이것이 자본주의에서 노동자의 삶의 본원적 위기를 구성한다. 그래서 노동자 개개인은 자신을 좋은 조건으로 판매하기 위하여 시장 상황을 예의주시하면서 그 시장의 요구에 잘 맞는 상품으로 자신을 만들기 위해 노력하지 않으면 안 되는 것이다. 이것은 우리에게 더 큰 경쟁심을 갖도록, 순종을 배우도록, 아부를 익히도록, 내면의 자신과는 다른 표면적 마스크를 쓰도록, 능력의 부족을 사기(詐欺)로 보충하도록 자극한다.

그러나 시장이 국가와 더불어 강제하는 이 타율적 삶에 동화되기란 얼마나 어려운가? 어쩔 수 없이 외부로부터 강제된 그 규율들을 받아들이고 자기 것으로 내면화한 순간에조차 '이게 아니다'라는 내면의 울림이 치솟지 않는가? 시장의 시간은 그래서 위기의 시간일 뿐만 아니라 분열의 시간, 자기분열의 시간이기도 하다. 발전과 축적을 향한 편집증에 사로잡힌 국가가 운전대를 잡고 있는 시장 속에서 내가 앓은 분열증은 실존에의 탐닉으로, 비합리적 문학에의 몰입으로, 그리고 허무의 수용으로 나타났던 것 같다. 본질로부터 실존을 구분해 내는 것, 현실원칙의 완고한 지배로부터 비합리를 구출하는 것, 나아가 존재를 허와 무의 환영으로 사고하는 것, 그리하여 실존과 비합리와 무를 국가와 시장이 강요하는 실리주의적 도덕률을 극복할 진지로 구축하는 것.

나는 1974년, 고등학교 3학년 여름방학 때 육영수의 피살을 안타까운 마음으로 바라보았는데 대학을 마친 직후인 1979년에는 부마항쟁과 YH 사건과 박정희의 피살을 긴장된 마음으로 바라보았다. 무엇이 국가의 근대화 계획을 좌절시킨 것일까? 혹시 시장의 보이지 않는 손이? 실존이? 아니면 비합리성이나 허무가? 이에 대한 답은 1980년 5월, 광주에서 들려왔다. 그것은 억압되었던 것의 귀환이며 분열증의 집단적 탈주로의 표출이고 밀실에서 펼쳐진 사변적 유령들, 욕설로만 맴돌았던 분노들이 광장으로 나아와 집단적 전사의 모습으로, 투쟁하는 민중의 형상으로 출현한 것이었다. 이 때 읽은 헤겔의 역사철학과 미학은 잠재된 힘들, 떠밀린 힘들, 노예들의 힘을 감지하는 지적 더듬이의 역할을 했다. 하지만 그것은 5월 18일에 신군부에 의해 시작된 권력의 보복, 재부과된 시장체제의 그물망 속에서였다.

시장과 공장

민중은 다시 지하로 잠복했지만 1970년대의 우울이 다시 찾아온 것은 아니었다. 보이지 않는 곳에서 꿈틀대며 성장하고 있는 민중의 힘이 군대의 도움을 빌어 돌아가는 시장체제의 저변에서 느껴지고 있었다. 우울이 긴장에 길을 비켜주고 허무가 비장으로 탈바꿈하고 있었다.

1981년부터 1985년까지 군대(공군사관학교)에서 교관으로 보낸 4년 동안 나는, 시장을 지키는 충성스런 군인이 되기보다 시장에 도전한 죄로 금지된 저자 맑스의 『자본론』을, 그리고 헝가리 혁명을 사유하고 실천했던 저자 루카치의 『역사와 계급의식』을 읽으며 민중의 힘의 실재성을 읽어내기 위해 노력했다.

뒤늦게 주어진 그 대가는 1986년 12월 31일 안기부로의 연행이었으며 1987년 1월 19일 서울구치소로의 투옥이었다. 국가가 시장의 두뇌라면 군대와 경찰 그리고 감옥은 그것의 발톱이다. 내가 남산 안기부 지하에 갇혀 떨며 취조당하고 있던 1987년 1월 14일 새벽, 박종철은 거기에서 얼마 떨어지지 않은 남영동 대공분실에서 물고문으로 죽었다. 그는 시장의 논리에 따라 굶어죽은 것이 아니라 국가의 논리에 따라 고문당해 죽었다. 그해 겨울 안기부의 지하감방들 여기저기에서 들리던 비명소리들을, 그리고 내가 내질렀을 비명을 잊을 수 있을까? 시장이 가하는 고문은 길고 더디기 때문에 그 절규가 잘 들리지 않지만 국가가 가하는 고문은 귀청을 찢을 듯 가냘프고 처절하다.

군대에서 내가 저항의 잠재력을 확인했다면 감옥에서 나는 저항의 지식과 기술을, 그리고 무엇보다도 희망을 배웠다. 감금과 감시에 저항하여 수개월간 계속된 재소자 인권투쟁과 소내에서의 정치토론은, 삶은 어디에서도 계속될 수 있다는 것을 일깨워 주었다. 1987년 6월에서 9월에 이르는 뜨거운 투쟁의 시간은, 1980년 5월의 광주와는 달리, 내게 충격적이고 갑작스러운 것으로 다가오지 않았다. 이미 수년 동안 꿈틀대던 지하의 힘들이 자본에게 점령되어 왔던 광장을 점거한 데 이어 시장의 세포인 공장들을 점거하는 데로 나아간 것이었기 때문이다. 시장과 국가를 넘어설 대안들이 논의되기 시작했다. 많은 사람들은 노동계급에 의한 국가권력 장악과 생산수단의 사회화를 통한 시장 폐지라는 사회주의적 대안에 귀 기울이기 시작했다. 내가 사회주의 정당 건설 운동에 동참했던 것은, 이것이 바로 이 과제를 달성할 지렛대라고 보았기 때문이다.

1988년에서 1990년까지, 약 3년간에 걸친 사회주의적 정치 활동의 끝에 두 가지의 것이 동시에 나를 찾아 왔다. 하나는 사회주의 운동을 금지하는 국가보안법의 서슬 퍼런 지명수배령이었고, 또 하나는 내가 추구한 사회주의의 전 지구적 붕괴였다. 고립무원에 빠진 내가 책상으로 돌아와 지난날의 활동을 점검하고 있을 때에도 투쟁은 끊이지 않았다. 득세하는 자본주의 승리론과 '새로운 세계질서' 선언을 비웃기라도 하듯, 1991년 5월에 학생과 시민들의 투쟁이 거리를 뒤덮었고 노동자들의 투쟁은 해마다 계속되었다.

 정부 각료들은 긴 사각탁자 대신 원탁에서 회의를 하거나 넥타이를 푸는 것으로 자신들의 민중에의 의존성을 고백하기 시작했다. 마침내 1993년 2월 김영삼 정부의 등장은, 1980년에 고비를 맞이하고 1987년에 꺾이기 시작한 국가 권위주의가 더 이상 지속되기 어려움을 고백하는 사건이었다.

시장의 일반화

 그러면 권위주의적 국가주의는 무엇에 의해 대체되었는가? 많은 사람들은 그것을 신자유주의라고 부른다. 시장의 전면에 나섰던, 그 자신이 하나의 권력 주체일 뿐만 아니라 소유 주체이자 경제 주체로서 행세했던 국가가 시장 질서의 계획자, 지휘자로서의 역할을 포기하고 시장 질서의 보호자로서의 역할만을 담당하는 것이 그것이다. 신자유주의적 지배는 김대중 정부에 계승되고 본격화되었다. 소유에서의 민영화, 노동의 유연화, 생산과 유통의 지구화와 정보화.

 근대화의 댐은 나의 고향을 수몰시켰는데 이제 신자유주의적 지구화는 댐에 고인 물이 넘쳐흐르게 하여 헤아릴 수 없을 만큼 많은 사람들을 수재민으로 만들고 익사자를 발생시킨다. 확실히 신자유주의적 세계시장은 우리를 국가의 횡포로부터 다소간 자유롭게 한다. 국가보안법과 초법적 권력기관들의 약화는 그것의 표현이다. 그것은 군대, 감옥, 학교, 공장 등에 일정한 유연성을 가져오고 있다. 그러나 그 유연성은 무엇에 기여하는가?

 지금 우리의 아이들은 내가 겪었던 것보다 더 가혹한 경쟁에 노출되어 있고 내가 누렸던 것보다 더 열악한 환경에서 생활하고 있다. 이제는 물까지 돈을 주고 사야하며 맑은 공기를 마시기 위해서는 서울에서 먼 곳으로 돈을 지불하고 나가야 한다. 도시의 거리들은 아스팔트로 뒤덮였고 그나마 남았던 공터들마저 누군가의 소유물로 바뀌었다. 우리의 아이들은 우리보다도 더 치명적인 질병들에 노출되어 있다.

지금은 지식을 사고파는 것이 일상적일 뿐만 아니라 그 시장의 규모는 나날이 커져가고 있다. 우리 삶의 영역들 가운데 사고 팔리지 않는 것을 찾는 것은 하늘의 별을 따기만큼 어렵다. 연령을 불문한 성이 매매되고, 피와 장기가 매매되며 지식, 사랑, 간호가 매매될 뿐만 아니라 유전자까지 매매될 조짐을 보이고 있다. 신자유주의는 매매의 보편화, 일반적 시장, 모든 삶의 시장으로의 환원을 지향한다. 시장의 일반화는 적대의 일반화를 가속화시킬 것이다. 시장의 유연성은 이렇게 자연과 인간에 대한 착취를 가속화, 극대화, 심화하는 것에 기여한다.

그래서 다시 국가에 대한 미련들이 거두어지지 않는 것 같다. 신자유주의가 시작된 지 채 20년이 되지 않아 신자유주의의 결과에 대한 공포와 그에 대한 반대가 세계에 가득 차고 있다. 보수주의자들은 이 상황을 국가, 가족 등 낡은 공동체 권력 강화의 기회로 이용하려 한다. 이것이 미국, 유럽에서 최근 일고 있는 보수화 바람의 원인이다. 자본의 정치는 자유주의와 공동체주의 사이에서 파동치고 있다. 한국의 정치권도 이 파동의 구도에서 자유롭지 못하다.

국가와 시장 사이에서의 이 진동에서 빠져나오려는 새로운 집단적 시도는 1994년 1월 1일 멕시코 치아빠스에서 나타났다. 당시, 파리 코뮌의 맑스와 미르 공동체론의 맑스를 통해, 레닌-스탈린주의의 국가주의적 사회주의의 오류와 한계를 넘어서려고 시도하고 있던 나에게 사빠띠스따들은 매우 중요한 실천적 참조를 제공했다. 그것은 국가권력을 장악하지 않고서 세상을 바꿀 수 있는 길을 모색하는 것이었다. 사빠띠스따들은 마야 공동체의 마법적 세계관에서 새로운 사유의 실마리를 끌어올리면서도 인터넷으로 대표되는 인류 지성의 최근 성취들을 적극적으로 수용하여 그것들을 신자유주의와 국가주의에 대항하는 무기로 활용했다.

그런데 국가권력을 장악하지 않고서 세상을 바꿀 수 있는 방법, 시장과 국가의 이중주(二重奏)의 덫을 벗어날 수 있는 방법은 사빠띠스따들이 완성된 형태로 가공하여 우리에게 선물할 수 있는 그 무엇이 아니다. 지금은 인류 전체가 이 이중주의 덫에 걸려 있는 만큼 인류 전체의 지혜와 실천의 결집이 없이 이 문제는 해결되기 어렵다. 여기에서 프랑스의 1968혁명이나 1977년 이탈리아 자율운동, 그리고 1980년 한국의 광주민중항쟁과 1987년 투쟁, 1992년 미국의 로스앤젤레스 봉기, 1995년 프랑스 총파업, 1999년에 씨애틀에서 시작되어 2001년 제노바로 이어진 반지구화 투쟁 등은 사빠띠스따의 투쟁과 더불어 우리에게 중요한 참조를 제공한다.

자율과 인류

나는 이 투쟁들에서 국가도 시장도 아닌 길, 그것들의 이중주를 벗어나는 자율의 길을 추구하는 힘들을 찾고 있다. 자율의 길은 국가의 초월적 권력에 대항하는 투쟁에서 상식의 투쟁과 보조를 같이 하지만 상식이 너무나 자주 시장의 상식을 표현하는 것에 머무른다는 점을 나는 경계한다. 나는 상식 속에 몰상식의 비밀이 있고 합리 속에 비리의 비밀이 있는 것을 자주 목격한다. 만약 우리가 상식 속에서 자율의 길을 찾을 수 있다면 그것은 상식이 자신을 넘어서려는 투쟁 속에 있을 때뿐이라고 말하고 싶다. 왜냐하면 시장의 상식은 'common sense'이기보다는 'individual sense'에 더 가깝기 때문이다.

그렇다면 자율의 투쟁은, 아직도 공동체의 유제가 짙게 남아 있었던 우리의 과거, 우리의 고향의 체험을 되살리기 위한 것일까? 결코 그렇지 않다. 특정 영역에 감금된 공동체는, 이미 우리 사유의 현실적 준거로 등장한 다중, 지구인, 사회화된 인류 등의 해방을 위한 대안이 되지 못한다. 자율은 협소한 지역적 대안으로의 회귀일 수 없다. 그것은 이제 지구 인류 전체의 유적 집단성의 수준에서만 실현될 수 있다. 이런 의미에서 자율의 길은 고향을 되살리기 위한 길이 아니라 각자가 세계를 자신의 고향으로 느끼며 살 수 있게 되는 지평을 열기 위한 길이 되어야 할 것이다. (2002)

신자유주의적 사유화 속에서 사회의 공적 재구축의 전망

사유화는 결코 신자유주의에 고유한 현상만은 아니다. 그것은 부르주아 사회의 발전 과정에서 다양한 양상으로 전개되어 왔다. 신자유주의적 사유화는 사유화의 이 역사적 지속의 최근 국면이다. 이 국면의 특이성은 무엇인가? 이 질문에 대답하기 위해 그 이전 국면들의 특이성을 먼저 살펴보자.

신자유주의 이전의 사유화

먼저 자연의 사유화. 자본주의의 발생은 광대한 영역의 공유지에 대한 사유화를 수반했다. 이 과정에서 숲, 평원, 농지, 광산, 어장, 목초지 등이 개인의 수중으로 넘어 갔다. "사적 소유의 지배는 토지소유로부터 시작된다. 말하자면 토지 소유는 사적 소유의 토대이다." (칼 맑스『경제학·철학 수고』, 이론과실천, 49쪽) 토지소유는 자본주의적 생산양식의 출발점이다.

토지소유자를 대규모로 형성한 이 시초적 축적의 과정은 수많은 인간들을 "돌연히 그리고 폭력적으로"(칼 맑스,『자본론』1권 하, 비봉출판사, 900쪽) 생산수단(토지)으로부터 분리시켰다. 토지에 대하여 오늘날 신자유주의적 사유화와 같은 과정이 그대로 연출된 것이다.

> 국유지는 증여되거나 헐값으로 팔아넘겨지거나 또는 직접적 횡령에 의하여 사유지에 병합되었다. … 봉건주의의 덮개 밑에서 존속한 고대 게르만적 제도였던 … 공유지에 대한 폭력적 약탈은 대개는 경작지를 목장으로 전환시키는 것을 수반하면서 … 개인적 폭행의 형태로 수행되었으며 이에 대하여 입법은 150년간이나 항쟁하였지만 효과를 거두지 못하였다. 18세기에는 법률 자체가 국민의 공유지를 약탈하는 도구로 되었다. 끝으로 농민으로부터 토지를 빼앗은 최후의 대수탈 과정은 이른바 "사유지 청소"이다. … 청소될 독립적 농민이 더 이상 없을 때에는 토지로부터 오두막집의 청소까지 실시되기 때문에 농업노동자들은 … 거주할 수 있는 장소를 이미 발견할 수 없게 된다. (칼 맑스, 같은 책, 910~920쪽)

이렇게 무자비한 폭력 아래에서 수행된 국유지의 사기적 양도, 공유지의 횡령, 봉건적 및 씨족적 소유의 약탈, 그리고 그것들의 사적 소유로의 전환 등은 토지를 자본에 결합시키고 (이중의 의미에서) 자유로운 프롤레타리아트를 자본에게 광범위하게 공급했다. 그러나 토지에 대한 사적 소유는 지역과 장소에 밀착되어 있었다. 그것은 주어진 세계와의 유착관계에서 완전히 벗어나지 못한 자본이었다. 그것은, 세계를 형성하는 과정을 통해 자신의 추상적이고 순수한 형태에 도달한다. 이 과정에서 진행된 것이 노동 결과의 사유화이다. 여기에서 생산자의 생산수단으로부터의 분리는 결정적 역할을 수행한다. 생산수단으로부터 분리되어 사적 개인들로 된 생산자들은, 살기 위해서는, 자신의 노동력을 자본에게 팔지 않으면 안 된다. 이 과정에서, 교환에 의해 매개되는 다양한 분업들이 보편적 사회 관계로 자리 잡는다. 정신노동과 육체노동, 도시와 농촌, 상업과 공업, 남성과 여성 등등 사이에 분업이 들어선다.

자본주의적 분업의 특징은, 각 개인들의 특수이익과 이들 개인들의 상호의존 관계로서의 공동이익(공동체성)이 괴리된다는 것이다. 공동이익을 관리하는 방안을 둘러싼 제 계급들의 투쟁 과정에서 자본은 국가를 공동이익의 체현기관으로 정의하는 것에 성공한다. 그것은 노동자에 대한 직접적인 인신적 지배를 통하지 않고서도 노동 결과를 사유화할 수 있게 하는 지배 장치이다. 그것은 노동력의 자유로운 양도와 노동 결과의 사적 소유를 보호하는 데 책임을 지는 분리된 심급으로서, 경제적인 것으로부터 분리된 정치적인 것, 사적인 것으로부터 분리된 공적인 영역을 구성한다.

이렇게 노동 결과의 사유화는 정치적인 것과 경제적인 것, 공적인 것과 사적인 것의 바로 그 분리에 기초한다. 그러므로 국가는 생산자들의 사회적 상호의존을 사적 소유의 틀 내에서, 아니 사적 소유의 보호를 통하여 관철시키는 (공적 형태를 띤) 사적 주권이다. 그것은 개인들의 이익으로부터 멀리 떨어진 환상적 공동체이다.

때때로 국가는, 국가소유와 국가기업을 통해 경제적 주체로 나타나기도 한다. 그러나 국유는 결코 사유에 대립하는 것이 아니다. 서구 복지국가와 동구 사회주의들의 경험에서 드러났듯이, 그것은 사유의 (더 정확하게 말하면 공/사 분리의) 특수한 형태이다. 자본은 1917년 혁명에서 등장한 프롤레타리아적 '공유'의 요구를 '국유'의 형태 속에 봉합함으로써 공/사의 영역적 분리를 유지할 수 있었다. 이것은 전 지구적 현상이었는데, 동구에서의 사회주의 국가뿐만 아니라 서구에서의 복지국가, 제3세계에서의 권위주의 국가 등이 모두 국유를 통해 공/사 분리를 구현하는 각기 다른 형태로 기능했기 때문이다.

신자유주의의 사유화

그러면 오늘날 신자유주의는 무엇 때문에 사유화를 그토록 격렬하게 추진하는가? 신자유주의의 사유화를 공공 '영역'의 위기로 보면서 '공공영역의 수호와 재건'을 자신의 투쟁과제로 설정하는 전통 좌파적 대응이 저항운동의 대세를 이루고 있는 현실을 고려할 때 이것은 중요한 문제이다. 우리는 앞서 공공성에 대한 침략과 사유화를 신자유주의적 특이성으로서보다는 자본주의 발전의 일관된 경향으로 고찰해 왔다. 공/사의 영역적 분리는 사적 소유를 관철시키는 지배방식이었다. 공적인 것은 자연에 울타리를 치고 여성을 가정에 유폐하며 노동자를 시장 회로 속에 가두면서 사유화를 보장하는 국가에 의해 환상적으로 재현되었다. 그래서 우리는, '영역으로서의 공공성'이란 사적 소유의 거울에 투영된 개인들의 상호의존과 공동체성이라고 말할 수 있다.

그러면 신자유주의는 사유화를 재생산하는 장치인 이 영역으로서의 공공성을 왜 스스로 허물고 있는가? 그 이유는 먼저, 국가적 공공성이 생산의 현대적 발전과 조응하지 않는다는 점에서 찾을 수 있다. 분업 속에서 이루어지는 산업의 발전은 점차 분업의 자연적 성격을 해체시키며 그것을 더욱더 인위적인 것으로 만든다. 일반적 경쟁이 모든 개인들로 하여금 각자의 에너지를 극도로 긴장시키도록 강제하고, 이로 인해 발전된 대규모 산업은 각자의 욕구를 전 세계에 의존하도록 만드는 것이다. 세계시장이 유통을 넘어 생산의 지형에서까지 실질화된다. 지역과 영토에 묶인 주권형태인 민족국가는 세계시장에 상응하는 공/사 분리의 질서를 부과할 수 없다. 위로부터 초국적 금융자본은 국가주권의 포섭을 꾀하고 다중은 국가로부터 탈주한다. 이 이중의 힘에 직면하여 국가는 사유화를 통해 그것의 은

폐되었던 사적 성격을 노골적으로 드러낸다. 예컨대 공기업은 사유화되며 공적 지출은 축소되고 공원에의 접근은 제한되며 인류의 지성에 울타리가 쳐진다. 이처럼 신자유주의는 인류의 공동체성을 사유화의 대상으로 삼는다. 공공성의 자리는 이제 국가를 자신의 마디로 배치하면서 세계시장을 지배하는 제국에로 이전된다. 그러나 그것은 영토와 장소에서 해방된 스펙터클적 주권, 초월적 권력, 가상적 공공성이다.

이처럼 제국적 주권 하에서도 공/사 분리는 소멸하지 않는다. 단지 그것이 '영역적 분리'의 형태가 아니라 '기능적 분리'의 형태를 취할 뿐이다. 제국은 이전 시기에 국가적 공공성 속에서, 동시에 그것에 대항하며 존재했던 사회적 공공활동들을 자신 속에 흡수한다. 여론 형성의 사회적 수단들인 미디어들이 사유물이면서도 국가기관들을 압도하는 공공적 기능을 수행하게 되는 것은 그 대표적 사례이다. 이것은 사적인 것들이 공공성의 본질로 전화됨을 의미한다. 공/사의 분리는 더 이상 실제적이지 않고 가상적이다.

아래로부터 공공적인 것의 재구축

공/사 분리가 가상화된다는 것은 사적 소유의 운동 자체가 인위적이고 가상적인 것으로 되었음을 의미하기도 한다. 바로 이것이 사적 소유의 운동, 사유화가 직면한 한계이다. 사적 소유는 공/사 분리를 통해, 공적인 것에 의한 보호를 통해 유지되고 또 발전되어 왔다. 이제 공/사 분리는, 사적인 것에 의한 공적인 것의 생산에 의해 유지된다. 이제 사적인 것 외부에 아무 것도 없다. 국가도 제국도 사적인 것들의 생산물이며 그것들의 공공성은 시뮬레이트된 것일 뿐이다.

이 보편적 사유화의 현실은 공적인 것의 불가능성을 의미하는가?

우리가 이 과정의 이면을 보지 못한다면 그렇게 말하게 될 것이다. 하지만 지구화하는 현실은 다른 경향, 다른 그림을 우리에게 보여준다. 개인들의 상호의존을 환상적으로 재현해 왔던 전통적 공공성의 해체는 이 상호의존이 이러한 방식으로 매개될 수 없을 만큼 일반화되었음을 의미한다. 일반화된 사적 소유의 이면은 바로 이 일반화된 공공성이다. 국경의 무의미화, 버츄얼 스페이스의 등장, 인류의 집단 지성의 생산에의 응용 등은, 인류의 삶이 직접 공공적으로 재편될 수 있는 가능성을 지시한다. 사적 소유의 일반화 속에서 전개되고 있는 생산의 정보화와 지구화는 사적 소유의 불가능성을 한층 더 부각시킨다. 정보화와 지구화에 의해 인류의 육체적 지성적 공동협력의 보편적 실재성이 누구의 눈에도 분명한 것으로 확인되면서 사적 소유의 부자연스러움을 돋보이도록 하고 있기 때문이다. 생산에서의 이 공동협력은 아래로부터 공적인 것의 재구축을 위한 운동들로 주체화되며 사적 소유의 과정을 위기로 몰아넣는다. 현대 자본주의의 보편적 위기는 공공성의 재구축을 위한 이 운동들의 실재성을 떠나서는 이해하기 어렵다.

모든 투쟁은 경제투쟁과 정치투쟁의 전통적 구분을 넘어 경제적이고 정치적이면서 동시에 문화적인 삶정치적 투쟁으로, 삶의 새로운 형태에 대한 투쟁으로, 공적 공간의 재구축과 공동체의 새로운 구성을 직접적으로 문제삼는 투쟁으로 된다. 치아빠스 봉기, 프랑스와 한국의 공공 부문 노동자 투쟁, 아르헨티나의 반란들 등은 '공/사 분리의 승인 위에서 공공적인 영역의 확장'이라는 전통 좌파적 투쟁관이 우리 시대에 적합지 않음을 경험적으로 보여주는 사례들이다. 우리에게 필요한 것은, 무르익은 개인들의 유적 상호의존과 일반화된 사유화 사이의 탈근대적 탈구(脫臼)를 '공공적인 것의 탈국가적이고 탈제국적인 재구축'(recommonalization)의 기회로 활용하는 것이다.

그것은 일반화된 사유화로 인해 지구 전체에 확산된 현대의 프롤레타리아트, 이른바 '다중들'에 의해 가능하다. 이들은 자기조직화를 발전시키고 자율적인 투쟁들의 네트워크를 새롭게 구축하려는 노력을 통해 제국의 스펙터클적 공공성에 대항하는 존재론적인 공공성의 잠재력을 이미 표현하기 시작했다. (2002)

'붉은악마' 현상 속의 근대성과 탈근대성

2002년 6월 현상에는 다수의 힘들의 접합이 확인된다. 우리는 그것들을 두 가지 유형으로, 그리고 그 아래에서 몇 가지 하위 집단들로 구분할 수 있다.

A. (1)여성들과 청소년들 (2)붉은악마.

B. (1)히딩크와 국가대표 축구선수들 (2) 대한민국의 기업과 국가 (3) 전광판과 텔레비전, 그리고 … (4) 피파(FIFA).

월드컵의 상업주의화와 피파

우선 B의 (4), 국제 스포츠이벤트기구인 피파부터 살펴보자. 국가주의적 정치가 유행이었던 20세기에, 피파는 스포츠를 통한 국민통합에 의해 노동계급 혁명을 억제하는 정치적 기구로 역할 했다. 그런데 이제, 신자유주의로의 이행과 더불어, 피파는 중계료와 입장료를 챙기기 위한 수익 기구로 변화했다. 1982년 스페인 월드컵 이후로 피파는 미디어, 다국적 거대기업, 엔터테인먼트 기업 등과 유착하면서 상업주의로 기울었다. 2002년 월드컵 중계권은 경쟁 입찰방식을 통해 Kirch와 Sporis에 넘겨졌고 여기서 피파는 중계권료만으로 약 9억 달러를 챙긴 것으로 알려졌다. 이렇게 월드컵 중계권이 스포츠 마케팅 회사에 독점되면서 2002년의 월드컵 중계권료는 1998년 프랑스 월드컵의 중계권료에 비해 1000% 가량 인상되었다.

월드컵의 상업주의화는, 월드컵의 화려한 외관 뒤에서 전개되어온 피파 회장 블래터의 비리와도 연결되어 있다. 그의 비리는, UN에 상응하는 회원국을 거느린 피파가 항구적 부패의 늪에 빠져 있으며 부패를 통해 작동하고 있음을 단적으로 증명하는 것이다. 피파의 실무책임자 미셸 젠 루피넨 사무총장의 고발에 따르면 블래터는 부실회계를 통한 사리 충족, 특정 기업과의 유착을 통한 뇌물 수수, 심판 매수, 친인척에게 특혜 주기 등 비리의 대명사, 부패의 화신으로 묘사되고 있다.

피파가 '산적(山賊)' 같은 수법으로 국제적 스포츠교류의 통행료를 갈취하는 한편에서 블래터가 '도둑' 같은 수법으로 피파의 재산을 빼돌리고 있었던 것이다. 그럼에도 불구하고 블래터는 2002년 5월의 선거에서 139 : 56의 압도적 표차로 회장으로 재선되었다. 전하는 바에 의하면 이것은, 아프리카 등 재정 형편이 어려운 나라의 표를 매수한 결과라고 한다. 비리는 피파의 합리이며 상식이다. 이것이 오늘날 제국이 재생산되는 모습의 하나다.

매스 미디어

둘째, 전광판과 텔레비전. 1930년 제1회 우루과이 월드컵 대회의 총 관중 수는 54만여 명이었음에 반해 1994년 미국 월드컵의 총 관중 수는 358만여 명으로 약 7배에 이른다. 여기에는 텔레비전을 통한 관람자는 제외되어 있다. 1994년 7월 18일 로스앤젤레스 로즈볼 경기장에서 있었던 브라질과 이탈리아의 결승전 TV 중계방송 시청자는 5대륙에서 15억 명이 넘었으리라고 추산되고 있다. 그리고 세계 도처에서 TV 중계를 통해 미국 월드컵 축구를 한 번이라도 본 사람들은 181개국 320억 명에 이르는 것으로 추산된다. 경기장 밖에서 경기장 관중의 약 100배에 해당하는 사람들이 텔레비전을 통해 경기를 관람하고 있는 것이다. 이것은 월드컵 축구의 대중적 성공이 텔레비전에 의해 결정되고 있음을 말해준다.[1] 텔레비전은, 1966년에는 리플레이 기술로 주요장면을 다시 볼 수 있게 했고, 1970년에는 인공위성 중계로 지구촌 동시 시청을 실현했으며, 1996년에는 디지털 기술의 도입으로 경기화면의 실감과 선명성을 드높였고 2002년에는 버츄얼 스타디움 기술을 도입하여 A 스타디움에서 벌어지고 있는 경기를 B 스타디움 관중들도 그라운드에 동시에 재현되는 영상으로 볼 수 있게 했다. 월드컵 방송은 더 이상 경기장 사진을 평면적으로 모사하는 '중계'가 아니라 제작자, 감독, 주연배우, 엑스트라가 열연하는 극사실주의 영화로 되었다. 그것은, 살인이나 성행위를 극사실적으로 묘사하는 영화들과 흡사하게, 검투사적 육박전과 위험을, 부상으로 인한 유혈과 고통을, 승리와 환희, 패배와 실의를 해부적 방식으로 그려낸다. 이 유례없는 새로움으로 시청자들의 눈과 귀를 사로잡는 데 성공함으로써 텔레비전은 글로벌 스펙터클을 창출하여 소비를 축적의 계기로 끌어들이고 다음날의 노동을 예비시키는 자본의 무기로 된다.

이렇게 하여 다중은 경기장에서는 관중으로, 집에서는 시청자로 정의되

---

1) http://www.pkmsoccer.pe.kr 참조.

어 순간정지, 클로즈업, 리플레이 등을 통해 영웅의 형상으로 압도하는 배우들의, 그리고 그들이 연출하는 스펙터클의 수동적 관객으로 내몰리게 되었다. 축구를 통해 국가간 경쟁을 재현하는 월드컵에서 이 수동적 관객이 국민으로 호명되고 시청과 관람의 과정이 국민화의 과정으로 되는 것은 자연스러운 것이었다. 이것이 1990년대 신자유주의의 계급 탈구성의 전술이다.

대한민국

셋째 대한민국. 월드컵이 끝난 후 대한민국의 국가와 자본은 월드컵 유치의 이득이 얼마일까를 꼼꼼히 계산해 보고 있다. 월드컵 과정에서 이루어진 실거래에 대한 대차대조 외에 월드컵에서의 4강 쟁취가 가져올 미래의 정치적 경제적 소득효과까지가 꼼꼼히 계산되고 있는 것이다. 월드컵 유치는 전 국민적 사업으로 기획되었고 월드컵 경기장 건설과 부대사업에 들어간 돈은 모두 국고에서 충당되었다. 자본은 관광소득이나 유통수익이 기대만큼 크지 않다고 불평하고 있지만, 관중과 시청자가 세금, 입장료, 시청료, 기타 응원 및 관람 비용으로 상당 액수의 돈을 지불한 것을 고려하면, 경제적 소득은 전적으로 자본의 수중으로 귀속되고 있다고 해야 할 것이다. KDI는 월드컵 유치로 생산유발효과 7조 9,961억원, 부가가치유발효과 3조 7,169억원, 고용창출효과 24만 5천명 등의 직접적 효과를 나타낼 것이라고 추정하고 있다.

그러나 그보다 더 중요한 것으로 평가되는 것은 정치적인 것의 경제적 효과이다. 월드컵은 스포츠 이벤트인 동시에 개별 기업, 국가들의 마켓팅 무대이기도 하다. 한국은 월드컵의 유치에 두 가지 거시적 목표를 설정했다. 하나는 월드컵을 1997년 외환위기 이후 실추된 국가 이미지를 쇄신하고 대외 경제 신인도를 회복할 수 있는 홍보의 기회로 활용하는 것이다.[2] 또 하나는, 월드컵을 국민통합의 강력한 아교풀로 활용하여, 외환위기의 표면적 극복 이후에도 지속되고 있는 경제적·사회적 위기를 극복할 '국민적' 동력을 확보하는 것이다.[3] 전자는 신자유주의적 국가경쟁력 제고의 대외적 측면을, 후자는 그 대내적 측면을 구성한다.

한국은 월드컵을 통해, 그 대외적 목표에서 높은 성과를 달성한 듯이 보인다. 한국 대표팀이 이른바 '비원'의 16강을 넘어 기대 밖의 4강 진입에까지 성공했기 때문이다. 한국은 2002년 월드컵 개최국으로서 국제적 지위를 높였을 뿐만 아니라 국가대표팀의 연전연승을 통해 '코리아'라는 강력한 국가 브랜드'를 갖게 된 것으로 평가된다. 지금까지는, 코리아라는 국가 브랜드가 있었다 하더라도, 그것이 한국에서 생산되는 상품의 가치를 깎아내리는 디스카운트 가치(Discount Value)를 가졌지만 이제부터는 그것이 상품에 가치를 더해 주는 프리미엄 가치(Premium Value)를 가질 것이라는 기대가 주어지는 셈이다.[4]

---

[2] 정몽준 한국축구협회 회장 겸 피파 부회장은 월드컵의 경제적 파급효과가 무엇인가 묻는 질문에 "한 마디로 말해 '국가 이미지 제고'라고 봅니다. 현대 시장은 국가 이미지가 곧바로 브랜드 파워이자 품질로 연상되는 상황입니다. 유럽 등 세계 많은 나라 국민들이 아직도 한국에 대해 올림픽과 경제개발 기적 등 긍정적 이미지보다는 전쟁이나 분단, 싸구려 물건을 만드는 곳과 같은 부정적 이미지를 가지고 있는 것이 실상입니다. 이번 월드컵 개최는 한국의 대외 이미지를 개선함으로써 수출과 국내 브랜드 인지도를 대폭 증진시킬 수 있는 계기가 될 것이며 이는 천금을 주고도 살 수 없는 기회라고 생각합니다. 국내 기업들의 개별적인 광고와 마케팅 노력만으로는 한계가 있는 막대한 홍보효과를 일거에 거둘 수 있기 때문입니다."(『서울경제』, 2001년 12월 16일)라고 답하고 있다.

[3] 『Emerge』, 2000년 4월호.

[4] 서울대 경영대학장 조동성에 따르면 국가 브랜드 가치는 한 나라가 가진 경제적인 힘, 즉 국가 경쟁력과 비경제적인 요소인 심리적 친밀도를 합해서 나오는 국가 이미지에 국가 브랜드 전략을 곱한 수치로 결정된다고 한다. 그리고 그것은 영토, 국민과 더불어 한 국가의 중요한 자산

태극전사들과 히딩크

자본의 국제적 전쟁에서 더 많은 가치를 확보하기 위한 이 거국적 행사의 초점에 B 유형의 (1) 집단인 국가대표팀이 있다. 이들은 국가경쟁력 향상, 국가 브랜드 쟁취의 용병으로 고용되었다. '태극 전사'라는 이름은 정확히 그것을 지칭한다. 선수들은 근육이 파열되고 코뼈가 부러지고 발목이 접질리고 이마가 찢어지는 등 목숨을 건 경기를 치러야 했다. 『신동아』 2002년 8월호는 「태극전사 15인이 말하는 6월의 붉은 전설」을 "우리는 축구가 아니라 전쟁을 치렀다"5)로 요약하고 있는데, 그것은 단순한 비유 이상으로 읽힌다. 황선홍이 한미전에서 공중볼을 따내기 위해 뛰어오르다가 헤이덕과 부딪혀 이마가 찢어진 후 소염제를 바르고 선혈을 흘리며 다시 출전했을 때, 그리하여 관중들의 열광적 환호를 받았을 때, 여덟 살의 딸 현진은 울음을 터뜨렸고 '아빠, 축구 그만해!'라고 외치고 있었다.

전부 한국인으로 구성된 이른바 '태극전사'들을 이끈 것은 네덜란드인 감독 히딩크였다. 그는 지금까지 인맥주의로 엮어지고 스파르타식 명령·복종 규율과 집단주의, 애국주의로 훈련받아온 권위주의적 전통의 대표팀에 포스트포드주의적 작업방식과 신자유주의적 경영기법을 과감하게 도입했다. 히딩크의 탈근대적 리더쉽은, 선수를 '실력'에 따라 선발하고(능력주의), 체력과 기본기에 많은 노력을 투자하는 한편(기반구조의 강화), 시합에서는 감독의 지시대로 실행하는 방식을 버리고 선수들 자신이 상황을 판단하여 협동적으로 경기를 펼칠 수 있도록 하는 것(구상권의 부분적 양도) 등으로 나타났다. 이것은 대표팀의 전통적 수직 구조를 수평화시켜 선

중 하나이며 노동, 자본, 기술에 이어 생산의 제4요소이지만 그 가치에서는 다른 요소들보다 크다고 주장된다. (http://www.ips.or.kr/index_read.asp?no=976&com=press)

5) http://www.donga.com/docs/magazine/new_donga/200208/nd2002080540.html

수들 간의 횡적 의사소통을 유도하고 그것으로 팀워크를 강화하는 한편, 선수 개개인이 멀티 플레이어로서 분업주의에 종속되지 않게 하는 것이었다. 특히 그는 축구가 '즐기는 놀이'임을 강조했다. 이것은 선수들의 자발성을 이끌어 낼 뿐만 아니라 응원단들의 축제적 자발성을 고취시키는 데 영향을 미쳤던 것으로 보인다. 그러나 히딩크 리더십의 요체는 개인과 집단의 존재, 자발성, 협력, 즐거움을 '성과'에 종속시키는 것이었음을 잊지 말아야 할 것이다. 바로 여기에서 히딩크는 신자유주의와 밀회를 나눈다.

붉은악마들

이제 A 유형의 힘들로 넘어가 보자. 국가는 대표팀 선수들의 선전으로부터 뿐만 아니라 감독의 효율적 팀 관리 및 그것의 성공으로부터 커다란 이득을 얻었다. 그런데 국가의 이미지 제고에 이들 못지않게 기여한 또 다른 주체들이 있다. 선수나 감독의 선전(善戰)이, 적지 않은 자금을 투입하여 이들을 고용·육성하고 시합에서의 한 게임, 한 골에 거금의 내기돈을 걸어둔 조건에서 이루어졌다면, 자발적으로 국가 대표팀의 '12번째 선수'를 자임하며 어떤 보상도 바라지 않으면서 자신들의 호주머니를 털어 경기장과 거리에 나선 '붉은악마'와 응원단의 활동이 자본과 국가에 가져다 준 선물은 엄청난 것이었다. 많은 외국인들은 이번 월드컵에서 가장 인상적이었던 것이 붉은악마였음을 인정하기에 주저하지 않았으며 붉은악마 티셔츠를 입고 붉은악마의 구호를 외치는 외국인 남녀를 경기장과 거리에서 발견하는 것도 그다지 어렵지 않았다.

붉은악마! 1993년 통신 축구동호회에서 시작하여 1995년 단관(단체관람)과 그해 12월 16일의 칸타타 선언으로 한국 축구문화의 개혁을 위한 가칭 '그레이트 한국 서포터즈 클럽'으로 출범했으며 명칭공모를 통해 1997년 8월부터 붉은악마라는 오늘날의 명칭을 사용하기 시작한 축구애호가들의 자발적 조직. 붉은악마는 2002년 월드컵에서 회원들의 자발적 참여로 경기장 응원을 이끌고, 광화문에서 최초의 거리응원을 시도했으며, 마침내 6월 25일 밤 700만 거리응원을 이끌어낸 태풍의 눈이 되었다.

한국의 민족주의 우파와, 그 민족주의에 반대하는 좌파는 서로 동일한 시선으로 붉은악마를 바라보면서 서로 다른 평가를 내린다. 붉은악마는 민족주의의 화신으로 정의된 후 민족주의자에 의해서는 추앙되고 국제주의자에 의해서는 비난된다. 예컨대, 행동에서는 친미사대적이면서 이데올로기적으로는 국수주의적인『조선일보』는, '붉은악마' 현상에서 민족주의와 애국심과 단결력을 읽은 후, 붉은색에 대한 정치적 알레르기 반응을 보여온 지금까지의 자신의 이력조차 잊은 듯, 광화문과 시청에 펼쳐진 붉은 색깔의 대오를 '꽃보다 아름다운 선홍빛 물결'로 심미화했다.6) 국가주의에 반대하는 <인권운동사랑방> 역시『조선일보』와 마찬가지로 '붉은악마' 현상에서 '넘실거리는 국가주의와 맹목적 애국심과 승리에 대한 열광'을 읽었다. 그러나 <인권운동사랑방>은 그 현상을 '체제에 대한 순응과 정치적 무관심과 인간의 주체성을 죽이는 군중심리'로, '파시즘을 가능케 하는 병적인 현상'으로 비판했다.7)

붉은악마 현상에 민족주의를 향한 코드가 있다는 것은 부정될 수 없다.

---

6)『조선일보』2002년 6월 16일자 사설.
7) 「'붉은악마' 현상을 부추기지 말라.」(http://jinbonews.jinbo.net/show/net_show.phtml?p_docnbr =21128). 그리고 문부식 논쟁에서 전통적 좌파와는 갈등하고 있는 일상적 파시즘론도 붉은악마 현상에서는 그들과 마찬가지로 '민족주의와 파시즘'에 방점을 찍었다(권혁범, 「월드컵 '국민 축제' 블랙홀에 빨려 들어간 '대한민국'」,『당대비평』2002년 가을. 차이는, 전자가 그것을 지배계급의 조작으로 본 반면 후자가 그것을 민중 내부에 내면화되어 있는 것으로 보는 것에 있을 뿐이다.

그것을 보여주는 징후들이 다양하게 산재하기 때문이다.

첫째로 응원구호와 응원가. 월드컵 내내 붉은악마는 '대~한민국'을 함성으로 외치고 그것을 박수로 다졌다. 응원가로 사용된 '오 필승 코리아'에서 대한민국은 다시 한 번 선양된다. 1919년 3월 1일 '대한독립 만세' 구호 이후로 대한민국이 거대한 군중에 의해 이토록 강력한 긍정적 의사표현의 초점으로 등장한 적이 또 있었던 것일까?

둘째로 상징. 붉은악마는 치우천왕을 공식 상징으로 사용했다. 붉은악마는 그것에 '온누리의 중심', '세계로 뻗어나가는 한국 축구의 빛나는 승리를 상징하는 결연한 표식'으로서의 의미를 불어 넣는다. 그러한 의미부여는, 치우천왕이 동이족의 제왕이며 배달국의 천왕이자 뛰어난 병기제작술로 용맹과 승리를 이끈 왕이었고, 죽은 후에는 전쟁의 신이자 국가를 수호하는 군신으로 여겨져 왔다는 데서 가능해진다.[8] 그것이 아무리 축구라는

---

8) "치우천왕은 환인이 다스리던 환국의 뒤를 이어 환웅천왕이 건국했다고 하는 배달국(倍達國)의 제14대 천왕으로서, <한단고기(桓檀古記)> 삼성기편에 의하면 BC 2707년에 즉위하여 109년간 나라를 통치했던 왕이라고 합니다. 다른 이름으로 자오지(慈烏支)환웅 이라고도 합니다. 삼성기 하편에 의하면 그는 신처럼 용맹이 뛰어났고 구리로 된 머리와 쇠로 된 이마를 하고 큰 안개를 일으키며 세상을 다스렸다고 전해 집니다. 광석을 캐어 철을 주조하는 병기제작술이 뛰어나 세상사람들은 치우천왕이라 불렀답니다. '치우란 세속의 말로 우레와 비를 크게 만들어 산과 강을 바꾼다는 뜻이다.' 라고 기록되어 있습니다. … 치우천왕은 고대 중원에서 군신(軍神), 병주(兵主)로 추앙되었는데, 특히 치우의 능에서 붉은 연기같은 것이 깃발처럼 휘날리면 반드시 전쟁이 일어날 조짐으로 믿었다고 합니다. … 이처럼 치우천왕은 전쟁의 신, 군신으로서 그 자체로 승리를 상징하는 인물입니다. 우리가 흔히 도깨비상이라고 잘못 알고있던 치우천왕의 모습이 다양한 형태로 고구려, 백제, 신라를 비롯한 역대 왕릉 등에 조각되어있던 이유는 그가 국가를 수호하는 군신이었기 때문입니다. … 이러한 연유로 해서 일본이 삼족오(야타가라스)라는 건국 신화의 상징을 일본 축구를 상징하는 표식으로 만든 것처럼, 한국 축구 대표팀과 그를 서포팅하는 붉은악마, 그리고 그 자체로 한국 축구를 상징하는 이미지로서 치우천왕의 상은 바로 한국 축구의 승리를 상징하는 결연한 표식이 될 수 있다고 믿습니다. 1999년 브라질전부터 선보인 치우천왕의 이미지는 여러 자료들에 나타난 그림들을 참고하여 더욱 강인하게 디자인한 것입니다. 깃발에는 ?와 X를 겹쳐놓은 이미지는 깃발의 4면과 8방을 뜻하는 것입니다. 사면팔방,즉 우리말로 온누리를 표현한 것입니다. 그리고 중앙의 원은 중심을 뜻합니다. 따라서 사면팔방의 중심에 치우천왕이 있는 것이죠. 방패연의 이미지도 공유한다고

스포츠의 영역에 한정되어 있다고 할지라도 여기에 국가, 전쟁, 승리와의 거리두기보다 그것과의 동일시가 흐르고 있는 것은 분명하다.

셋째는 태극기. 붉은악마들은 월드컵 내내 태극기를 뒤흔들었을 뿐만 아니라 애국가가 울려 퍼질 때 대형 태극기로 관중석을 뒤덮었다. 이것은 관중들로 하여금, 그리고 그것을 텔레비전 화면으로 지켜보는 시청자들로 하여금 자기 자신을 국민으로 사고하도록 하는 효과를 갖는다.[9)]

넷째는 관전과 응원의 태도. 붉은악마 현상에서 한국 축구에 우호적인 태도를 보이는 나라인가 그렇지 않는가는 붉은악마의 응원방향을 결정하는 데 영향을 미쳤다. 그리고 붉은악마가 중국보다 터어키를 응원한 것에는 한국전쟁에 대한 정치적 해석, 즉 터어키가 미국과 함께 국군을 도와, 중국의 도움을 받은 인민군과 싸웠다는 (즉, 터어키는 우리의 '혈맹국'이라는) 남한 중심적이고 우파적이며 주류적인 해석이 깊이 깔려 있다.[10)] 월드컵 기간에 미군의 장갑차가 두 명의 여중생을 깔아 죽인 사건이 발생했음에도 불구하고, 그리고 안정환의 오노 사건 골 세리모니가 미국의 부정함을 상기시켰음에도 불구하고, 세종로에 깔렸던 수백만의 인파가 조용히 한미전 응원을 끝냈던 것은, 아마도 궁극적으로 '미국은 우방'이라는 이러한 주류적 정치적 의식과도 무관하지 않았을 것으로 보인다. 이런 점들로 미

할 수 있습니다. 한마디로 세계로 뻗어나가는 한국 축구의 빛나는 승리를 지켜주는 치우천왕기(蚩尤天王旗)인 셈입니다."(http://www.reddevil.or.kr/wsp/page/0000000008/index.html)

9) 김지하는 이것을 국가에 대한 강제적 존중이 아닌 자발적 사랑이 나타난 것으로 해석하고 이것에 박수를 보내자고 제안하고 있다. (김지하, 「붉은악마들의 새 문화에 대한 몇 가지 생각 : 그것은 카오스모스적 6월개벽이었다」, 『월간중앙』, 2002년 9월호)

10) 붉은악마 사이트 자유게시판에서 우리는 다음과 같은 기사들을 흔히 볼 수 있다. "터어키는 투르크족의 나라로 투르크는 돌궐족의 후손입니다. 삼국시대때 돌궐은 고구려 이웃에 있었죠. 문화면에서 비슷한 점이 많아서 대체적으로 우호적이었으며 함께 손잡고 수·당과 대립했습니다." "터어키는 6.25때도 유엔군의 일원으로 참전했었거든요. 그것도 미국 다음으로 많은 군인을 파병하여 일선에서 우리 장병들과 같이 싸웠습니다."

루어 볼 때 붉은악마에게서 민족주의와 국수주의를 읽은 『조선일보』와 <인권운동사랑방>의 시선은 나름대로 근거를 갖고 있는 것이다.

그러나 붉은악마 현상은 민족주의에 지배당하고 있었는가? 혹은 그것을 민족주의·국수주의의 운동으로 환원할 수 있는가? 나는, '그렇지 않다. 그리고 그럴 수 없다'고 단호하게 말하고 싶다. 주목해야 할 것은 붉은악마 현상의 다층성, 복수성, 이질성, 그리고 혼종성이다. 붉은악마의 표면에서는 명백하게 민족주의와 국수주의가 작동하고 있다. 바로 이것이, 국가로 하여금 시청과 전광판을 열어주게 하고 매스미디어로 하여금 붉은악마를 화면과 지면의 중앙으로 부상시키게 한 요소이다. 그러나 이와는 다른 요소가 심층에 흐르고 있다. 붉은악마 셔츠를 입은 청소년과 여성들에게서 치우천왕은 액세서리로 둔갑하며, 위에서 관중을 덮치는 태극기는 패션(이것은, 글자 그대로 fashion은 '이룸'을 의미하는 고대 프랑스어 factio에서 연원했다. 주어진 것이 아니라 만들어 낸 것이며, 고정된 것이 아니라 변화하는 것을 의미한다)으로 해체되고, '오 필승 코리아'는 '오 통일 코리아', '오 평화 코리아'로 변주되며, 애국은 엄숙한 의무에서 취향의 문제로 전위(轉位)된다. 2002년 6월을 하나의 사건이라고 부를 수 있다면 그것은 지금까지 골방, 뒷골목, 게임방, 만화방, 클럽, 야간도로를 배회하던 이 힘들이 역사의 공식무대에 그 모습을 드러낸 것에서 찾을 수 있다.

붉은악마에 대한 김지하의 해석 비판

표면적인 것과 공식적인 것 혹은 부과되는 것을 해체시키는 이 카오스적 힘의 등장은 김지하에 의해 역사의 액센트로 파악되고 '6월 개벽'이라고 선언되었다. 그는, 한국이 독일에 패배했을 때 붉은악마들 속에서 터져

나온 "도이칠란트! 도이칠란트! 도이칠란트!"라는 연호 속에서 국제적 우정의 표현을 읽으며, 패배한 한국 대표선수들에게 주어진 "괜찮아! 괜찮아! 괜찮아!"라는 연호 속에서 관용의 표현을 읽는다. 그러나 그의 시선은 어느새 상징(치우천황)과 문양(태극)으로 치닫고, 새로운 대중의 살아 있는 움직임에 대한 응시 대신, 그것에 대한 민족철학적 해석과 계몽으로 기운다. 그리하여 붉은악마의 구호와 박수를 혼돈과 질서를 결합한 3박 플러스 2박의 카오스모스로, 태극을 천지음양의 대립과 통일로, 치우천왕을 유목적 영성과 농경적 생명의 혼융과 통합으로 해석하고 원리화한 (즉 질서화한) 후 그는, "민족전통을 지키면서도 오늘의 세계인류와 신세대에 알맞게 창조적으로 변형시킨 유월개벽의 문화적 주인공들"을 "다함없는 사랑과 모심의 박수"로 환영한다.[11] 이 환영은 곧 이어 '전 세계에 한국 민족밖엔 없는 카오스모스의 민족성', '한 민족이 바야흐로 국운상승의 때를 맞았다', '물류와 문류의 허브로서의 한반도' 등의 상투적 민족주의 이데올로기와 결합된다. 그리하여 그것은 최근 서서히 부상하고 있는 신자유주의하에서의 '동북아 중심국가론'과 융합된다. 과연 우리가 이것을, 새롭게 등장한 다중의 활력을 찬탈하려는 고루한 한민족 원리주의의 국수적 시도 이상으로 읽을 여지가 있는 것일까? '축구 4강을 경제 4강으로!'라는 귀가 따갑도록 되풀이되는 자본과 국가의 포스트월드컵 구호가 김지하 역리(易理) 사상의 좀더 현실주의적인 번역인지 김지하의 사상이 이 경제주의적 구호의 심오한 생명사상적 번역인지를 가리는 것은 이제 매우 어려운 일이 되었다.

그러나 역리론에 의해 뒷받침된 김지하 6월 해석의 이러한 국수주의적 액센트에 대한 거부와 이탈은 붉은악마 속에서 광범위하게 발견된다. 그것

---

11) 김지하의 앞의 글 참조.

은 붉은악마 제복을 입은 마이노리티인 여성과 청소년들에게서 뿐만 아니라 공식 조직인 붉은악마 속에서도 발견된다. 붉은악마 간부인 신동일은 이렇게 말한다. "아침 6시 방송이 시작되면서 애국가가 시작되면 4절의 마지막은 우리 붉은악마가 대형 태극기를 관중석에 덮는 장면이다. 붉은악마가 어느덧 애국자의 반열에 오르고 있다. 우리는 애국자인가? 잘 모르겠다. 그런데 우리가 축구장에서 응원에 열중하는 것은 기본적으로 축구를 즐기자는 것이지, 축구를 통해 애국심을 과시하자는 것은 아니다. 우리는 흥미 있고 강력한 한국 축구를 원한다. 그 구조 속에서 우리의 응원도 스스로 재미를 찾아가기를 원한다."[12] 애국에서 재미로의 액센트의 역전! '강력한 한국 축구'는 응원의 재미를 더하고 축구를 즐기기 위한 것으로 배치된다. 애국은 재미에 종속된다. 그래서 그는 또, "확실히 조국과 국민이라는 소속 의식은 재미없는 축구 시합에 가외의 흥미를 부여하기도 하고, 애국심 자체가 축구 시합의 중요한 동기가 되기도 하지만, 붉은악마의 목적은 '나라 사랑'보다는 '축구 사랑'에 더 무게 중심이 두어져야 할 것이다."[13]고 쓰는 것이다.

왜 붉은악마는 축구를 사랑하고 그것을 즐기자고 하는 것일까? 이 질문은 우문이다. 왜냐하면 축구 이외의 어떤 것에 축구의 목적이 있으리라는 예단을 깔고 있기 때문이다. 축구는 붉은악마에게서는 '축구장이라는 물리적 공간을 중심으로 발생하고 확산하는 삶'[14] 이외에 아무 것도 아니다. 축구 사랑은 삶을 즐기는 방식이자 과정이다. 그것은 개개인의 내면에서 솟구치는 욕구일 뿐 어떤 외재적 목적에 복무하는 수단이 아니다. 축구 사

---

12) http://www.reddevil.or.kr/wsp/sys/component/0000000066/index.jsp?page=1&content=54
13) 같은 글.
14) 신동일, 「붉은악마 회원으로 산다는 것」, http://www.reddevil.or.kr/wsp/sys/component/0000000066/index.jsp?page=37&content=273.

랑이라는 정신적 자질에서 정치적 이념, 경제적 이해관계, 그것을 떠받치는 가치관의 편차는 용해된다.[15] 그 속에서 제국과 국가와 자본이 그어놓은 분할선들은 희미해진다. 어찌 보면 그것은 인간의 무수한 활동 가운데에서 축구라는 특정한 활동형태에 매몰되는 듯이 보인다. 축구인이라는 정체성에 갇히는 것처럼 보인다. 착취와 억압에 의해 줄쳐진 총체적 사회구조를 용인하는 듯이 보인다.

대안으로서의 붉은악마, 그 독특성

그러나 다르게 생각해보자. 인간의 삶을 삭막한 것으로 만드는 것은 분명히 억압과 착취이지만, 그것은, 가장 깊은 곳에서는, 개개인들이 교환가치로 대면하고 교류하는 삶의 양식에 기초한다. 교환관계가 지배하는 사회에서 개개인들은, 자신들의 삶이 가치로, 다시 가격으로 환원되는 사회 관계를 피할 수 없는 운명적 관계로 체험한다. 이러한 사회에서 삶은 온전히 그 자체로서 향유되는 것이 아니라 가치화(노동자에게 그것은 노동을 통한 임금 획득이며 자본가에게 그것은 착취를 통한 이윤축적이다)를 위한 수단으로 전락한다. 확실히 이것은 문제이다. 수단으로 전락한 삶은 활력 넘치는 것이 아니라 비루하거나 고통스럽거나 권태로운 것이기 때문이다. 역사 속에서 이 문제를 풀어나가는 대안들은 다양하게 제시되었다.

그 중에서 20세기에 가장 유력한 대안은 사회주의 운동이었다. 그것은, 노동계급을 대상으로 하는 조직된 폭력인 국가권력을 노동계급의 수중으로 장악한 후, 이것을 지렛대로 생산수단을 노동계급의 수중에 집중시키고, 이것을 통해 생산력을 발전시킴으로써 서서히 자신의 노동력을 팔지

---

15) 신동일, 같은 글.

않아도 되는 공산주의 사회에 도달하고자 한 것이다. 생동적 삶은 미래로 끝없이 유예되었고 그것에 도달하리라는 이데올로기적 호도가 거듭 재생산되었다. 이 과정 속에서 삶은 '생산력 향상'의 수단으로 희생되도록 요구 받았다. 목적과 수단의 분리는 자본주의에서와 마찬가지로 재생산되었고, 가치화도 여전히 재생산되었다.

이와는 달리 붉은악마는 삶을 지금여기에서 즉각적으로 즐기고자 한다. 축구는 어떤 다른 목적에 복무하기 위한 수단이 아니라 삶의 즐거운 활동, 재미있는 활동이며 응원도 그 삶의 활동에 관여하는 참여적 방식이다. 그것은 삶을 수단시하는 교환가치화의 메커니즘과는 전혀 다른 원리를 따라, 즉 직접적으로 즐거운 활동성의 추구라는 (굳이 가치 술어를 빌면) '사용가치'의 선을 따라 혹은 '자율가치'의 선을 따라 움직인다. 이러한 삶의 태도, 삶의 방식의 확산은, 당분간 그것이 교환가치에 의해 지배되는 사회구조의 틀 내에서 전개된다고 할지라도, (진화적 진보와는 구별되는 의미에서의) 해방적 진보의 잠재력의 축적이라고 볼 수 있다.

그러면 붉은악마가 축구라는 단 하나의 활동 형태에 몰입하는 것은 파편화인가? 만약 그것이 다른 활동들에 대한 배타와 부정에서 출발한다면 그럴 것이다. 그런데 붉은악마는 축구 사랑이라는 긍정의 운동이다. 그것은 다른 어떤 활동들에 대한 긍정으로도 열릴 수 있는 특정한 긍정일 뿐이다. 이 특정한 긍정에서 축구는 '인생의 축도'이며 응원은 "자신의 내면에 웅크리고 있는 나태와 용렬을 떨쳐버리는 행위"[16]에 다름 아니다. 다시 말해 축구와 응원은, 가치화된 삶이 강제하는 파편성을 넘어 삶의 근원적 총체성(안또니오 네그리는 이것을 '영원성'이라고 부른다[17])에 접속하는 덕

---

16) 신동일, 같은 글.
17) Antonio Negri, 'Alma Venus : Prolegomena to the Common', (http://pages.akbild.ac.at/aesthetik/dissonance%20Kopie/negri_prolegomena.html)

행 그 자체인 셈이다. 지금까지 이러한 능력은 예술이라고 불리는 특정한 활동, 특정한 장르 속에서 주로 인정되어 왔다. 붉은악마는 그것을 축구와 스포츠 속에서 발견한다. 어디 그것뿐이겠는가? 뜨개질, 여행, 게임, 오락, DIY, 공부, 수도, 기공, 무술, 사랑…. 오늘날 자율가치의 선은 우리 삶의 곳곳에서 발견되고 또 추구되고 있는 중이다. 오늘날의 삶에서도 우리는 투사를 발견할 수 있다. 그런데 그 투사는 목적을 위해 자신의 삶과 활력을 희생시키는 사람이 아니라, '우리의 삶에 어떤 목적으로도 환원되지 않는 직적접 활력을 확산시키는 사람들'이다.

붉은악마 속의 탈근대적 힘들

우리가 2002년 6월 사건을 고찰할 때 중요하게 고려해야 할 인물 유형은 붉은악마 옷을 걸친 청소년들이다. 이들은 전통적 의미의 조직에 속해 있지 않으면서도 열광적으로 거리응원에 참여했고 축구 경기를 화려한 축제로 만들었다. 청소년들은 누구였던가? 그들은 가정에서는 부모의 보호 아래에 놓이고 학교에서는 교사의 보호 아래 놓이며 방과 후에는 학원교사의 감독 하에 있고 야밤이 되면 거리에서 경찰의 보호 아래에 놓이는 존재이다. 이들은 보호가 감독 및 억압과 동전의 양면관계에 있음을 몸으로 체득한다. 이들은 자신들의 삶이 송두리째 성적, 입시, 취업, 출세를 위한 수단으로 저당 잡혀 있는 것을 발견한다. 그래서 이들은 탈주를 꿈꾼다. 오토바이, 자전거, 스케이트보드, 블레이드 등 속도성 있는 탈것들이 탈주를 위한 도구로 사용되며, 인터넷과 게임이 탈출구로 선택되고, 때로는 가출, 자퇴, 약물흡입, 범죄, 자살 등이 저항적 탈주의 수단으로 채택되기도 한다. 월드컵은, 과로, 긴장, 그리고 생동감 없는 반복 작업에서 오는 권태로부터 탈출할 수 있는 호기를 제공했다. 그것은 축구를 즐기자는 붉은악마의 호소와 접속되었다. 그들은, 경기가 있는 날이면, 경기장이나 응원이 있을 광장에서 밤을 새웠다.[18] 연예인 팬클럽 경험을 풍부하게 갖고 있는 이들은 축구 관람과 응원에 강력한 팬덤문화를 이식시켰다. 그 결과 자본과 국가가 전쟁터로 인식하고 또 그렇게 접근하고 있는 월드컵이 젊음과 놀이의 대축제로 변형되었다. '대~한민국'과 '오 필승 코리아'는 이들에게 자신의 홍을 펼치는 축제의 장신구일 뿐, 월드컵이 끝난 후에까지 계속되는 각인을 남기지는 못했다. 이들에게는 대한민국보다는 김남일, 송종국, 안정환 등 자신이 사랑한 선수들이 훨씬 강한 각인을 남겼다.

여성들의 진출은 6월 사건의 또 하나의 중요한 측면이다. 여성들은 1960~70년대 노동운동의 주인공들이었지만 중화학공업화가 진행되는 1980년대 이후로는 공적 역사의 주요 행위자로 등장하지 못했다. 1990년대의 정보화가 다시 여성들을 사회로 끌어냈지만, IMF 위기는 이들을 다시 가정으로 돌려보내는 계기로 작용했다. 6월 사건은 여성들이 전혀 새로운 형태로 공적 무대에 재진출하고 있음을 보여준다. 남성들로만 구성된 축구를 응원하기 위해 유례없을 수의 여성들이 거리나 경기장으로 향했다. 통계는 응원군중의 3분의 2가 여성이었다고 알리고 있다. 응원군중의 여성화로 축구 시합은 소주팩, 욕설, 집단폭력이라는 훌리건적 이미지 대신 감각적 스타일과 생동적 활력, 로맨스와 판타지가 넘치는 성애적 공간으로 변형되었다. 여성들은 지금까지 자신이 겪었던 관음의 대상('보여지는 자')으로서의 입장에서 벗어나 자신의 스타들을 내려다 볼 수 있었다. 여성들은, 남성이 장악하고 있는 공적 공간에 나서서 남성들과 경쟁하는 것으로 자

---

18) 노명우는 이것을 '노동을 위한 신체의 소비가 아닌 유희를 위한 신체의 과잉소비'로 정의하고 이것을 '새롭게 가시화된 욕망의 형태'라고 해석한다(『문화과학』 31호, 204쪽).

신들의 힘을 드러낸 것이 아니라, 위계적이고 권위적으로 조직되어온 공적 공간에 친밀성과 에로스를 투사하고 그것을 수평적이고 성애적인 것으로 전복시키는 주체로서 자신의 힘을 드러냈다. 그것은, 남성이 만들어 놓은 공간에서 형성된 남성과 여성의 수직적 권력관계가 더 이상 작동할 수 없는 새로운 공간을 그들 스스로 창출한 결과였다.[19]

근대성과 탈근대성 사이

나는 이상에서 지난 월드컵에 등장한 집단적 인물들을 크게 두 가지 유형으로 나누어 고찰했다. B 유형은 경쟁과 승리를 집중과 축적과 위계로 연결시키며 삶의 흐름을 고정된 틀 속에 주물하고 목적에 수단을 종속시키는 근대성의 인물 유형이다. A 유형은 그와는 달리 흐름으로서의 삶을 중시하고 집중과 위계화보다는 수평적 커뮤니케이션을 중시하며 목적과 수단의 분리에 대해 강한 거부감을 갖는 탈근대성의 인물 유형이다.

우리는 6월의 무대에 등장하지 않고 그 바깥에서 월드컵의 부르주아적 정체를 비판했던, 그리고 군중과 그 광기에 대한 공포에 몸서리치고 있었던 좌파 유형을 설정해 볼 수 있다. 아마 지금까지의 서술을 통해 내가 이 유형을 B' 유형, 즉 근대성의 거울 유형이라고 보고 있음은 충분히 암시되었을 것이다.

내가 다루지 않은 또 하나의 유형은 A 와 B 의 중간에 놓여 있는 인물 유형이다. 그것은 계급적으로는 중간층에 해당되며 성별로는 남성, 세대로는 3~40대의 중장년에 속하는 인물군이다. 이들은 A 유형의 인물군에 속하면서도 B 유형의 인물군과 민족주의, 승리주의, 경쟁주의를 공유한다. 이들

---

19) 김현미, 「2002년 월드컵의 '여성화'와 여성 '팬덤'」, (『당대비평』 2002년 가을, 48~54쪽).

은 광화문보다는 주로 시청에 모였는데 그곳은 그 인물군이 정확히 15년 전인 1987년 6월 10일에 세상을 뒤흔든 곳이기도 하다. 이들은 당시에 대학생이나 사무직 초년생으로서 군부독재에 맞서 싸웠고 민주화를 도입하는 데 중요한 기여를 했다. 이들은 한국의 근대를 완성한다는 과업을 짊어진 채 위로부터의 민주화를 이끌거나 아래로부터 민주화를 추동했다. 지난 15년은 이들이 국가, 정당, 기업, 시민운동, 노동운동 등 사회의 제 영역의 중견으로 진입한 시기이다. 이들의 혁명적 민주주의 운동은 1990년대에 김영삼 문민 정부와 김대중 국민 정부를 거치면서 국가개혁과 사회개혁 운동의 형태로 전환되었다. IMF 위기는 바로 이 인물군이 국가와 자본을 위기로부터 구출하는 주역으로 등장하는 계기로 되었다. 신자유주의는 바로 이들의 호응 속에서 급속히, 그리고 광범위하게 도입되었다.

지난 6월 사건에서 이들은 상징, 로고, 구호, 응원가 등에서 표현된 붉은악마의 애국주의적 '표층' 의식과 결합했던 것으로 보인다. 애국심과 민족주의는 이들이 생각하는 민주화와 배치되지 않는다. 왜냐하면 이들에게서 민주화는 그 무엇보다도 국가 민주화로 이해되고 있기 때문이다. 6월 사건에 이들이 참여했다면 그것은, 태극기와 애국가를 독재적 반민주세력으로부터 탈환하고 분단과 배제의 색이었던 붉은색을 단결과 통일의 색으로 만회시키기 위한 것이었다. 이들은 한국의 근대성의 완성을, 통일되고 부강한 민족국가의 수립을 지향했다.

한국에서 탈근대성이 역동적으로 출몰하는 것은 이 근대성의 표층 아래서이다. 6월 현상에서 이 탈근대성은 새로운 삶의 양식, 새로운 삶의 태도, 새로운 가치관으로 출현했다. 자신의 육체적 정신적 힘을 노동능력으로 환원하지 않으며 자신의 시간이 노동시간으로 간주되는 것을 거부하는 것. 그리고 이렇게 함으로써 삶이 화폐의 매개를 거치지 않고 직접적으로 즐거운 것으로 되도록 만드는 것. 여성들과 청소년들에게 광범하게 잠재되어 있던 이러한 삶의 태도, 가치관, 양식은 조직으로서의 붉은악마에 의해 '재미로서의 축구', '축구 사랑이라는 정신적 자질', '축구의 즐거움'이라는 말들로 표현되었다. 이것이 붉은악마의 탈근대적 요소이며, 여성들과 청소년들을 6월 사건에 강하게 결합하게 만든 유인이다.

그러나 이 탈근대적 삶의 양식은 이제 갓 태어난 어린아이이자 자본주의적 생산양식과 근대적 가치양식의 구조적 폭압 속에 포위되어 있는 적대적 경향성에 불과하다. 6월 기간에 불거졌던 붉은악마의 상업성 논쟁은 이러한 새로운 삶의 양식이 기존의 가치관계에 재포섭될 위험에 얼마나 크게 노출되어 있는지를 보여준다.[20] 실제로 붉은악마의 주된 활동 자금은 기업 후원금에서 나왔는데, 기업의 후원에 재정을 의존하는 조직이 활동의 자율성을 지속적으로 유지하는 것은 불가능하다. 왜냐하면 후원은 간접적 형태의 이익추구 방식이기 때문이다.

기업 후원에의 이 재정적 의존구조가 타파되지 않는 한, 붉은악마 회칙 3조 1항("본 회는 축구를 사랑하는 사람들의 순수한 단체로서 영리를 추구하지 않으며, 자본과 권력의 간섭을 배제하고 자유와 독립의 정신을 견지한다.")에 나타난 자율성의 정신은 심각한 위협에 직면하게 될 것이다. 자본이 강력한 국가 브랜드를 욕망하고 있는 상황에서, 붉은악마가 자본에 그 활동재정을 의존한다면 그들의 '재미'는 애국주의를 더욱 강화하는 틀 속에서만 재생산될 수 있을 것이기 때문이다. 이렇게 될 때, 애국을 재미에 종속시키는 것이 불가능한 상황의 도래, 다시 말해 재미가 다시 애국에 종

---

20) 붉은악마는 이미 2년 전에 가입비와 회비를 없앴는데 이런 조건하에서 활동자금은 후원금과 사업소득에 의존할 수밖에 없을 것이다. 붉은악마는 자신들이 10억4천만 원의 후원금을 받았고 그 내역은 외환카드 3억 원, 현대자동차 3억3천만 원, 동양제우 1억1천만 원, SK텔레콤 3억 원이라고 밝히고 있다.

속되고 애국주의가 자본의 축적의 강력한 동인이 되며 더욱 거대해진 자본이 우리의 삶의 즐거움을 짓눌러 고통과 권태를 일상화시키고 궁극적으로 사는 것을 재미없게 만드는 관계로의 복귀는 시간문제일 것이다.

국가대표 선수들의 몸이 수백수십억대의 가격으로 해외로 팔려나가고 감독 히딩크가 국내 최고가의 광고 모델로 팬들에게 다가오고 있는 지금, 붉은악마는 기업들과의 일체의 거래를 종료하고 새 출발을 다짐하고 있다고 한다. 붉은악마의 저 탈근대적 정신, 저 새로운 삶의 양식을 지속적으로 확장하고 산포하는 것은 가능한 것일까? 그것이 가능하다면 그 방법은 무엇이어야 하는 것일까? 이 질문에, 누구나 따를 수 있는 하나의 해법이 있다고 주장하는 것만큼 어리석은 일은 없을 것이다. 그리고 그 해법은 움직이는 주체성 외부에서 주어질 수 있는 것이 아니다. 그러므로 여기에서 나는 붉은악마들이 직면해 있는 문제의 구조를 형상화하는 데에 논의를 한정했다.

'붉은악마'를 넘어서

이를 위해 다시 '붉은악마의 민족주의' 논쟁으로 되돌아가 보자. 국가주의에 반대하는 좌파의 일부, 그리고 일상적 파시즘론은 붉은악마가 드러내는 민족주의에 파시즘적 광기가 흐르고 있다고 비판했었다. 나는 이것이 붉은악마의 표층 의식에 대한 비판일 뿐 그 심층에 흐르는 새로운 삶의 태도를 보지 못한 결과라고 지적했다. 우리가 붉은악마의 새로운 정신적 자질의 확산 가능성을 고민하기 시작할 때 문제로 대두되는 것은, 붉은악마 속에 내재하는 이 표층과 심층의 분리이다. 의식의 표층과 심층의 이러한 분리와 모순 속에서 붉은악마가 근대성을 초극하는 새로운 덕행의 구축에 성공할 수 있을까?

 붉은악마는 자신들이 사회의 중핵으로 떠올라 사회세력들의 투쟁의 태풍 한 가운데 놓여진 이 순간에도 이 모순의 실재성을 심각하게 고려하지 않고 있는 것으로 보인다. 애국주의와 자본에의 의존이 붉은악마의 자율적 정신을 심각하게 침식하고, 자본과 국가가 자신들의 놀이의 성과를 가로채 국익이라는 이름 하에 각종 브랜드로 제작하기에 여념이 없음에도 불구하고, '나라사랑보다 축구사랑이 먼저'라는 중립적 선택의 시각에서 문제에 접근하고 있다. 나라사랑이 축구사랑을 위협하는 적대적 요소로 될 수 있고 또 되고 있다는 사실은 주목되지 않는다. 근대화는 가치화를 원리로 한다. 개인들의 모든 활동은 노동으로 환원되고 시간에 따라 측정된다. 붉은악마와 청소년, 그리고 여성들은, 6월 운동에서, 가치화를 벗어나는 탈근대적 삶의 양식으로서 '직접적 행복' '놀이' '축제' '재미'를 제기했다. 자발적 축제 공동체를 낳는 그러한 삶의 양식의 확장이 근대 사회의 가치화 원리를 침식할 것임은 분명하다. 그럼에도 불구하고 근대적 가치화의 정치적·경제적 화신인 국가와 자본은 그 자발적 축제 공동체와 대립하지 않고 그것에 활동 공간을 스스로 열어 주었다. 이 타협의 지점은 바로 애국주의와 민족주의에 있다.

 6월 운동은 일면에서 붉은악마의 축구사랑 정신의 전 국민적 확산이다. 그것은 팬덤의 정신구조 속에서 움직였다. 팬덤은 영웅을 만들어 내어 그것을 자신의 것으로 전유하는 활동양식이다. 팬덤은 영웅의 창조자이고 영웅은 팬에 의존하게 된다. 6월 사건에서 붉은악마는 대한민국 국가대표팀을 영웅으로 만들었다. 축구 스타들은 붉은악마에 의존하게 되었다. 그런데 이 과정은, 또한, 국가인 '대한민국'을 영웅화하는 과정이었다. 바로 이것은 붉은악마의 애국주의·민족주의를 지적하는 모든 비판들의 요체였다. 국가는 총체화한다. 그것은 사랑의 모든 활동들을 흡수할 수 있다. 축구 팬덤이 선수들의 영웅화를 넘어 대한민국의 영웅화(국가브랜드의 지위 상승)를 가져오듯이, 연예인 팬덤은 연예인의 영웅화를 넘어 팬덤이 통제할 수 없는 한류(韓流)를 생산한다. 이것은 팬덤이 왜 거대한 자본주의 회로의 한 부품으로 작용하게 되는가를 이해할 수 있게 하는 단초를 제공한다.

그것은, 팬덤이 자신이 생산한 것을 통제할 수 없게 되는 상황에 빠지는 것, 즉 자율성의 상실에 기인한다. 팬클럽은 분명히 새로운 삶의 가치, 새로운 삶의 양식을 창출한다. 그러나 그것은 가치화와 국가화의 회로 속으로 편입된다. 그리하여 그것은 자신의 자율적 활력을 상실한다. 이 갈등적 순환구조는 팬덤이 '자아와 분리된 어떤 것의 영웅화'라는 '스펙타클-관객'의 관계틀 속에서 움직이는 한 불가피한 것으로 보인다. 이 관계틀이 지속된다는 사실은, 팬덤이 '자신을 대상화한 후에 재전유'하는 근대적 노동원리 속에 놓여 있음을 의미한다. 탈근대성 속에 각인되어 있는 근대성의 이 끈질긴 코드. 지금 새로운 출발을 다짐하고 있는 붉은악마의 축구사랑은 이 팬덤의 구조적 제약을 넘어설 수 있을 것인가? 만약 그럴 수 있다면 그것을 어떻게 실현할 것인가? (2002)

대안적 성담론의 폭발과 '재생산을 위한 성'의 위기

　대학교수 마광수가 엣세이집『나는 야한 여자가 좋다』와 시집『가자! 장미 여관으로』를 쓴 것이 1989년이며『즐거운 사라』을 쓴 것은 1990년이었다. 1989년은 현대 중공업 파업과 문익환 목사의 방북이 거의 동시에 있었던 해이며 1990년은 골리앗 투쟁이 있었던 해이다. 한 마디로 지금까지 한반도를 짓눌러온 두 개의 주요한 억압의 지형들(노동, 분단)에서 동시적으로 균열이 시작된 때이다.
　그러나 당시의 좌파적 관념들은 이와 동시에 전개된 성적(性的) 지형의 균열을 눈여겨보지 못했다. 그것은 마광수 자신에 의해서나 좌파에 의해서나 자유주의적 테마로 인식되었다. 사회주의자 박노해가 자신의 시에서 마광수의 '야한 여자'를 이용했고 좌파가 마광수에 대한 탄압을 비판하기도 했지만 성해방의 문제는 여전히 자유주의의 테마로 치부되었다. 정치적 탄압에 대항하여 사회주의는 자유주의와 연대했지만, 성 관념에서 그것은 보수주의와 연대하고 있었다고 하는 편이 오히려 정확할 것이다.

성행동과 성담론의 변화

　노동운동과 통일운동의 특권이 약화된 1990년대 10년 동안에 성담론은 폭증했다. 마광수에서 장정일로 이어진 문학에서의 성적 자유 운동은 최근에는 미술에서 김인규의 '예술적 저항으로서의 누드'로 이어지고 있다. 옷을 벗은 부부의 몸을 홈페이지를 통해 공개한 데 대한 시민단체, 검찰, 학교의 보수적 대응은, 일상적 억압의 소재지가 어디인가를 환기시키는 일에서, 프랑스 1968년 혁명 당시 옷을 완전히 벗은 채 거리 행진을 했던 나체 시위보다 더 큰 역할을 했다.

　비디오 캠코더의 대중적 보급, 인터넷을 통한 성적 표현물들의 대대적 유통, 사이버 섹스 등 성적 교류의 새로운 방식들의 대두는 지금까지의 성적 관념을 균열시키는 일에서, 인공피임약이나 기구들의 등장 이상의 충격을 가했다. 이런 가운데 가부장제와 성적 권위주의에 대한 페미니즘의 도전이 활성화되었고 동성애자들은 이성애주의에 대한 강력한 저항을 전개했다.

　'신체발부는 수지부모'라는 식의 자연주의적, 유기체주의적 관념을 깨뜨리는 데 결정적 기여를 한 것은 성형기술의 발전이다. 염색, 귀나 코에 구멍뚫기 등의 작은 인체조형 외에도 성전환을 가능케 할 정도의 고도의 조형기술, 인공수정과 시험관 아기를 옛날이야기로 만들 정도의 생명복제 기술의 발전은 낡은 성 관념의 유효성에 심각한 의문을 갖게 했다.

성적 보수주의

　성기술, 성행동, 성관계, 성담론의 이 혁신적 전개에 대한 거시적, 미시적 권력들의 태도는 고답적이다. 이들의 대응의 저 깊은 곳에 자리 잡고 있는 것은 실은 아주 커다란 위기의식이다. 이들은 앞서 언급한 성해방적 변화들이 지금까지의 시민사회가 기초해 있는 근거를 무너뜨리지 않을까 걱정한다. 물론 한국에서는 낙태에 대한 보수적 저항은 기독교를 국교로 삼고 있는 나라들에 비해 강하지 않다. 어린이나 여성의 자위에 대해서도 고해성사 형태의 일상적 검열제도가 정착해 있는 나라들에 비하면 그렇게 강하지 않다. 그러나 동성애를 도착으로 보는 시선은 강렬하며, 혼전·혼외 관계나 이혼을 부도덕으로 보는 시선은 서구 사회에 비해 더 따갑다.

예컨대 박진영의 6집 음반 <게임>에 대한 기독교윤리실천운동(이하 기륜실)의 대응은 성에 대한 보수적 대응의 한 전형이다. 이 단체는 박진영의 노래가 '청소년에게 성행위를 선동하는 악의적이고 해괴망측한 노래'라고 주장하면서 연소자의 음반이용 제한과 박진영의 방송출연 금지조처를 요청했다. 이것은 마광수·김인규의 직위해체, 장정일의 구속, 서갑숙·홍석천의 출연정지 등을 가져온 일련의 보수적 대응들과 연결되어 있다.

이 보수적 대응들은 그러면 무엇을 지키고자 하는 것일까? '섹스는 즐거운 놀이'라는 박진영의 반론에 대한 기륜실의 재반론은 우리 사회 보수적 대응의 심층에 있는 성관념을 뚜렷이 드러내 준다. 그것은 새로운 성현상들을 "음습", "왜곡", "문란"한 성문화로 정의하는 것이며 그 대안으로 전통적인 "결혼 안에서의 책임 있는 성"을 권장하는 것이다.

정상성 관념의 척도로서의 가족

박진영은 성에 대한 이 부정적 진단에, 성은 "음습하고 퇴폐적인 것이 아니라 아름답고 즐거운 것"이라고 맞섰다. 그러나 '놀이로서의 성'이라는 박진영의 관점의 혁신성은, 그가 성적 즐거움을 "결혼해서 건강한 부부생활 속에서" 누리는 "성의 참맛"에 한정하는 곳에서 끝난다. 적어도 담론상에서 기륜실과 박진영은 성의 즐거움을 결혼 속에 가두자는 데에서 동맹을 맺는다.

그러나 우리는 물어볼 필요가 있다. 지금까지의 모든 성적 보수주의는 바로 '결혼과 가족'이라는 시민사회 제도로부터 그 정상성의 관념과 정당성을 끌어내 온 것은 아니냐? 고. 근친상간, 혼전·혼외 관계는 현행의 일부일처제 가족질서와 대립한다. 사생아가 태어날 수 있고 그것은 정상적 상속질서를 어지럽히기 때문이다. 상대적으로 시민사회가 매춘에 관대한 이유는 매춘에 의한 성관계에는 그러한 위험 요소가 제거되어 있기 때문이다.

정상적 상속질서를 보장해 줄 수 있는 '결혼 안에서의 성'이 여타의 성적 관계들을 불법, 불륜, 부정의 족쇄로 묶어 두고자 하는 것은 당연하다. 그러나 결혼의 본령이 상속의 공간이자 제도인 것은 부르주아 가족에서이다. 임금노예로서의 계급적 신분 외에는 상속할 것이 거의 없는 노동자 가족에서는 어떤가?

당연히, 노동자 가족에서는 상속이라는 이해관계는 부차적이거나 관념적일 뿐이다. 노동계급에서 가족은 노동과 생존의 공동체로 기능한다. 자본은 사회적 생산을 공장과 가정에 할당한다. 전자는 공개적인 생산의 공간이며 후자는 은폐된 생산의 공간이다. 가정에서 생산되는 것은 노동력이다. 공장에서 일을 할 남성 노동자의 노동력은 가정에서 여성 노동자에 의해 생산된다. 여성은 자궁에서 아이를 키우고, 아이가 태어난 후에는 양육을 한다. 또 그녀는 노동자가 된 자식 혹은 남편이 다음날 노동하러 갈 수 있도록 음식과 옷, 그리고 잠자리를 챙긴다. 아동은 가사노동을 보조함으로써 노동력의 재생산에 참여한다. 임금이 직접적 생산자의 노동력 재생산비뿐만 아니라 가족 구성원의 부양비까지 포함하게 되는 것은 이 때문이다. 이렇게 자본은 남성 노동자의 임금을 매개로 여성과 아동의 노동을 착취한다. 이것이 가부장적 일부일처제 가족의 메커니즘이다.

　노동자 가족은 노동력을 재생산하는 은폐된 공장이며 그것은 결혼에 의해 구성된다. 자본주의적 일부일처제 가족에서 인간의 성활동은 부단히 재생산 노동으로 환원된다. 이것이 청교도적 외양 속에서 설파되어온 '결혼 안에서의 책임 있는 성'의 진정한 의미이다. 자본주의 국가는, 노동자 가족의 성활동이 정상적인 노동력 재생산에 적합한가 부적합한가에 커다란 관심을 기울인다. 그람시는 기업가들이 피고용인들의 성적인 제반사와 가정문제에 어떻게 간여해 왔는가를 탐구하면서 포드주의 기업가들이 노동자에게 청교도적 윤리를 부과하는 이유가, "가장 완벽한 자동화와 연결된 생산활동에 규정된 움직임"은 '낭만적 열정에 대한 찬양'과 조화되지 않는 데 있다고 말했다. 일부일처제가 산업주의에 적합한 이유는, 그것이 노동자의 성적 방종을 저지하고 건강한 노동력을 재생산하여 다음날 열심히 일할 수 있게 하는 장치라는 것이다.

　그러나 현대에 재생산으로서의 성이 위기에 봉착했음은 분명하다. 아이의 출산은 이제 성행위의 결과일 필요가 없게 되었으며 양육은 (국가가 직·간접적으로 관리하는) 놀이방, 유치원, 학교의 몫으로 넘어가고 있다. 남성 노동자의 임금은 아내나 자녀의 노동력을 구매하기에는 너무 낮은 반면, 산업주의의 쇠퇴와 노동의 서비스화로 여성, 미성년들의 취업은 상대적으로 용이해지고 있다. 원조교제를 포함하는 매춘활동의 증가와 혼전·혼외 관계, 그리고 이혼의 증가는 '재생산으로서의 성' 체제의 위기를 보여주는 뚜렷한 징후들이다. 노동력 재생산의 위계질서를 뒤흔드는 페미니즘의 가부장제 비판, 그리고 출산 및 양육으로부터 성생활의 분리를 가

겨오는 동성애의 공론화, 가상공간에서의 성활동의 대두 등은 이 위기를 가속화시키면서 대안적 성관념 및 성제도의 구성을 가속화시키는 요인들이다.

성의 상품화

앤써니 기든스가 조형적(plastic) 섹슈얼리티라고 부른, 탈중심적 섹슈얼리티가 '재생산으로서의 성'의 수로에 구멍을 내면서 성의 해방을 추동하고 있는 현실에 대한 공포 혹은 그에 대한 반대가 우리 사회에 편재한다. 이 공포나 반대로부터 '재생산으로서의 성'을 만회하려는 보수적 대응이 나온다. 우리가 이 같은 성적 보수주의의 문제점을 비판하는 것은 쉽다. 그러면 그 대안으로 우리는 성적 자유주의를 지지해야 하는가?

성적 자유주의가 보수주의의 고압적이고 권위적인 시선을 약화시키는 데 중요한 기여를 했다는 사실은 인정되어야 한다. 그것은 성적 획일성에 맞서 성적 다양성 개념을 구축해 왔다. 마광수, 장정일의 문학적 투쟁을 포함하여 박진영, 서갑숙의 도전을 포함하는 수많은 성담론들이 자유주의의 문맥 속에서 제기되어 온 것도 사실이다.

현대의 자유주의 성담론의 기반은 생산과 재생산에서 전개되고 있는 변화이다. 산업주의의 쇠퇴는, 가부장적 일부일처제에 기초한 '재생산으로서의 성' 관념을 허물었다. 그렇지만 그것이 '자본에 의한 성의 포섭'까지 허무는 것은 아니다. 오늘날 자본주의의 신자유주의적 재구성은, 오히려 자본에 의한 성의 포섭을 실질화하려는 욕망을 보여준다. 신자유주의적 자본은 성행동, 성관계, 성담론을 억압하기보다 그것에 폭넓은 자유를 주면서 그것을 착취의 기반으로 조성하려는 전략을 취한다. 성 해방을 위한 아래로부터의 움직임을, 착취의 수로 속으로 다시 끌어들이는 것, 들뢰즈식 표현으로 탈영토화적 재영토화, 이것이 신자유주의적 자본의 성 전략이다.

김인규 교사에 대한 국가, 학교, 학부모단체의 탄압은 자본의 성전략에 내재한 이 모순을 보여준다. 텔레비전, 영화관, 비디오, 인터넷뿐만 아니라 거리 곳곳에 나체 사진들을 범람시키는 주역 중의 하나가 자본임은 누가 보기에도 분명한데도, 자본은 김인규 부부의 나체 사진을 금지한다. 기륜실은 박진영을 반박하면서 '사랑하는 부부의 성을 노래하는 것은 그것을 놀이라고 말할지라도 아름답다'고 말했다. 학부모 단체, 학교, 국가는 '사랑하는 부부의 몸을 찍은 사진'마저도 사회질서를 해친다고 징계한다.

보수주의와 자유주의를 넘어서

이 모순과 혼란 속에서 우리가 읽을 수 있는 것은 보수주의와 신자유주의의 은폐된 동맹이다. 성 해방의 동반자처럼 행동하는 신자유주의적 자본은 성차별, 성적 대리주의, 가족주의를 성 상품의 요소요소에 심어놓고 있다. 성담론의 폭증 속에서 강제로라도 벗겨지는 것은 여성이며, 노동에 지친 남성은 엿보기를 통해 대리만족을 취하고, 가족은 신성불가침의 성소로 전제되어 있다. '소비로서의 성'이 '재생산으로서의 성'과 결탁하고 있는 것이다. '재생산으로서의 성'의 속박에서 벗어난 인간의 성적 삶은 '소비로서의 성'에서 자본의 착취 그물에 다시 걸린다. '놀이로서의 성'은, 그것이 성에 대한 개방적 태도를 보임에도 불구하고 '소비로서의 성'을 넘어서지 못하며 '재생산으로서의 성'에 도전하지 못한다. 박진영의 작품이 남성중심적이라거나 성 상품화의 선봉이라는 비판에 노출되는 것은 이 때문이다. '재생산으로서의 성'(보수주의)과 '소비로서의 성'(자유주의)의 결탁 속에서 인간의 성능력의 자본에의 실질적 포섭은 완성된다. 그래서 우리는 지금 보수주의적 성담론은 말할 것도 없고 자유주의적 성담론까지 동시에 넘어설 길을 찾아야 하는 입장에 놓여 있다.

  그 길은 아마도, 그간의 투쟁 속에서 구축되었으나 자본의 타율적 상품화에 갇혀 있는 인류의 자율적, 조형적, 구성적 성능력을 (기든스와는 달리) 자본의 축적 욕망이 부과하는 한계 너머로까지 발전시키는 방향에서, 그리고 지금까지 우리의 성적 교류를 봉인해 온 가부장적 일부일처제 가족의 이미 쓰러져 가는 울타리를 최종적으로 걷어치우면서 그것을 다원주의적 자율성에 입각한 새로운 성적 교류 형태들로 대체하는 방향에서 찾을 수 있을 것이다. (2001)

'지식인의 죽음'의 종장으로서의 '작가의 죽음'

20세기는 '지식인의 죽음'으로 닫히고 21세기는 '다중(단독적이고 이질적이면서 동시에 혼성적인 존재라는 점에서 민중 혹은 대중과 구별되는 현대의 사회적 개인들)의 탄생'으로 열리고 있다.

20세기의 혁명사에서 지식인들은 매우 중요한 역할, 즉 전위적 역할을 수행했다. 그들은 대중의 선두에 서서 국가의 억압을 고발하고 자본의 착취에 대한 저항을 조직했다. 지식인의 힘은 지식을 삶의 뿌리에, 대중의 무의식에, 그들의 존엄과 능동적 욕구에 연결시키고자 하는 실천적이고 근본적인 태도에서 솟아올랐다. 임화, 김수영, 김지하, 김남주, 박노해, 백무산 등은 그 시적 이름들이며 <카프>, <문학건설본부>, <자유실천문인협의회>, <민족문학작가회의> 등은 그것의 조직적 표출이었다.

지난 10월 6일 『조선일보』가 <민족문학작가회의> 이사장 이문구를 동인문학상 수상자로 결정했고, 11월 24일, 그는 '이 땅의 문학부흥을 위한 혁신적 개혁이라는 『조선일보』의 취지를 귀하게 여긴다'며 이를 수락했다.

이것은 결코 놀라운 사건이 아니다. 그는 <민족문학작가회의> 이사장 취임사에서 이미 '나는 보수주의자'라고 밝힌 바 있는데, 그간 <민족문학작가회의>는 이 입장표명과 갈등할 수 있는 어떤 움직임도 보여주지 않았기 때문이다. 그러나 『조선일보』가 한국에서 반노동자, 반지식인, 반혁명의 상징적 매체이며 바로 그 순간 지식인 사회 일각에서 『조선일보』에 대한 반대운동이 조직되고 있었던 점을 고려하면 이 사건은 개인이나 문단의 차원을 넘어 전 사회적 갈등의 지평 속에서 비로소 올바르게 이해될 수 있는 것으로 다가온다. 한때 작가는 '혁명이 끝난 반동적 황야에서도 새로운 가치들을 다시 구축하고 그것들을 전진시키는'(레오빠르디) 주체였다. 그러나 작가는 이제 반동적 황야에서 새로운 가치를 구축할 능력을 상실했다. 작가 이문구가 『조선일보』의 개혁적 미덕을 찬양하시 시작한 것은 이 사실을 증언하며 이 땅에서도 작가의 죽음이 시작되었음을 의미한다. 이제 가시적인 것으로 나타나고 있는 작가의 죽음은, 돌아보면 1990년대 초 전위 활동가들의 죽음에서 시작된 지식인의 죽음의 종장인 셈이다.

작가 이문구는 '상이란 … 엄정한 시상을 생명으로 삼는 탓에 누가 선망을 한다고 해서 … 차례가 오는 것도 아니'라고 말했다. 확실히 『조선일보』는 '엄정'했다. 이 신문은, 한국의 진보적 지식인 사회의 중요한 중심축 중의 하나인 <민족문학작가회의>의 이사장 이문구를 수상자로 선정하고 그로부터 『조선일보』의 개혁적 미덕에 대한 찬사를 끌어냄으로써 지식인 사회 일각에서 일고 있는 근래의 안티조선 반란을 잠재우려 했다.

그러면 『조선일보』는 안티조선 지식인들을 어떤 입장에서 보고 있는가? 시상 결정 이틀 뒤인 10월 8일자 『조선일보』 사설은 이에 대한 답을 준다. 그 사설은, 소설가 김동인이 "1920년대 후반 신경향파 등 프로문학에 대해서도 예술지상주의로 대응했던 순수 문학인"이라고 강조했다. 요컨대, 프롤레타리아 대중의 능동적 욕구와 결부됨으로써 자신의 글을 더럽히는 것을 거부하는 '순수' 문학인에게 주는 상이 동인문학상임을 밝힘으로써 『조선일보』는, 우리 시대의 '경향적' 지식인들과 자신을, 그리고 수상자를 대립시켰다. 수많은 사람들의 축하, 오천만원의 상금, 브론즈 트로피, 리어카 한 대 분의 화분 등으로 장식된 화려한 시상식에서 수상자는 '아마 개각 때 입각하는 분들이 이런 기분일까'라며 그 기쁨의 정치적 성격(다중으로부터의 분리와 지배권에의 편입)을 숨김없이 표현했다. 바로 이 기쁨 속에 '작가의 죽음'이, 삶과 언어를 파편화시키는 자본주의적 근대화에 맞서 토속어의 공동체적 저항성을 확인하고 그것을 되살리려 오래 고투해 온 한 작가의 죽음이 표현되었다고 한다면 지나친 것일까?

그러나 역사는 어떤 위로부터의 장악 시도에도 불구하고 힘껏 거머쥐면 쥘수록 더 많이 새 버리는 물과 같은 데에 그 아름다움이 있다. 『조선일보』가 진보 문인 단체를 이용한 반격을 진행시킨 9월에서 11월에 이르는 기간 동안, 안티조선은 9월 7일 『조선일보』 거부 1차 지식인 선언을 조직했고 그 여세를 몰아 9월 20일 '반개혁·반통일 신문 『조선일보』 거부'의 기치 하에 '『조선일보』 반대 시민연대'를 발족시키고 같은 날 137명이 연대서명한 제2차 지식인 선언을 조직했다. 이에 앞서 황석영은 자신의 작품이 동인문학상 수상후보로 거론되는 것을 거부함으로써 작가적 존엄성의 건재를 보여준 바 있는데, 이것이 '잔을 넘치게 할 마지막 한 방울의 물'(강준만, 김명인)이 되었던 것은 분명하다. 11월이 보여준 김윤식의 '도덕적' 실추는 그 잔의 넘쳐흐름이 없이는 생각하기 어려운 것이기 때문이다.

실제로 새로운 매체로 등장한 인터넷의 웹 사이트들과 자유게시판들은 『조선일보』에 대한 적나라한 분노와 그에 포섭된 지식인들에 대한 배신감으로 홍수를 이루었다. 게다가 12월초에 있은 영호남문학인 대회에서 보이듯 지역문인과 젊은 세대 문인들로부터 『조선일보』와 영합한 작가들 및 <민족문학작가회의> 자체에 대한 비판적 여론들이 일고 있는 것 역시 주목해야 할 지점이다. 이 대회의 선언문을 기초한 시인 박영희는, '이문구 이사장은 갑작스레 날개를 펼친(민족문학에 대한 친절과 배려) 『조선일보』의 날개만 보았을 뿐 실체(몸통)는 보지 못한 것 같다. 날고 싶은 사람에게는 날개만 보인다'라고 언급함으로써 이러한 정서의 실재를 확인시켜 주었다. 그는 이어 '민족문학이 말하는 민족과 『조선일보』가 말하는 민족은 다르다. 그들은 민족도 상업적으로 이용해 왔다'고 응답함으로써 신자유주의적 지구화의 시대에 민족문학이 겪는 무기력과 혼란, 타락으로부터 '진정 민족문학'을 가려내려는 채금부(採金夫) 같은 태도를 보여준다.

그러나 과연 '진정 민족문학'은 민족문학을 죽음으로부터 구출해 낼 수 있을까? 이 문제는 민족문학론과 민족문학 운동의 역사에 대한 총괄적 검토를 통해서만 풀 수 있을 것이다. 하지만 여기서 그 문제는, 안티조선 운동이 지식인의 죽음을 저지할 수 있을 것인가? 혹은 이로부터 파생된 다양한 안티운동들이 자본주의적 근대의 이 참상들, 생산력이 발전하면 할수록 더 많은 사람들이 거리로 내몰리고 있고, 죽는 것 밖에는 다른 대안을 찾기 힘든 인간 형상들을 지구 전체에 양산하는 현대 부르주아 사회의 이 숨막히는 현실로부터의 탈주로를 밝혀 줄 수 있을 것인가? 등의 질문을 통해서 그 해답의 실마리를 잡아볼 수 있을 것이다.

안티조선운동은 1990년대 사회세력들의 갈등의 지형 속에서 출현했다. 1990년 이후 세계가 보여주는 주요한 특징은 새로운 네트워크적 주권 형태의 등장이다. 우리는 이것을 제국이라고 부른다. 신자유주의 전략은 민족국가 차원에서 제국적 주권의 관철형태인데 1990년 이후 한국도 신자유주의적 재편의 본 궤도에 들어섰다. 3당 합당 정부나 그에 이은 정권교체는 신자유주의적 재편의 생산자이면서 동시에 생산물이다.

　신자유주의 정부가, 국가 주도로 구축된 권위주의 질서를 시장 주도의 자유주의 질서로 대체하기 시작했을 때, 이에 대한 도전이 국가주의 경향으로부터 제기된 것은 자연스러워 보인다. 그 경향은 두 가지 방향을 갖고 있는데 하나는 자본의 권위주의적 질서를 복원하고자 하는 정치적 반동경향(우파)이며, 또 하나는 민중의 권위주의 질서를 수립하고자 하는 사회민주주의적 진보 경향(좌파)이다.

　이 양자는 다른 목적을 위해 같은 수단(국가)을 사용코자 하기 때문에 불가피하게 이(離: 민주/반민주)/합(合: 공공성)의 두 가지 양상을 띠게 된다. 안티조선의 개입은 이 지점에서 이루어진다. 그것은 우파에 대한 공격을 좌파(더 정확하게는 우파와 좌파의 합류지점)에 대한 타격을 통해 실현하려 한다.

　안티조선 운동은 행동적 지식인 운동이다. 그것은 1990년대 초중반을 지배한 포스트주의 운동들의 사변적이고 심미적인 성격을 뒤엎는다. 구체적인 공격목표, 공격적이고 감각적인 언어, 주저 없는 단순함. 이 운동은 구시대 권위주의 정치의 골간을 이루어 온 극우 이데올로기를 타파하는 것에 강한 관심을 갖는다. 그것은 1960년대 이후 민주화운동의 합의된 의제라는 점에서 상당한 설득력이 있다. 그것은 진보의 편에 서고자 하는 사람들의 '상식'으로 되었다고 해도 과언이 아니다.

　그러나 질문되어야 할 것이 있다.

　신자유주의적으로 변화된 정세 속에서 극우 이데올로기에 대한 반대라는 민중운동의 오래된 전략에 집중하는 것은 어떤 효과를 낳는가? '기고 거부, 구독 거부'라는 안티운동의 전술은 무엇을 생산하는가? 나는 극우 이데올로기가 타파되어야 한다는 안티조선의 주장에 동의하면서 몇 가지 문제를 제기하고자 한다.

첫째는 이데올로기에 대한 관점. 안티조선은 극우 이데올로기가 『조선일보』에 체화되어 있고 『조선일보』 반대가 극우 이데올로기를 극복할 것이라고 주장한다. 만약 이전의 권위주의 정부들 하에서라면 이 주장은 상당한 설득력을 얻었을 것이다. 하지만 현재의 상황에서 그것은, 극우 이데올로기가 신자유주의와 불가분하게 얽혀 있다는 점을, 따라서 이데올로기의 소재지가 국가나 언론방송매체를 넘어 대중들의 생활의 생산과 재생산의 공간 속으로 확산되고 있음을 드러내지 못한다. 극우 이데올로기의 실천적 핵심은 이념적 분단을 통한 노동계급의 분할이었다. 그런데 남북분단이 더 이상 축적을 위한 유효한 장치로서의 효력을 상실해 가고 있는 오늘날의 지구적 현실에서 노동계급의 분할을 생산하는 기제는 오히려 사유와 행동에서의 경쟁 이데올로기로 이전되어 가고 있다. 최근 취업수준에 따른 분할, 임금수준에 따른 분할, 성적에 따른 분할, 성에 따른 분할 등등이 주요한 사회적 문제로 떠오르는 것은 이러한 사회 재구성의 결과이다.

둘째는 방법. 안티조선은 지식인 사회에 선악 이분법의 기준을 도입함으로써 지식인의 위기에 대응하고자 한다. 여기에 사용되는 리트머스 시험지가 그들에 의해 '절대악'으로 간주되는 『조선일보』이다. 이제 모든 지식인들은 『조선일보』에 기고할 것인가 말 것인가를 결정하지 않으면 안 된다. 지식인 사회는 이 선을 따라 양분된다. 만약 이 운동이 기층으로 확대된다면 노동자들은 『조선일보』를 구독하는가 않는가로 선악 심판을 받게 될지 모른다. 안티조선은 지식인의 『조선일보』에의 포섭에 반대한다. 그러나 포섭의 진정한 양상은 몇몇 개인의 『조선일보』에의 통합에 있다기보다 그것이 생산하는 다중 분할이라는 그것의 효과에 있다. 안티조선의 방법론은 다중의 분할선을 지우기보다 그것을 뚜렷하게 만드는 효과를 생산하는 것에 그것의 역설이 있다.

　셋째는 전망. 안티조선은 자유, 합리성, 합법성, 민족 등에 의거한다. 그러나 이 거대한 가치들은 오늘날의 사회에서 무엇을 의미하는 것인가? 안티조선은 이 여러 가치들이 누구나 동의할 수 있는 상식이라고 말하곤 한다. 하지만 다른 생각도 얼마든지 가능하지 않은가? 가령 자유는 생산자와 생산수단의 분리에 묶여 있으며, 합리성은 인간의 삶에 대한 교환가치의 지배에서 시작하는 부르주아적 계산가능성의 이데올로기이고, 합법성은 이 합리적 세계의 논리를 그것이 낳는 비합리적 측면까지 포괄할 수 있는 것으로 강령화하는 것이며, 민족국가는 근대 부르주아적 주권을 정당화해 온 관념체계이고, 상식이란 대중의 두뇌 속에 각인된 이 관념들의 총체라고 비판할 수도 있지 않은가. 나도 『조선일보』에 반대한다. 하지만, 그 이유는 『조선일보』가 비합리적이고 불법적이고 반민족적이며 몰상식하기 때문이라기보다 그것이 언어, 제도, 국가기구, 폭력 등 그 어떤 수단을 써서라도 자신의 합리성, 자신의 적법성, 자신의 민족주의, 자신의 상식을 우리들의 욕구와 존엄을 무시하면서까지 위로부터 부과하려고 하기 때문이다. 그리하여 우리를 강제된 노동 시스템 속으로 밀어 넣기 때문이다.

　타조는 사냥꾼이 자신을 잡지 못하도록 하기 위해 눈을 감고 자신의 머리를 모래에 박는다고 한다. 나는 '눈을 감는' 소극적 방법으로 『조선일보』를 극복할 수 있다고 보지 않는다. 현대 사회에서 인간의 존엄을 살리는 길은 '기고 거부, 구독 거부'와는 다른 방법으로, 즉 『조선일보』가 다른 다양한 매체들과 함께 다중의 삶에 어떤 분열적 영향을 미치는지, 그것이 국가 및 자본과 수행하는 공동행동이 다중의 삶에 어떤 영향을 미치는지를 냉정하게 '바라보는' 것에서 시작되어야 한다. 만약 오늘날 지식인이 존재할 수 있다면, 그의 역할은 현대 사회의 물질적·정신적 삶의 총 과정 속에서 『조선일보』가 수행하는 반다중적 역할을 명확하게 설명해 주고 그에 대한 다중의 저항과 탈주가 지금 어느 지점까지 나아왔는지를 밝혀주는 일일 것이다.

내가 『조선일보』 반대라는 안티조선의 생각을 존중할 뿐만 아니라 그것에 전적으로 찬성하면서도 그것으로부터 일정한 거리를 취하는 이유는, 안티조선이 『조선일보』의 행위에 대해서 아무 것도 '새롭게' 설명해 주지 않고 있기 때문이다. 오늘 우리에게 필요한 것은 『조선일보』에 극우, 반민족 등의 이름표들을 붙이는 것이 아니다. 지난 20여년의 역사는 『조선일보』에 이름을 붙이고 그것의 성격을 드러내기에는 충분한 세월이었다. 드러나지 않고 있는 것은, 『조선일보』가, 그리고 각종의 매스 미디어들이 변화된 계급구성 속에서 수행하는 새로운 역할이다. 신문과 방송들이 어떻게 다중을 통제하고 정신적으로 감금하는가, 우리가 그것에 어떻게 대응해야 하는가 하는 문제가 중요한 문제이다. 공장, 사무실, 거리, 인터넷 등에서 웅성거리는 다중의 시선과 목소리가 안티조선운동에 대한 강렬한 공명을 표현하면서도 『조선일보』에 대한 비판을 넘어, 조중동이라 불리는 족벌언론에 대한 비판으로, 나아가 다중의 수평적 소통관계를 가로 막고 왜곡하는 매스 미디어 장치 자체에 대한 비판으로 나아가고 있는 것은 아마도 바로 이 새로운 요구 때문일 것이다. (2001)

제로 매스컴

1980년 정권의 언론통폐합 조치 당시 언론이 처했던 종속적 위치에 비추어 볼 때, 최근 언론사에 대한 세무조사와 이에 대한 조선, 중앙, 동아 등 3대 언론사의 저항은 언론의 변화된 위치를 보여준다. 마치 국가에서 언론으로의 권력변환론을 입증해 주기라도 하는 듯한 이 저항은 민주당과 한나라당 간의 당파투쟁으로, 정치가 추미애와 작가 이문열 사이의 설전으로, 이문열에 대한 네티즌의 비판으로, 그리고 마침내 민주노총의 조선, 중앙, 동아 구독거부 결의로 이어지면서 '언론개혁'은 한국 사회 전 사회계층이 참여하는 총체적 쟁점으로 부상되었다. 이 쟁점은 지금 어떤 지형에서 어떤 균열을 만들어 내고 있는가? 이 균열은 무엇을 타격하며 무엇을 보호하는가? 우리는 이에 대해 어떤 태도를 취할 것인가?

수구(守舊)주의

한국에 수구세력이 존재한다는 것은 최근의 논쟁으로 인해 더욱 분명해졌다. 이들은 북한에 대한 흡수통합이 아니면 경직된 분단을 지지한다고 말하며 다중의 정치적 자유의 확대를 사회적 혼란과 무질서의 확대라고 비난한다. 이들이 내세우는 대안은 국가, 기업, 학교, 가정, 군대 등 시민사회 각 영역에서 권위주의 질서의 회복과 강화이다. 경영자가 노동자에 대해, 교사가 학생에 대해, 선배가 후배에 대해, 남자가 여자에 대해, 상관이 부하에 대해, 관료가 시민에 대해, 국회의원이 국민에 대해 권위를 행사할 수 있어야 한다는 것이 이들의 생각이다.

그러나 지금 수구적 정치세력은 과거와는 달리 독자적 정당으로 결집되어 있지 않으며 자민련, 한나라당, 민주당 등에 분산되어 있다. 수구세력이 상대적으로 강하게 결집되어 있는 것은 오히려 『조선일보』를 비롯한 수구언론들에서이다. 오늘날 『조선일보』는 수구세력이 나아갈 길을 강령적으로 정식화하며 모든 사회적 쟁점에서 수구세력이 취해야 할 태도를 나날이 구체화하는 중앙기관지로서의 역할을 수행한다. 『조선일보』의 관여범위는 자본/노동 관계, 남북관계, 대외관계 등 거시적 차원에만 머물지 않으며 학생들의 두발이나 교복, 대중가요의 가사, 가족관계 등 미시적 차원에까지 미친다.

'안티조선'으로 상징되는 언론개혁운동이 정확하게 포착한 것은 한국의 수구세력이 『조선일보』를 중심으로 움직이고 있다는 사실이며, 수구세력이 정치권력에서 헤게모니를 상실하였지만 문화권력으로서 한국 사회의 여론을 주도하고 있다는 사실이다. 이 문화적 권력이 국가보안법과 같은 권위주의적이고 냉전적인 법률을 지지하고 있으며 군사적 위계문화의 필요성을 설파하고 있을 뿐만 아니라 독점자본의 축적을 조력하면서 권위주의적 중앙사령탑의 구축을 위해 광분하고 있다는 사실이다.

언론개혁운동의 약한 자율성

『조선일보』 반대라는 단일쟁점 운동의 부상은 이런 맥락에서 그 긍정적 역할을 이해할 수 있다. 1998년 최장집에 대한 『조선일보』와 『월간조선』의 사상검증과 왜곡보도에 대한 항의를 위해 43개 시민단체가 결성한 '『조선일보』 허위왜곡보도 공동대책위원회'를 시발로 하여 2000년 '안티조선 우리모두' 사이트의 구축, 2001년 '『조선일보』 반대 시민연대'의 결성을 거치면서 단순한 지식인운동의 수준을 넘어 광범위한 대중이 참여하는 운동으로 변화한 이 운동은 이제 지식인이나 활동가들의 쟁점 운동에서 생활적 힘으로 바뀌는 모습을 보여주는데 옥천, 홍성을 비롯한 각 지역에서의 『조선일보』 구독거부 운동뿐만 아니라, 반노동자적 보도행위에 분노한 민주노총의 조선, 중앙, 동아에 대한 조직적 구독거부 운동의 개시가 그 예이다. 이리하여 이 운동은 한국 사회 내 수구세력의 존재와 소재지를 분명히 확인시켰으며 그들이 어떤 방법으로 시민의 삶에 족쇄를 채우려 하고 있는지를 드러내는 데 성공했다.

그렇다면 지난 6월 시작된 검찰의 언론사 탈세조사와 이에 대한 안티조선 운동의 지지는 반수구·반조선 전선의 확장인가? 그것은 다중이 국가를 이용하는 형태인가? 사태는 그 역으로 보인다. 지금까지 주요 언론이 끈질기게 김대중 정부의 여러 정책에 반대해 왔음에도 불구하고 침묵을 거듭하던 정부가 언론사에 대해 탈세조사라는 칼을 내민 것은 『조선일보』 반대운동이 일정한 세를 확보한 것에 때맞춘 것이었다. 이 칼은 구독거부, 기고거부라는 대중적 수단과는 전혀 다른 성격을 갖는다. 그것은 비록 탈세 혐의자들을 대상으로 한다고 해도, 그리고 수구언론들을 약화시키는 효과를 갖는다 해도 국가의 조세부과권을 강화시키면서 국가를 대중 위에 옹립하는 역효과를 가져온다. 정부의 이러한 공세가 정권 재창출 시나리오의 일부라는 야당의 비난은 안티조선 쟁점이 명확히 지배계급 내부의 쟁점으로 전화하는 계기가 되었다. 이제『조선일보』반대운동은 여야 대결로 전화된 전선구도 속에서 어느 한 쪽을 편들지 않으면 안 되는 처지에 놓이게 되었다.

 반수구를 목적으로 하는 이 운동의 성격상 '공평무사한 세무조사와 결과의 투명공개'라는 입장이 취해진 것은 필연적인 것이다. 하지만 이로써 지금까지『조선일보』반대운동의 시민 주체성은 정부 주체성에 자리를 넘겨주게 된다. 안티조선 운동이 친정부 운동으로 비춰질 가능성이 높아진다. 이문열이 안티조선 운동에 대해 정권의 '홍위병'이라는 매카시즘적 공격을 가할 빌미는 주체성의 이러한 전도에서 주어진다. 안티조선 운동이 이문열을 수구주의자로 비난할 수는 있었지만 자신에게 부과된 친정부적 색깔을 지우기 어려웠던 것은, 이 운동이 국가로부터 완전히 자율적이지 못하며 국가에 쉽게 흡수될 수 있는 취약성을 안고 있음을 보여준다.

제3 세계 권위주의에서 신자유주의로

 이 취약성은 어디서 왔을까?『조선일보』반대운동은 잔존하는 권위주의에 대한 예민한 감각을 보여줌에 반해 현 정부에 의해 도입되고 있는 새로운 지배전략인 신자유주의에 대해서는 둔감함이나 부차화를 넘어 아예 공조의 태도를 보여 왔다. 산업구조조정, 민영화, 유연화, 세계화로 요약될 수 있는 새로운 지배전략은 1980년대 이래로 일관되게 도입된 자본의 위기극복 전략이자 새로운 지배 전략이다. 물론 이 새로운 지배전략의 결과, 분단 이후 전통적 사회운동이 제기했던 많은 반체제적 요구들이 체제 내로 수렴되었고 인적 차원에서도 적지 않은 지난날의 활동가들이 행정, 사법, 입법의 여러 기관들에 배치되었다.

하지만 이것은 노동과 자본의 적대를 해결하는 것이 결코 아니다. 이것은, 낡은 권위주의를 파괴하면서 나오는 새로운 노동계급의 힘을 축적의 동력으로 봉합하면서 그 적대를 새로운 차원에서 재생산하는 것이다. 얼마나 많은 사람들이 노동 유연화와 정리해고로 고통 받고 있으며 또 얼마나 많은 취업 노동자들이 장시간 노동과 고용불안으로 고통 받고 있는가를 생각해 보면 이 점은 쉽게 이해할 수 있다. 재구성된 사회적 적대에 대해 한국의 노동계급이 전개한 저항에 대한 현 정부의 대응은, 대우자동차 파업에 대한 대응에서 보이듯, 권위주의 정부의 그것과 크게 다르지 않았다.

잔존하는 권위주의에 반대하는 단일쟁점 투쟁은, 신자유주의에 반대하는 투쟁과 연결되지 못할 때, 권위주의에서 신자유주의로의 지배전략의 교체를 도울 수는 있을지언정 다중의 '실질적' 해방을 돕지는 못한다. 권위주의에서 신자유주의로의 지배형태의 이행을 진보로 생각하는 것만큼 일면적인 것은 없다. 이 점에서 한국의 좌파 경향은, 신자유주의가 오늘날 노동계급과 맞서는 자본의 지배전략임을 분명히 직시하면서『조선일보』반대투쟁이 몰각하고 있는 한 지점을 정확히 드러냈다. 그러나 좌파가, 국가형태 외부에서 문화권력의 형태로 살아 있는 권위주의를 경시하고 있다는 『조선일보』반대운동의 지적 역시 그만큼 타당하다.

현실의 권위주의와 신자유주의의 경합은 때로는 기업파산, 폭력, 욕설을 수반하는 격렬한 형태를 띠기도 하지만 적대적으로 분리되어 있지는 않다. 양자는 필요한 지점에서 연대하며 다중을 누가 더 효과적으로 지배하여 축적의 연속성을 보장할 수 있는가를 놓고 다툴 뿐이다. 권위주의에 대한 투쟁과 신자유주의에 대한 투쟁이 운동적으로 분리되어 있고 심지어는 대립되기까지 하는 현실의 극복이 절실하다. 이 과제는, 권위주의와 신자유주의를 포함하는 일체의 지배형태로부터 운동의 독립과 자율을 확보하는 것에 기초하지 않고는 불가능하다.

매스 커뮤니케이션을 넘어서

이 지점에서 우리는, 왜 우리의 논의가 매스 커뮤니케이션(이하 매스컴)을 초점으로 삼으며, 그 속에서만 맴돌고 있는가 하는 문제가 제기되어야 한다. 강준만은 『조선일보』의 해체가 아니라 『조선일보』 제자리 찾아주기가 자신들의 목표라고 주장했다. 이것은 언론사 세무조사를 통해 수구언론과 개혁언론의 비중을 균형 있게 조절하려는 여당측의 의도와 부합하는 것이다. 그의 주요 관심사는 매스컴 자체가 아니라 그것의 구조조정에 있다.

그러나 매스컴은 단일한 중심에서 다수 변방으로의 일방적 정보송출의 메커니즘이다. 신문, 라디오, 텔레비전 등의 발전사는, 다중 서로간의 직접적 대인소통을 인쇄, 원격전송, 전자 등의 기술을 통해 정보화, 상품화함으로써, 그것을 자본주의적 생산관계 속에 편입해 온 과정이다. 소수의 독점적 거대 매스 미디어 조직은 경쟁과 도태를 수반한 이 과정 속에서 형성되었다. 매스컴은 인간들 사이의 물적 교류를 화폐가 대리하고, 인간들 사이의 사회적 교류를 국가가 대리하는 것과 유사한 논리로 인간들 사이의 언어적, 정신적 교류를 대리한다. 매스컴은 화폐, 국가와 더불어 부르주아 사회의 생산관계와 소통관계를 구성하며 개인들을 정보 생산수단의 소유자 및 그 계급의 의지에 종속시킨다.

실제로 조선, 중앙, 동아는 말할 것도 없고 모든 신문과 방송은 자본주의적 생산관계 자체를 결코 문제 삼지 않으며 그것을 자연법칙처럼 전제할 뿐만 아니라 기사와 광고를 통해 그러한 관계를 추동하고 재생산한다. 이 점에서는 한겨레도 예외가 아니다. 수많은 매스컴들의 이 근원적 일치와 동맹은 특정의 정치적 이데올로기들에 대한 입장 차이(예컨대 권위주의인가 신자유주의인가)를 무색하게 할 정도로 근본적인 것이다. 이 차원에서 매스컴은 단순한 정보전달의 도구가 아니며 역사적으로 특수한 부르주아적 소통관계이고 언어의 정보적, 상품적 존재형태이다. 그러므로 매스컴을 장악하거나 개혁하여 다중의 이익을 위해 사용할 수 있다는 생각은 (프루동처럼) 화폐를 개혁하여, 혹은 (전통적 사회주의처럼) 국가를 장악하여 다중의 해방을 위해 사용할 수 있다는 주장처럼 환상적이다.

인간이 서로 비적대적 관계 속에서 존엄하고 민주적이며 평등한 교류와 소통의 관계를 맺을 수 있는가 없는가는 현대의 인류에게 던져진 화두이다. 반공적 권위주의가 이 공동체적 교류와 소통의 관계를 극단적인 방식으로 억압해 온 당대적 문제인 만큼,『조선일보』에 대한 반대운동은 새로운 소통관계의 구축에 필수적인 한 요소다. 그러나『조선일보』에 대한 반대가 매스컴의 한계 속에서 개혁주의적 방식으로 이루어지는 한, 권위주의에 대한 그것의 투쟁은 불철저할 수밖에 없다. 왜냐하면 매스컴 그 자체가 이미 특정하게 설정된 '중심'의 생각을 계몽적 방식으로 불특정 다수에게 송출하는 계몽적, 권위적 구조에서 자유롭지 못하기 때문이다.

현실의 언론개혁운동이 매스 미디어 중에서도 가장 전통적인 '신문'에 대한 비판에, 그것도 수구적 신문에 대한 비판에 초점을 맞춤으로써 인터넷으로 상징되는 새로운 소통공간의 탄생과 디지털 미디어의 발전에 상대적으로 소홀한 것은 또 하나의 문제이다. 관점의 이러한 과거지향은 유효한 다중적 대안의 모색을 어렵게 한다. 인쇄 기술보다 더 폭넓은 접근성,

쌍방향성, 수평성을 제공해 주는 디지털 기술과 사이버스페이스에 대한 탐구는 지금까지의 매스컴이 드러낸 방송(broad-casting) 모델의 권위주의를 극복하고 새로운 소통관계를 구축하기 위해 적극적으로 탐구되어야 할 주제이기 때문이다.

오늘날 네트워크들의 세포 역할을 하는 개인용 컴퓨터의 이념과 기술은 자본이 아니라 저항적 학생운동 속에서 발전되어 나왔다. 독자, 청취자, 시청자 등 수용자 대중은 결코 매스컴 체제에 의해 일방적으로 조형되는 피동적 존재가 아니다. 한국에서 매스컴은 군대, 경찰, 감옥과 더불어 수많은 인구를 테일러주의적 저임금·장시간 노동과 권위주의적 통치에 신음하는 대중 노동자로 길들이는 데서 결정적 역할을 했지만 1987년 노동자·민중 투쟁은 그러한 봉합의 한계를 보여주었다.

1970~80년대의 민주언론운동이 민중의 투쟁과 취한 공동보조는 국민주 방식의 『한겨레신문』 창간으로 결실을 맺었다. 하지만 최근 이 신문이 보여주는 혼란과 친정부화, 친자본화는 단순한 소유방식의 변경만으로는 매스컴 그 자체의 한계를 극복하기 어려움을 보여준다. 매스콤의 한계를 벗어나고자 하는 시도는 오마이뉴스 등 인터넷 매체 속에서 부분적으로 실험되고 있지만 매스컴의 흔적은 그 속에서 아직도 너무나 역력하다. 송신자와 수신자의 구별이 사라지는 수준의 수평적 소통의 잠재력은 오히려 P2P 기술의 발전 속에서, 그리고 '소리바다' 속에서 그 맹아를 보이고 있다. 이 새로운 소통형태를 저지하기 위해 저작권법과 경찰이 나서고 있다. 누가 이 새로운 맹아를 지키고 발전시킬 것인가라는 문제는, 지금은 수구주의와의 싸움에 총력을 기울이고 그 후에 다른 문제들과의 투쟁이나 대안 건설에 노력을 기울이자는 자유주의적 단계론의 관념을 극복하지 못할 때에는 아마도 불가능할 것이다. (2001)

현대 사회의 의료문제

의사파업

　최근의 의사파업은 현대 사회에서 의료 활동의 위치와 역할의 문제를 전사회적 의제로 제기하는 계기로 되었다. 이것은, 지구자본의 압력 하에서 현 정부가 주도하는 한국 사회의 총체적인 신자유주의적 재구조화의 일환인 의료부문 개혁에 대한 전공의, 수련의, 의대교수, 의대생 등 의료관련 개인과 집단의 저항의 형태를 띠고 있다.

　정부의 의료개혁 정책은 정부의 의료비 지출의 감축을 위한 의료보험노동자의 정리해고, 의약분업, 그리고 의료보험의 민간화 시도 등으로 요약된다. 이러한 재구조화 방향에 대한 관련 집단들의 대응은 그들의 계급적, 계층적 입장과 이해관계, 세계관, 정치적 지향성에 따라 다양하게 전개되고 있다. 그것은 주로 의사파업에 대한 찬성인가 반대인가를 둘러싼 갈등으로 나타나고 있는데, 여기에는 의약분업, 수가(酬價: 의료행위의 가격),

의권(醫權), 건강권 등 의료체계 개혁안과 관련한 대안들을 둘러싼 갈등이 내포되어 있다.

생명과 질병

유기체적 생명은 무기적 자연 내부에서, 그것을 벗어나고자 하는 자기조직화의 산물이다. 죽음은 이 유기적 자기조직화의 힘과 노력, 즉 개체적 생명에 한계를 부과한다. 하지만 죽음이 있음으로 인해 삶은 그 유한성 속에서 자기의미를 획득한다. 그래서 죽음은 삶의 유효한 한계이다.

그렇다면 질병은 무엇인가? 그것은 생명의 유기적 자기조직화가 직면하는 그때그때의 자연적이고 사회적인 장애, 즉 생명체가 직면하는 모순과 갈등이다.

그러나 무엇이 질병인가는 해당 사회의 역사적 인식구조(에피스테메)와 감성학에 의해 정의된다. 따라서 근대 의학은 육체적·정신적 삶을 바라보는 근대적 감성체계와 연결되어 있다. 그것은 생명활동의 특정한 양상을 질병으로 정의함으로써 근대적 삶의 정상성의 범위와 내용을 구성한다.

의약학이 발전할수록 대중의 자율치료 능력이 박탈되며 치료활동이 전문화되어 의약학의 지식과 기술을 독점적으로 생산하고 전수하는 특수한 집단의 수중에 치료의 능력과 권한이 독점된다. 하나의 분과학문으로서의 의약학은 이렇게 근대 부르주아 사회의 분업적 발전과 동시적으로 발전된다. 이 거시적 과정 속에서 병원과 약국은 이 의약학의 실천기구이며 분업적 담당기관으로 배치된다.

한국에서 의료문제의 역사

한국에서 지금까지 의료 활동의 전개는 노동자 대중에 대한 권위주의적 지배와 긴밀하게 결부되어 있었다. 권위주의 하에서 의학은 산업화와 근대화를 향한 육체와 정신의 질서화(노동력의 생산과 재생산)에 장애가 되는 신체적, 정신적 특질들을 질병으로 정의했다. 질병은 상징적으로 뿐만 아니라 실제적으로 사회에 의해 생산되었다.

그 중 가장 핵심적인 것은 죽음 자체(그것은 정치경제학적으로는 노동력의 완전한 상실로 규정된다)를 질병으로, 그리고 질병을 죽음의 현상형태로 정의하고자 하는 시도이다.

권위주의 정부들 아래에서 노동자들의 계급적 힘의 취약함은 저임금, 장시간 노동으로 표현되어 왔다. 이것은 한국 노동자 집단의 건강과 생명에 커다란 부담을 주었다. 한국의 급속한 근대화 과정은 노동계급의 몸과 활력이 아주 빠르게 소진되어 육체적·정신적으로 폐질화되도록 만들었다. 잔업, 특근으로 불리는 초과노동이 일상화되고 기계화로 몸이 자기리듬 대신 기계의 리듬에 강제적으로 맞추어야 하는 상황이 지속되면서 노동자의 몸은 질병과 죽음에 빠르게 다가갔다.

이것은 질병과 죽음이 사회의 생산물임을 의미한다. 그럼에도 불구하고 한국의 정치와 교육은 질병과 죽음을 개인적 문제로 바라보도록 만드는 문화를 양성했다. 질병의 발생은 사회적이면서 그것의 치료는 개인에게 맡겨지는 모순된 상황이 지속되면서 노동자의 임금의 큰 부분이 의약비(치료비와 약값)로 지출되는 상황이 연출되었다.

이것은 '치료'라는 노동력 재생산비를 사회가 아니라 노동자 개인이 전담하는 것으로 출산, 양육, 교육의 비용을 노동자 개인이 전담하는 반노동자적 사회관계의 일부이다.

그런데 근대화 과정에서 저임금(빈곤)과 장시간노동(과로), 그리고 열악한 노동 및 주거 환경은 질병의 가장 큰 원인이었음을 고려할 때 의약비의 노동자 부담은 생산에서의 착취에 더하여, 재생산에서의 노동자 착취가 이루어지고 있었음을 의미한다.

질병은 착취의 장소일 뿐만 아니라 통제의 장소이기도 하다. 치료능력의 독점을 통해 노동자는 자기 삶의 운영주체로서의 능력을 상실하고 의사와 병원, 대학 및 국가에 의존해야 한다. 그리고 더 나아가 국가는 아래로부터의 저항을 누르기 위해 질병을 활용한다. 질병은 통치의 적극적 무기로 전화한다.

근래에 동양적 명상술, 기공 등 일종의 자기보건과 자기치유술 등이 활성화되는 것을 볼 수 있는데, 이것은 자본에 의한 의료 활동의 독점에 맞선 노동계급의 자기방어 노력으로서의 성격을 갖는다. 강제된 실업과 빈곤, 초과노동 등 노동자의 몸을 인위적으로 병들게 만드는 자본주의적 노동 체제의 해체가 없이 이러한 노력은 방어적 성격을 벗기 힘들겠지만 그럼에도 불구하고 이것은 비대의적 의료 활동, 즉 몸에 대한 자율능력의 확보에 기여할 수 있을 것으로 보인다.

국가가 의료비 중의 일부를 부담하는 의료보험제는 1980년대 들어 고조되기 시작한 노동계급의 저항과 그들의 요구에 대한 국가적 양보의 결실이다. 의료보험의 도입이 노동자들의 발병률을 낮춘 것은 아니지만 질병에 대한 사후적 치료의 부담을 덜어준 것은 사실이다.

그런데 의료보험 체제 속에서 의사들에게 주어지는 국가의 의료보조 수준은 서구에 비해 상대적으로 낮았다. 이 때문에, 의사가 되기 위해 적지 않은 투자를 한 의사 개개인들은 약값의 마진률을 높이거나 의료기계 및 약품과 관련한 각종 리베이트 등에 관여함으로써 보상을 찾으려 했다. 이 과정에서 권위주의적 국가와 의사 집단이 부패구조 속에서 영합하여 다시 노동자들의 의료부담을 증대시키는 악순환이 발생하였다.

신자유주의적 지구화와 의료문제

세계시장의 완성, 그리고 신자유주의적 지구화는 질병의 원인을 점점 지구적이며 생태적인 것으로 바꾸어 가고 있다. 아울러, 질병문제는 보건문제로 전화되었고 그것은 일국적 과업이 아닌 지구적 과업으로 전화되고 있다. 예컨대 지구화의 과정에서 에이즈, 광우병과 같은 각종 전염병의 문제는 결코 일국적 차원에 국한되는 문제가 아니며 암과 같은 난치병의 경우도 그 발병의 원인이 일국에 한정되지 않는 전 지구적 원인을 갖고 있다. 대기나 물과 같은 인류의 공유자원은 말할 것도 없고 지역들에서 생산되는 먹거리들이 국제적으로 이동하고 또 탈출과 이민의 수위가 높아지고 그 속도가 더욱더 빨라지는 현실에서 보건의 문제는 더 이상 일국적 대응책들로는 해결할 수 없는 상황에 이르렀다.

유전공학과 생물기술의 발전, 그리고 디지털 테크놀로지의 연결은 '인간이란 혹은 생명이란 무엇인가'를 다시 질문하지 않을 수 없도록 만들고 있으며 자연-인간-기계가 과연 본질적 차이를 갖고 있는가 하는 의문을 제기하고 있다. 사이보그의 탄생을 비롯하여 생물에 대한 조작과 복제의 확산은 질병과 고장, 삶과 죽음의 재정의를 요구하고 있다.

이러한 상황은 노동의 자본에의 실질적 포섭의 심화와 연관된다. 노동의 더 많은 부분이 서비스(봉사)로 되고, 특히 의료 서비스가 자본관계 속에서 생명과 삶을 직접적으로 다루는 활동으로 배치됨으로써 전통적 인간관, 생명관, 보건관은 더 이상 우리의 사회적 삶을 설명하기 어렵게 되어가고 있다. 전체적으로 이 모든 현대적 변화는 의학, 병원 등 의료관련 과학과 기구가 어떻게 재편되어야 할 것인가를 근본적으로 다시 생각하지 않을 수 없도록 강제한다.

한국에서의 신자유주의적 의료개혁은 질병 현상의 이러한 지구적 재편에 대한 근본적 고려와 대책 수립 없이, 의료의 민간화, 시장화, 분업화를 통해 이전의 국가적 양보의 철회라는 경제주의적 개혁시도(의료에서의 반혁명)로만 나타나고 있다.

물론 국가에게 인류의 삶에 대한 근본적 고려를 요청하는 것은 그 자체가 환상이다. 왜냐하면 국가는 항상 반근본적으로, 즉 근본으로서의 인간에 반하여 사고하고 행동해온 지배의 기관이기 때문이다. 그러므로 삶 속에서 죽음, 질병을 늘 경험하고 이것으로 고통받는 다중들 자신이 이 문제에 대해 사고하고 대안적 행동에 나서야 할 것이다.

몸의 자율

제기되고 있는 것은, 처음에 밝혔듯, 의료 서비스의 전 사회적, 전 지구적 재편의 방향과 그 구체적 정책을 둘러싼 논쟁이다. 이 문제에는 비단 의사뿐만 아니라 의대생, 간호사, 의료관련 노동자, 환자, 그리고 잠재적 환자들(?)인 다중 전체가 관련되어 있다.

지금 제기되어 있는 쟁점의 성격은 글자그대로 '인류'의 운명이 걸려 있는 지구적 문제이다. 인류는 자신의 삶을 지속적으로 생산해 나갈 수 있을 것인가? 즉 인류는 자신의 유기적 자기조직화에 성공할 수 있을 것인가, 아니면 종말을 맞이할 것인가? 하는 것이 문제이다.

이 문제 앞에서 자유로울 수 있는 사람은 아무도 없다. 그리고 이것은 지구상의 생명체 모두에 관련된 문제이기도 하다. 이 문제는 누구나가 다

자신의 협소한 직업적 경제적 이해를 떠나 '사회적 인류'[1]로서 사고하지 않으면 응답될 수 없는 문제이다.

여기에서 이 문제에 대해 구체적이고 긍정적인 대안을 내놓는 것은 불가능하다. 다만 구름을 그려냄으로써 달의 형상을 드러냈던 홍운탁월의 방법처럼, 우리가 취하지 말아야 할 것들을 고려해 봄으로써 우리가 취할 것이 무엇인가를 조금이라고 그려 볼 수 있을 것이다.

권위주의 정부 하에서 그것의 부패구조와 영합함으로써 얻었던 상대적으로 높은 소득을 고수하기 위해 의사들이 파업이라는 방법을 동원한다면 그것은 파업이라는 '신성한'(벤야민) 집단행동을 더럽히는 일일 것이다. 이것은 질병을 치부에 이용하려는 흑심을 드러냄으로써 다중과 (잠재적) 의사의 적대를 심화시킬 것이다. 그리고 이것은 인류의 육체적 정신적 보건에 커다란 위협 요소로 작용할 것이다.

지금 경제주의적 임기응변으로 추진되고 있는 현 정부의 신자유주의적 의료개혁은 다중의 생명과 삶을 지키고 건강하게 하려는 노력과는 아무런 상관도 없다. 이것은 부실기업의 회생 지원으로 인해 발생한 국가의 재정 위기를 다중에게 전가하는 것에 지나지 않는다.

국가에게 의료보험 보조비율을 증대할 것을 요구할 때에는, 그에 필요한 재원 확보 문제를 다중의 책임으로 전가하는 것을 막을 장치를 마련하는 것과 동시에 이루어져야 한다. 그렇지 않는 한에서 다중들은 자본을 위해 일하고 그 때문에 생긴 질병을 자신의 임금으로부터의 더 많은 지출을 통해 치유해야 하는 고통스런 현실에 직면하게 되기 때문이다.

절실한 것은 죽음과 질병을 포함하는 다중의 삶의 운영권을 다중 자신

---

[1] "낡은 유물론의 입지점은 '시민'사회이며 새로운 유물론의 입지점은 인류 사회 또는 사회화된 인류이다."(맑스,「포이에르바하 테제」, 10번)

의 수중으로 가져오는 것이다. 이리하여 의료활동이 다중의 자기치유 활동으로 전화되도록 하는 것이다. 이를 위해서는 1)다중의 힘에 의한 의학, 병원, 의료기술, 의료기기, 병원의 재전유가 필요하다. 영화 <로렌조 오일>은 병원의 무능을 넘어서는 환자 가족의 치병을 위한 개척적 의지와 능력을 보여주었지만 자기치유 활동은 이보다 좀더 집단적인 차원에서 전개될 수도 있을 것이다. 2)이것은 인류의 자가 치유능력을 확대시키는 것과 병행해야 한다. 대체의학, 민간요법 등을 적극적으로 개발하고 이것을 공동체의 지적·기술적 재산으로 전유함으로써 인류가 병원이라는 전문기관에 덜 의존하게 만드는 것이 필요하다. 3)이를 위해서는 삶 속에서 고통을 받는 사람들 자신이 환자로 대상화되기를 거부하면서 증상, 경험, 성과를 공유하는 자기조직화를 발전시키는 것이 필요하다. 4)질병으로 고통 받는 사람들의 이러한 자기조직화를 바탕으로 그것을 치료해줄 능력을 가진 개인이나 집단을 발견하여 양자가, '의사 대 환자'라는 분리된 위치에 놓이지 않으면서, 소통적 관계를 맺는 것을 생각해 볼 수 있다. 5) 아울러 의학과 의료를 예방중심으로 전환시키는 것이 절대적으로 필요한데, 이를 위해서는 무엇보다도 개인들의 몸에 대해 존중하고 몸을 이윤이나 권력과 같은 외적 목적에 종속시키지 않는 문화와 제도의 창출이 필요하다. 6) 이것이 장기적인 자기조직화의 노력과 시간을 요구하는 것이라면, 우리는 이를 위해 당장 지금부터라도 '의사'와 '환자'가 힘을 합쳐 진료비와 약값을 인하하고 무상진료와 치료를 늘려 가는 투쟁을 전개해 나갈 수 있을 것이다.
(2001)

사상전향제와 준법서약서

준법서약서보다는 국가보안법이, 국가보안법보다는 헌법이, 그리고 헌법보다는 그것이 옹립된 인간들간의 사회적 관계가 더 중요한 문제라는 것이 우리의 대전제다.

사상전향제나 준법서약제는 가석방을 위한 안전장치들로 고안되었다. 가석방 제도의 존재는 노동계급에 대한 자본의 법적 통제가 띠는 '인간적' 얼굴이다. 가석방 제도를 통해 자본은 자기자신을 마치 살아 있는 인간인 것처럼 위장한다.

사상전향제나 준법서약제는 자본의 체제 속에 반체제의 힘, 불복종의 힘이 존재하고 있음에 대한 자기인정이며 그 체제의 부분성에 대한 승인이다. 그리고 이것은 자본이 인간의 가면을 쓰지 않고는 이 반체제의 힘을 통제할 수도 없고 따라서 착취를 지속할 수도 없다는 사실에 대한 자기고백이다.

사상전향제는 반공법에 의한 통제의 보조장치로서 사회주의 사상의 포기의 표명을 요구했다. 이것은 사회주의 이념을 실현하기 위한 혁명적 전위 운동들을 체제 내에 속박하기 위한 제도였다. 이것은 지식인을 포함한 전문 노동자에 의해 주도되는 노동계급 운동의 단계에 조응한다.

준법서약제는 사회주의 사상의 포기의 표명을 요구하기보다 자유민주질서와 그 헌법의 준수 의지를 표명토록 강제한다. 이것은 전위 운동의 해체, 사회주의의 몰락, 이념 운동과 정파 운동의 퇴조 위에서 노동계급의 정치적 구성의 변화와 새로운 사회운동들의 대두를 겨냥하고 있다. 이것은 사회주의를 지향하지 않는 수많은 반체제적 운동들의 대두를 포착하고 있다.

북한을 이롭게 하는 행위를 규제하는 국가보안법 7조를, 헌법 질서를 위태롭게 할 수 있는 행위를 규제하는 내용으로 개정하려는 김대중 정부의 움직임은 사상전향제의 준법서약제로의 변화와 보조를 같이 하는 것이며 지문날인제는 반체제에 대한 통제를 용이하게 하기 위한 장치이다.

이런 맥락에서 볼 때 사상전향제에서 준법서약제로의 변화는 자본의 통제전략의 변화를 의미한다. 이것은 새로운 전략으로서 사상전향제의 단순한 약화 혹은 단순한 강화라는 시각에서는 온전히 파악될 수 없다. 이 변화는 노동계급의 정치적 구성의 변화에 따른 불가피한 지배전략의 변화를 의미한다.

준법서약제는 사회주의 사상의 포기 표명을 강제하지 않는다는 점에서 사상 그 자체에 무관심한 태도를 취하면서, 그 대신, 준법 의지의 표명을 강제함으로써 한 인간의 현행 질서에의 예속성을 강제로 승인시키려 한다.

준법서약제는 인간의 사유활동의 내재성을 인정하면서도 그것의 언어적, 행동적 외화활동의 자율성을 부정한다는 점에서 억압적이다. 그것은 특정의 사상을 겨냥하고 있기보다 현존 질서를 넘어서는 다양한 활동들을 겨냥하고 있다. 그것이 공안사범을 넘어 시국사범에까지 확대되어 적용되고, 가석방의 필요조건에서 복권의 필요조건으로 확대되고 있는 것은 이 때문이다. 준법서약서가 억압적인 한에서, 인간의 자율성에 대한 침해인 한에서 그것은 마땅히 폐지되어야 한다.

그러나 준법서약제는 체제에 뚫린 구멍이기도 하다. 준법서약제는 가석방, 기소유예, 집행유예, 사면복권의 필요조건으로 확대되고 있지만 실제로 준법이 어떤 의미를 갖는지는 모호하기 짝이 없으며 서약 후 그것을 어길 때의 조치에 대해서도 어떤 명시적인 언급도 없기 때문이다.

물론 준법서약서는 대문이 아니며 개구멍이다. 자본은 구멍을 제공하면서 수치와 굴욕을 요구한다. 활동가 중에는 대문이 아니면 걸어 나가지 않으려는 선비·지사형이 있으며(서준식, 강용주), 개구멍이라도 자유가 중요하다고 생각하는 현실주의자형(박노해, 백태웅)이 있으며, 구멍이 없으면 뚫고라도 나가는 투사형(신창원)이 있다.

여기에서 준법서약서에 대한 태도의 다양성이 발생한다. 그것은 폐지되어야 할 것이지만 그것을 폐지하기 위해서 어떻게 해야 하는가는 열려 있는 문제이다.

우선 준법서약제가 사회적 적대 위에 얹혀 있는 만큼 준법서약제를 낳는 사회적 적대의 해체 혹은 재구성이 준법서약제를 폐지하는 가장 근본적인 방법임이 분명히 지적될 필요가 있다.

오늘날 준법서약제 반대의 주된 준거점으로 언급되는 양심의 자유는 양심의 자유를 가능케 하는 사회적 관계의 구성을 떠나서는 무의미하거나 관념적인 주장에 지나지 않는다. 또한 오늘날 양심의 자유론은 인신의 자유론을 평가절하하는 경향을 띠고 있다는 점에서 관념적이다. 양심의 자유와 인신의 자유는 인간의 자율성의 두 양상이며 그 무엇에 의해서도 침해

당해서는 안될 만큼 중요한 가치를 갖고 있다. 인신의 자유를 위해 양심의 자유를 포기하거나(유물주의) 반대로 양심의 자유를 위해 인신의 자유를 포기하는 것(유심주의)은 둘 다 일면적이다. 양자는 분리불가능한 하나이기 때문이다.

구속의 두 측면은 다른 형태를 띤다. 인신의 구속은 가시적이고 분명하지만 양심의 구속은 비가시적이고 불분명하다. 준법서약제는 흔히 인신의 자유를 제공하겠다는 조건으로 양심에 구속을 가하고자 한다.

인신의 자유는 쟁취되어야할 중요한 가치이다. 문제는 그것에 대한 대가로 양심의 자유를 넘겨 줄 수는 없다는 것이다.

한국의 비전향 장기수들, 서준식, 강용주, 조상록 제씨들은 사상의 자유와 양심의 자유를 지키기 위해 인신의 부자유를 감수한 바 있다. 이들의 투쟁은 사회주의적 전위 운동의 오랜 전통에 상응한다. 이들은 지사적 유형의 투사들로, 매천 황현, 소로우, 여러 종교적 순교자들 등에게서 영감을 얻고 있다.

백태웅, 박노해 제씨들은 인신의 자유를 위해 양심의 자유를 일정하게 희생한 것으로 보인다. 사회주의의 합법화, 합법운동으로의 전환이라는 이들의 생각도 준법서약을 받아들이기 쉽게 만든 한 요인으로 보인다. 이것은 전위운동의 대중운동으로의 전환에 상응한다.

이 두 방법과는 다른 다양한 운동들은 어떻게 가능할까?

문제는 준법서약서가 효력을 발휘할 수 있는 인간 유형은 어떤 유형인가에서 찾아야 한다.

박상천 장관은 왜 양심수에게만 준법서약서를 강요하느냐란 질문에: "양심수만이 확신범이기 때문이다. 절도범에게 준법서약서를 요구해 봐야 누구나 '네 반드시 지키겠습니다'라고 써낼 것이 뻔하기 때문이다"라고 대답했다. 준법서약서는 대중 노동자에게 아무런 효력을 갖지 못한다는 것이다. 대중들은 이미 전위를 넘어서 있다. 그들은 전위보다 자유롭다.

 대중은 비천한 나머지 그런 굴욕적 서약을 받아들이는 것인가? 아닐 것이다. 오히려 그들이, 신창원이 보여주듯이, 법과 제도의 허구성을 몸으로 깨닫고 있기 때문이 아닐까? 노동자 대중은 준법서약서를 구속이 아니라 구멍으로 파악한다. 그들은 적들 앞에서 정직해야 할 이유를 찾지 못한다. 실제로 노동자 대중이 범법을 하는 것은 법을 어기고 싶은 욕구 때문이 아니라 법질서의 테두리 속에서는 생존이 보장되지 않기 때문이 아닌가?

 '자임하는' 전위들은 자본, 국가, 그리고 관료들을 적대시하고 무시하기보다 그들 앞에서 무릎을 꿇기 싫다는 지사주의를 선호하고 있는 것은 아닌가?

 살펴보면 준법서약제는 양심의 자유에 대한 구속일 뿐만 아니라 동시에 거짓말에 대한 강요이기도 하다. 많은 노동자들은 현행 법률이 무엇을 범죄로 정의하고 있는지 알지 못하며 각종의 법의 내용에 대해 알지 못한 채, 아니 알 필요도 느끼지 못하며 살아간다. 법의 내용이 무엇인지 모르는 상태에서 준법 의지의 표명을 강제하는 것은 거짓말을 강요하는 것에 지나지 않는다.

 거짓말을 강요하는 사람에게, '당신 거짓말을 강요하지 마!'라고 대응하는 것은 지사적·전위적 투쟁의 방법에 속한다. 이에 반해 거짓말로써 자신의 이익을 확보하고 이 재산을 토대로 더 많은 가치를 쌓아 나가며 이를 토대로 그들을 억압한 자들을 반격하는 것은 현실주의적 방법이다.

 만약 사회변혁을 추구하는 활동가가 준법서약을 한 후, 서약대로, 악법을 포함하는 현행의 법과 제도 질서 테두리 속에 자신의 추구를 맞춘다면 그것은 실질적으로 자본에 포섭되는 길이다. 준법서약서를 거부하면서 양심의 자유를 지키기 위해 인신의 구속을 감내하는 것은 준법서약서가 하나의 벽으로 보이는 사람들에게 하나의 중요한 투쟁 방법일 수 있다. 무엇보다 양심의 자유가 중요한 사람들은 이런 방식으로 싸울 수밖에 없고 또 이런 방식으로 싸우고 있다. 그리고 그것은 인간의 얼굴로 위장할 수밖에 없는 자본에게는 중요한 위협이 되었다.

그러나 이 방식만이 유일한 방식은 아니다. 구속자 혹은 구속의 위험에 놓인 사람들에게 가장 중요한 것은 탈주이며 준법서약서는 탈주하려는 사람들에게는 커다란 구멍으로 다가온다. 탈주하는 정신에게 준법서약을 담보로 한 석방, 수배해제, 복권은 탈주의 한 방식일 뿐이다. 이런 맥락에서 볼 때, '준법서약서에 돼지 그림을 그리더라도 그것은 굴복'이라고 비판한다면 그것은 그와는 다른 필요나 다른 감각을 가진 사람들의 자유를 제약할 수 있다. 그것은 준법서약서의 거부가 유연성을 저버린 행위라고 비난하는 것만큼이나 일면적이기 때문이다.

그러나 분명히 세계는 변하고 있다. 노동계급의 구성은 달라지고 있다. 오늘날 대중은 매천 황현이나 정약용과 같은 순교자보다는 아큐(阿Q), 베드로, 코페르니쿠스, 고기먹는 고승들, 딴지일보에서 더 많은 영감을 얻는다. 삶과 언어의 방법으로 시니시즘(cynicism)이 사용되고 있는 것이다.

대중은 이미 법 외부에서 움직인다. 현행의 억압적 법을 바꾸기 위해 싸우기보다 자기 삶을 키워나감으로써 법이 무의미하게 되도록 만들어 가고 있는 것이다. 지금 투쟁은 억압적 법을 무의미하게 만드는 대중의 자기가치화의 속도와 그것을 포섭하기 위한 자본의 부단한 법적 개혁의 속도 사이에서 벌어지고 있는 것으로 보인다. (1999)

신자유주의와 사회운동의 국가화

'민주화운동 관련자 명예회복 및 보상에 관한 법률'(이하 '명보법')은 다중의 민주화 요구에 대한 김대중 정부의 신자유주의적 대응이자 사회운동의 국가화를 위한 법률적 시도이다.

민주화 운동 관련자의 생활안정과 복지향상, 민주주의 발전과 국민화합에의 기여(1조)를 목적으로 표명하고 있는 '명보법'은 '민주화 운동과 관련하여 희생된 자와 그 유족'(1조)의 진상조사, 책임자처벌, 관련법규의 개폐, 관련 국가·비국가 기관 및 제도의 해체, 명예회복을 포함한 관련자의 삶의 원상회복 등 다중의 아래로부터의 오랜 요구에 대한 김대중 정부의 공세적 응답이다.

이 법은 진상조사, 책임자처벌, 관련 법규 및 제도의 개폐나 해체와 같은 실질적 요구를 무시, 외면한 채 그 모든 것들을 개인 차원의 명예회복 조치와 물질적 보상조치로 환원하는 점에 그 특이성이 있다. 전자는 다중의 집단적 요구의 개인화이며 후자는 다중의 인간적 요구의 시장화이다.

이 법에서 주목되는 것은 2조 1항 '민주화 운동'이 '1969년 8월 7일 이후 자유민주적 기본질서를 문란케 하고 헌법에 보장된 국민의 기본권을 침해한 권위주의적 통치에 항거하여 민주 헌정질서의 확립에 기여하고 국민의 자유와 권리를 회복·신장시킨 활동'으로 정의된다는 점이다.

이 조항은 유신 이후 들어선 여러 정부들의 통치를 권위주의적인 것으로 규정하고 그것이 국민의 기본권을 침해했음을 인정하고 있으며 그에 대한 '항거'를 '국민의 자유와 권리를 회복·신장시킨 활동'으로 정의한다는 점에서 혁명적 정의이다. 왜냐하면 지금까지 대부분의 민주화 요구들은 자유민주적 기본질서를 침해한다는 이유로 단죄되어 왔기 때문이다.

이 정의를 일관되고 철저하게 적용하면 '국민의 기본권을 침해'하는 데 관련되어온 일체의 법률, 제도의 철폐와 개인들의 권리 박탈과 처벌이 필요할 것이고 이를 위한 진상조사가 없어서는 안 될 것이다.

그러나 '명보법'은 이러한 실질적 조치를 수반치 않으면서 문제를 해결하려고 하는 점에 그 법의 신자유주의적 특이성이 있다. 즉 사회적 적대에서 비롯되며 그 적대를 타개하기 위해 제기되어온 항거운동들과 대안운동들의 실질(substance)을 화폐화함으로써 그것들을 자본주의적 시장 메커니즘 속에 환원, 포섭, 흡수하는 것이 '명보법'이 의도하는 정치적 효과라고 볼 수 있다.

요컨대 명보법은 두 개의 적을 상정한다. 그 하나는 권위주의적 세력이며 또 하나는 운동하는 다중이다. 이 중 근본적인 것은 후자로 보인다. 왜냐하면 다중에 대한 진압 능력을 놓고 신자유주의 정부는 권위주의 세력들과 경합을 벌이고 있기 때문이다.

만약 다중이 이 법의 정신에 자신을 완전히 일체화한다면 그것은, 보상 주체인 현 정부를 권위주의적 정부와는 질적으로 다른 것으로 정립함으로써 그것을 명실상부한 '민주정부'로 자리매김하고 '민주화'를 이미 완성된 것으로 종결짓는 효과를 가져올 것이다. 다시 말해 '민주화'를 이유로 한 더 이상의 운동은 존재할 수 없으며 설사 현 정부와 대립하는 운동이 존재한다고 할지라도 그것이 반민주적인 운동으로, 즉 '자유민주적 기본질서를 문란케 하는' 도전으로 간주되는 결과를 가져올 것이다.

이렇게 '명보법'은 아래로부터의 운동의 결실이면서 동시에 위로부터의 신자유주의적 공세라는 이중성을 갖는다. 바로 여기에 '명보법'에 대한 대응의 어려움이 존재한다.

그렇다면 사회운동은 어떤 태도를 취해야 할 것인가?

'명보법'에 대한 대응에 어떤 원칙이 있을 수 있다면 그것은, 우리 자신이 명보법의 공세적 내용을 막아내면서 이를 매개로 아래로부터의 요구를 더 앞으로 밀고 나갈 수 있는 방법을 찾아 나가는 것에 있을 것이다.

'명보법'이 위에서 말한 바와 같은 이중성을 갖고 있는 한에 있어서 다중의 대응 역시 복합적일 수밖에 없다. 그것은 대체로 일면 수용, 일면 비판, 그리고 오래된 문제의 재제기와 새로운 문제의 제기를 그 내용으로 할 수 있을 것이다.

명예회복과 보상은 아래로부터의 요구에 대한 위로부터의 수용이다. 이 법이 다른 많은 것을 결여하고 있다고 해서 우리가 이 법의 긍정적 요소까지 거부할 이유는 없을 것이다. 명예회복과 보상은 다중의 요구이며 이 법이 명예회복과 보상을 조건으로 어떤 정치적 비판과 새로운 문제제기를 봉쇄하고 있지 않는 한에서 그것은 적극적으로 받아들여질 수 있을 것이다. 오히려 보상의 범위와 규모를 현행 '명보법'의 한도를 넘어서까지 확대해서 제기하는 것이 필요할 것이다.

이 중에서 '민주화 운동'의 범위는 극히 중요하다. 왜냐하면 이것은 민주화, 민주주의란 다중에게 무엇인가를 규정할 것이기 때문이다.

민주주의는 실제로는 '절대 정부'를 말한다. 그것은 그 어느 세력도 아닌 다중 자신이 자신의 삶을 운영하는 주체, 결정권자가 되는 것을 의미한다.

절대 정부로서의 민주주의는 다중의 삶을 외부로부터 규정하려는 일체의 통치 형태들에 대한 항거의 힘이자 자율적인 삶을 구성해 나가는 부단한 구성적·제헌적 힘으로 존재한다.

그것은 오늘날의 헌법을 구성해 낸 힘이면서 이미 구성된 현행 헌법을 역사적 과정 속에서 재구성해 낼 힘이기도 하다.

'1969년 8월 7일 이후 자유민주적 기본질서를 문란케 하고 헌법에 보장된 국민의 기본권을 침해한 권위주의적 통치'라고 '명보법'이 해석하고 있는 그 주권 질서는, 헌법을 구성해 낸 다중의 민주적 힘을 적대시하고 그것을 영토화, 식민화하려고 한 권력이었다. 그러므로 민주화 운동이란 이 권력에 의해 착취되고 억압당했던 모든 다중의 저항활동을 포함해야 할 것이다.

'명보법'의 보상은 '관련자의 희생의 정도'와 '생활정도'에 의해 결정되는 것으로 되어 있는데 그것이 제2조 2의 (가)사망, 행불, (나)상이, (다)질병, 그 후유증, (라)유죄판결, 해직, 학사징계로 한정되는 것은 부당하다.

'희생'이 글자 그대로 삶의 희생인 한에서 권위주의 통치가 다중의 삶을 희생시켰음이 인정되어야 한다. 권위주의 통치는 노동자를 저임금·장시간 노동의 틀에 묶어 놓았으며 그것은 건강, 생활, 정신의 위축과 폐절화를 가져오는 것이었다. 그러므로 노조운동과 무관하게 권위주의 권력에 대립하고 있었고 그로 인해 희생되었던 모든 노동자는 보상받아야 한다. 권위주의적 체제 하에서 생계수단의 박탈로 인해 각종의 범죄 외에는 다른 생존 수단이 없었고 이로 인해 유죄판결을 받았던 사람들도 보상 대상으로 고려되어야 한다. 권위주의 통치에 항거하기위해 어떤 이데올로기를 받아들였건 그것이 항거의 수단으로 채택된 한에서 그것은 무조건 보상되어야 한다. 여기에서 열거하기 힘든 많은 경우들이 이에 덧붙여 추가될 수 있을 것이다.

이런 의미에서 '명보법' 제2조 2항의 네 가지 희생 유형의 구분은 지극히 엘리뜨주의적이며 물질주의적인 것으로 비판되어야 한다. 그것은 직접적인 생명의 침해라는 명백한 사실 외에는 직장인, 학생 등 일정한 보장집단만을 희생 대상으로 간주하며 수배를 비롯한 미결의 고통이나 정신적 억압과 위축 등 비가시적 희생들을 고려에서 제외하고 있는 점에서 한계가 뚜렷하다.

'명보법'이 배제하고 있는 진상조사, 관련 법규 및 제도의 개폐, 관련자 처벌 등 앞서의 요구들이 보상의 확대 요구와 더불어 다시 제기되어야 한다.

그리고 '명보법'은 단순한 과거청산의 문제가 아니라 현재적이고 미래적인 문제로서 취급되어야 할 것이다. 다시 말해 현 정부가 권위주의적 정부와 다른 형태로 행하고 있는 다중에 대한 착취와 억압에 맞서는 운동들도 민주화 운동으로 인정되고 고무될 수 있도록 그 운영에서 각별히 고려되어야 할 것이다. 그러기 위해서 이 법은 시한에 구애되지 말아야 할 것이다. (2000)

삶정치의 관점에서 본 이른바 '과거청산' 운동[*]

　김대중 정부 수립 이후 전직 대통령을 비롯한 억압자들에 대한 처벌을 중심으로 부정적 방식으로 전개되었던 이른바 '과거청산'이 긍정적 방식으로, 다시 말해 피억압자의 희생에 대한 진상규명, 그들의 명예회복과 희생에 대한 보상, 그리고 그들의 투쟁에 대한 기념과 더 이상의 희생을 막기 위한 인권차원에서의 예방조치 등의 형태로 전개되었다. 이것은 조희연이 발제문에서 일목요연하게 정리하고 있는 네 가지 법안(민주화운동 관련자 명예 회복 및 보상에 관한 법률 1999. 12. 28, 의문사 진상규명에 관한 특별법 1999. 12. 28, 국가인권위원회법 2001. 4. 30, 민주화운동 기념사업회법 2001. 6. 28)의 입법과 시행에 잘 나타나고 있다.
　조희연이 이론적 수준과 역사적 수준, 그리고 실증적 수준 모두에 걸쳐

---

[*] 이 글은 2002년 8월 29일 민주화운동기념사업회에서 발표된 「한국 군부권위주의정권 하에서의 국가폭력에 의한 희생 및 민주주의 이행과정에서의 과거청산의 동학」(조희연)에 대한 토론문이다.

밝히고 있듯이 이 법안들의 입법과 시행의 과정은 비록 국가를 무대로 전개되고 있지만 단순하지 않다. 그것은 복수적 힘들의 상충과 타협, 그리고 조절의 과정에서 나타났다. 조희연이 말하는 것처럼 과거청산의 공간은 "구지배블럭의 구성원들과 분파들의 '전략적' 행위들과 과거청산을 요구하는 반구체제 세력의 저항행위간의 상호작용" 속에서 현실적인 것으로 열렸다고 할 수 있다. 분명히 그 공간에는 1995년에 전개된 광주학살자 처벌투쟁에서 국민정부 하에서 전개된 유가족들의 400여일에 걸친 농성투쟁에 이르는 아래로부터의 투쟁과, 위로부터의 개혁을 통해 지배를 쇄신하려는 세력 사이의 갈등과 알력이 상호작용하고 있다.

이 공간에서의 운동은 시민단체(가령 전국민족민주유가족협의회, 올바른 국가인권기구 실현을 위한 민간단체 공동대책위원회, 민주화운동정신계승 국민연대 등)가 발의하고 청원하며 캠페인을 벌이고, 민주화운동의 성과를 기반으로 입당하여 국회나 각종 국가기구에 진출한 민주화 개혁세력이 입법과 시행에 앞장섬으로써 위로부터의 보수적 힘과의 사이에 매개 역할을 담당하는 방식으로 전개되었다. 그래서 그것은 일종의 '과거청산운동'으로서의 성격을 지니면서 사회진보를 이루어나가는 하나의 유력한 노선으로 자리 잡아 가는 듯하다.

우리는 이 운동의 성과에 대해 눈감을 수 없다. 이 운동을 통해 과거의 권위주의 정부의 억압, 특히 폭력적 억압은 정당화될 수 없는 것으로 낙인 찍히게 되었고 반공법과 국가보안법 그리고 보안관찰법 등에 기대어 무소불위의 권력을 행사하고 시민에게 폭력을 행사했던 기관들(중앙정보부·안기부·국정원, 보안사, 검찰, 교도소 등)의 범죄가 이 운동을 통해 백일하에 드러났다. (그럼에도 그 범죄의 책임자에 대한 수사와 처벌은 거의 뒤따르지 않고 있는 것은 통탄스러운데, 이것은 '과거청산' 공간의 현재적 한계로 받아들여진다.) 현재까지 국가 공권력의 위법한 행사로 사망한 것으로 의문사진상규명위원회에 의해 인정된 사건에만도 박영두 사건에 국군보안대·삼청교육대·청송교도소가, 한희철 사건에 보안사가, 임기윤 사건에 보안사가, 김준배 사건에 전남지방경찰청이, 최종길 사건에 구 중앙정보부(현 국정원) 등이 관련되어 있는 것으로 나타나고 있다.

그리고 민주화운동 관련자 명예회복 및 보상심의위원회는 민청학련, 미문화원 점거, 삼민투, 동의대 사건 등 일부의 학생운동과, 전교조 및 해직 언론인 등 지식노동자들의 운동, 그리고 전태일과 동일방직 노동자들의 투쟁 등 산업 노동자들의 투쟁을 민주화 운동으로 인정하여 그 명예를 회복하는 등 학생, 노동자, 지식인의 운동에 채워진 반공주의적 족쇄를 풀었다.

그러므로 동의대 사건이 민주화 운동이었다는 심의위원회의 결정과 관련하여 최근 일고 있는 사회적 논란은 주목을 요한다. 나는 이 결정에 반대하는 사람들의 생각과는 달리, 동의대 학생들의 투쟁이 심의위원회가 말하는 민주화, 즉 "1969년 8월 7일 이후 자유민주적 기본질서를 문란하게 하고 헌법에 보장된 국민의 기본권을 침해한 권위주의적 통치에 항거하여 민주헌정질서의 확립에 기여하고 국민의 자유와 권리를 회복·신장시킨 활동"이라는 정의의 기본정신에 배치되지 않는다고 생각한다. 나는 오히려 심의위원회에서 한국 근대사에서 있어온 운동들의 더 많은 부분들을 민주화운동이라고 인정할 필요가 있다고 생각한다. 지금까지 2년의 시간을 통해 민주화운동이라고 인정되어온 것들은 실제로는 민주화 운동을 빙산에 비유할 때 그 얼음조각 하나에 불과하다고 해야 한다. 왜냐하면 위원회의 민주화 정의는 내가 보기에 시간 한정('1969년 8월 7일 이후'), 반민주세력 설정('자유민주적 기본질서를 문란하게 하고 헌법에 보장된 국민의 기본권을 침해한 권위주의적 통치'), 활동의 목적 설정('국민의 자유와 권리를 회복, 신장'), 그리고 주체 개념 정의의 부재에서 중요한 제한과 결함을 드러내고 있다고 보이기 때문이다. 나는 '다중의 자유와 자율을 생산하는 다중 자신의 일체의 활동이 민주화 운동'이라는 정의로 민주화의 개념이 확장될 필요가 있다고 생각한다. 이러한 민주화 개념에서 보면 심의위원회에 신청조차 되지 않은 수많은 민주화 운동들이 있을 것이며 기각된 것 중에도 그것으로 인정될 수 있는 것이 있을 수 있을 것이라고 예상한다. '다중 자신의 운동'이 아닌 것에 대해 민주화 운동으로 인정하는 데에는 신중해야 한다고 나는 생각한다. 왜냐하면 그럴 때 심의위원회는 항상 다중을 대의하려는 다양한 세력들의 정파투쟁의 도구로 전락할 가능성이 많기 때문이다.

확실히 문부식이 지적하듯이 동의대 사건에는 다른 경우와는 달리 일곱 명 경찰관의 사망이라는 인명의 상실이 있다. 이것은 가볍게 볼 수 없는 중요한 문제이다. 인명은 인류적 부의 고귀한 형태이며 특히 경찰관들은 그들이 떠맡은 억압의 역할에도 불구하고 실제로는 제복을 입은 노동자들이기 때문이다. 그들이 권위에 짓눌려 명령에 복종하는 탄압기계로서 움직일 때에도 그들은 바로 그 명령권위에 저항할 잠재력을 담지하고 있는 주체들이다. 역사는 투쟁이 높은 덕성에 의해 움직일 때 경찰들을 저항의 편으로 흡인하는 힘이 그만큼 강해진다는 사실을 적지 않게 보여주고 있다. 그러므로 나는 동의대 사건이 민주화 운동임을 승인하면서도 그것이 '덜 폭력적일 수 있지 않았는가?'라는 문부식의 문제제기는 여전히 숙고해야 할 중요한 문제로 남는다고 생각한다.

납치와 감금, 그리고 (아무리 작은 것이라 할지라도) 고문은 그것이 프락치로 의심되는 사람을 대상으로 해서도 삼가는 것이 좋다고 나는 생각한다. 그것은 국가테러가 지금까지 인류에게 보여 온 가장 더럽고 능욕적인 모습, 인간의 존엄성에 반하는 행동이다. 우리는 지난 날 우리의 민주적 운동 속에 이러한 테러적 수단들에 대한 유혹과 그것의 모방적 행사가 때로 있어 왔음을 인정할 필요가 있다. 이것들은 다중의 자율을 생산하기보다 그것을 침식한다.

근본적 문제는 목적과 수단의 분리이다. 우리는 인간해방을 위해서 권력 장악이 수단으로 사용될 수 있다고 믿어 왔다. (이 믿음은 권력 장악이 일시적일 것이라는 생각을 수반하는데, 그것은 권력 자체가 인간해방과는 '오래' 양립할 수는 없는 것이라는 올바른 인식을 담고있다.) 이 믿음은 나아가 권력 장악이라는 단기 목적을 위해서는 인간해방과 배치되는 수단을 사용할 수 있다는 생각을 허락하게 된다. 실제로 단기적 목적 달성(즉 승리)이 비인간적 수단들에 면죄부를 주는 경우는 허다했다. 그러할 때 그 권력이 인간해방으로 가는 다리가 되기보다 인간해방을 저지하고 봉쇄하는 기계로 되곤 했다. 어쩌면 이것은 예외라기보다 오히려 보편이었는데 역사적 사회주의들은 그것의 한 사례이다. 우리가 넘어서야 할 것은 목적과 수단의 이러한 분리이며 그것을 위해서는 조직된 폭력, 즉 타율 권력으로서의 국가권력을 장악해 인류의 자율을 달성할 수 있으리라는 환상에서 벗어나야 한다. 인간해방은 오직 그에 상응하는 수단, 인간의 존엄을 드러내는 수단들을 통해서만 달성될 수 있다. 우리의 새로운 출발점은 국가권력을 장악하지 않고 이 세계를 바꿀 방법을 찾는 것이어야 한다. 그것은 국가권력의 원천이면서도 그것의 대상이 되어 있는 활력을 만회하고 그것의 삶정치적 능력, 윤리정치적 능력을 확장시키는 것이라고 할 수 있다.

그렇다면 지금 국가권력 속에서 국가권력의 변형을 목표로 국가적 수단들을 통해 진행되고 있는 '과거청산' 운동은 이러한 관점에서는 어떻게 평가할 수 있을까?

우선 '과거청산'이라는 표현은 적절치 않아 보인다. 과거는 현재 혹은 미래와 분리 불가능한 것이며 끊임없이 되돌아오는 현재이자 미래이기도 하기 때문이다. 그것은 심의위원회의 규정에 따르면 '권위주의 통치'의 청산이며 그렇게 불러져야 마땅하다.

둘째 국가권력에 대한 압력과 운동의 국가화는 엄격하게 구별되어야 한다. 국가권력에 압력을 가하여 국가로 하여금 아래로부터의 요구에 굴복하지 않을 수 없게끔 하는 것은 국가를 해체시키고 사멸시키면서 다중의 삶의 자유와 자율을 확장하는 과정이다. 반면 운동의 국가화는 운동이 국가의 규율에 동화되고 통합되며 활동가가 국가의 직원으로 전락하는 것을 의미한다. 그것은 운동을 경직시키고 물신화시켜 세계를 변화시키는 그것의 활력을 침식한다. 지금의 '과거청산' 운동에는 이 두 가지의 요소가 혼재되어 있을 뿐만 아니라 변증법적 메커니즘 속에 삽입되어 있다. 마치 신도들의 예배가 신을 생산하고 노동자의 노동이 자본을 생산하듯이 다중의 운동이 국가의 권위를 생산하고 있다.

우리가 직시해야 할 것은 이 변증법적 과정의 모순이며 우리가 깨뜨려야 할 것은 이 변증법 자체이다. 나는 조희연의 생각에서 이 변증법에 대한 긍정을 읽는다. 그는 "민주주의라는 것이 경제위기나 정치위기가 도래하면 언제든지 쉽게 내던질 수 있는 가치가 아니라 어느 정치사회집단도 준수하여야 할 '불가역적인' 기본선이 되도록 하여 모든 사회적 행위가 민주주의 규칙 속에서 행해지도록 하기 위한 투쟁이 바로 민주주의를 역사화하고 국가화하는 목적인데, 그렇다고 이것이 현 시기 운동의 최대치는 아닌 것이다."라고 쓰고 있다. 이것은 다중의 삶이 국가라는 환상적 공동체 속에 투영되고 그것을 통해 대의되는 것이 역사 발전의 어떤 불가피한 단계라는 진화론적 진보관을 표현한다. 이 관점은 현재의 대의 메커니즘과 그 변증법, 국가의 종합능력을 승인할 뿐만 아니라 그것에 권능을 부여하는 것이다. 민주주의가 국가화되고(국가를 의미하는 영어 state는 stand, 즉 정지를 의미하는 라틴어 status에서 나왔다), 우리의 운동이 국가화되고, 우리의 사유가 국가화되는 것, 그래서 국가가 거역하기 힘든 물신으로 권능을 부여받는 반면 우리의 자율이 정지되는 과정의 반복에 이 진화론적 진보관이 기여하고 있는 것은 아닌가?

이것은 국가가 운동의 모든 요소들, 그 자율의 요구들 일체를 정지시키고 그와는 반대의 행동만을 한다는 의미는 결코 아니다. 반혁명은 실제로는 위로부터 진행되는 혁명이다. 그것은 혁명의 요구들을 실현하지만 혁명의 죽음을 가져오는 방향에서만, 즉 파편적으로만 실현한다. 민주화 운동의 요구들은 실현된다. 의문사의 진상이 규명되고 명예가 회복되며 보상이 이루어지고 기념비가 세워진다. 과거가 청산되며 민주화 운동세력이 권력에 접근한다.

그러나 이와 동시에 우리가 주목해야 할 것은 국가 수준에서 진행되는 이 과거청산의 이면이다. 전과 다름없이 학생이 체포되며 시민이 경찰에 구타당할 뿐만 아니라 전과는 달리 노동자가 직장에서 정리되고 자본은 우리 삶의 모든 부면을 점령한다. 조희연은 1987년 이후의 과거청산이 위로부터의 보수적 민주화임을 명확히 인식하고 있으며 과거청산의 정치적 공간에 '신체제의 성격이 구조적 선택성으로 작용하게 된다'고 분명하게 적시하고 있다. 이 말은 김대중 정부 속에서 이루어지는 민주화가 '신자유주의적' 민주화임을 말하는 셈이다. 그것의 핵심은 다중의 삶의 확장에 있다기보다 민주주의와 관련한 국가의 자기의식의 변화에 있다. 대중에 대해 억압적 권위주의적 방식으로 지배하는 것보다 정치적 민주주의에 따라 지배하는 것이 착취의 신자유주의적 실행에 더 유리하다는 쪽으로의 자기의

식의 수정! 그러나 조희연에게서 신체제의 이 구조적 선택성, 혹은 새로운 국가의 주관적 의지는 1987년 이후 민주화의 '거시적 한계'라는 범주 속에 객관화되어 버리고 국가는 여러 세력이 갈등하는 중립적 공간으로만 평가된다는 인상을 지울 수 없다. 조희연의 주장대로 국가는 '계급적·사회적 세력관계의 반영이자 응축'이라고 할 수 있다. 그러나 국가는 바로 그 응축과 대의를 통해서 다중을 대상화하면서 착취와 지배를 재생산하는 정치적 기계이다.

명백히 오늘날의 과거청산은 권위주의 통치의 부분적 약화라는 긍정적 성과 뒤에서 오늘날의 정부와 그것의 (과거에 비해 상대적으로 비권위주의적인) 신자유주의적 정책들을 보존하는 역할을 수행하고 있다. 그리하여 그것은 우리에게 권위주의인가 신자유주의인가를 선택하도록 명령하는 효과를 발휘한다. 한국에서 신자유주의가 민주화와 복지화의 요소를 수반하는 것은 민주화, 복지화의 회수를 수반하는 서구의 신자유주의와는 다른 상황 전개이다. 그러나 이것은 결코 한국 신자유주의 정치가 민주와 복지 차원에서 서구의 신자유주의에 비해 우월함을 의미하는 것이 아니다. 오히려 지금까지의 과소 민주와 과소 복지가 신자유주의적 지구화에 맞추어 그 요구에 부응할 수 있도록 일정하게 조정되어 가는 과정의 일부라고 볼 수 있을 것이다.

문제는, 국가의 수준에서 전개되는 운동 요소의 파편적 실현들을 우리의 것으로 재전유하면서 우리가 운동을 총체적이고 전면적인 것으로 되살릴 수 있을 것인가 하는 문제이다. 이 거대한 문제 자체를 이 자리에서 온전히 다루는 것은 불가능하다. 다만 권위주의적 과거의 청산 운동과 관련해서 그것의 성과를 이어받으면서도 신체제, 신국가의 신자유주의적 의지를 넘어설 수 있는 방법의 모색이 필요하다고 생각한다. 나는 그것이 우선,

공적 질서화(public ordination)로서의 민주화를 다중의 공동적 협동활동(common coordination)으로서의 민주화로 역전시키는 것에서 시작할 수 있다고 생각한다. 이를 위해서는 시민사회와 민중사회를 포괄하는 다중사회 차원에서 국가화를 넘어서고자하는 독립된 힘들이 축적되고 유통될 필요가 있다. 이 힘들이 국가의 어떤 결정에 관여하는 경우에도 그것은 국가에의 참여사업으로서보다는 유기화된 다중들에 의한 파견사업으로 설정될 필요가 있다. 그래서 예컨대 민주화의 개념 설정과 그 적용에서 다중의 자유와 자율을 구속하는 입법이나 그것의 집행 등의 경우에 반대의견을 분명히 하고 그 부당성을 폭로하며 필요한 경우 사퇴함으로써 다중의 자율성을 넓히고 국가의 행동반경을 좁히는 역할을 수행할 필요가 있다. (예컨대 영화 <죽어도 좋아>의 제한상영가 판정에 대한 심의위원 일부의 사퇴 항의를 참조해 보자.)

마지막으로 조희연에 의해 "미래는 올바른 기억으로부터 시작된다"는 명제로 표현된 기억화의 문제에 대해 생각해 보자. 이것이 민주화운동을 '기념'하기 위한 일련의 사업들의 기본 사상임은 말할 필요가 없을 것이다. 전통적으로 기억을 다루는 것은 다중 자신보다는 다중으로부터 나왔으나 그와는 일정하게 분리된 지식인들의 업무였다. 그리고 그 성과는 국가의 수중에 축장되었다. 국가는 기억을 통제함으로써 다중을 통제하곤 했다. 그러나 민주화 운동도 기억을 발판으로 도약해 나가야 하는 것일까? 나는 그렇게 생각하지 않는다. 내가 보기에 기억은 시간의 특수한 활동성이다. 그것은 시간에서의 전진이 아니라 후퇴를 함축한다. 시간 속에서 특정한 순간의 고립, 그 고립된 시간의 계기들의 축적이 기억이다. 삶은 자신 내부에 기억을 갖지만 활력적 욕구가 그 기억을 제어하고 활용하며 스스로 기억을 넘어서는 지성으로 활동할 때(즉 '다중 지성')에는 삶은 기억에 지배되지 않고 흐를 수 있다. 그러나 기억이 삶의 출발점이자 동력으로 될 때 삶은 기억에 사로잡히고 고정화되며 파편화된다. 여기에서 시간의 충만한 총체성은 억눌린다. 이 기억의 지배를 뚫고 솟아오르는 것은 다중의 활력, 산 노동, 생동적 욕구이다. 기억의 공장인 현실 사회주의를 부순 것은 기억 없는, 이데올로기 없는 코뮤니즘이었다. 기억의 거부 속에서 생동적 공동체가 엑소더스의 형태로 구축되었다. 만약 지금도 '기억 투쟁'이 있을 수 있다면, 그것은 어떤 조건에서일까? 그것이 헤게모니를 둘러싼 이데올로기 투쟁이 아니라 기억 속에서 기억에 대항하며 기억을 넘어서는, 그래서 '기념'의 수준을 넘어서는, 그 결과 삶의 존재론적 지평 속에 합류하여 시간의 충만한 총체성으로 살아나는 지성적 활력의 운동일 때일 것이다. 그럴 때 그 투쟁은 후퇴와 정지에서 벗어나 삶의 흐름으로 역동할 수 있을 것이다. 이미 150년 전에 맑스는 다음과 같이 쓰고 있다.

> 19세기의 사회혁명은 과거로부터가 아니라 오로지 미래에서 영감을 받는다. 과거와 관련되어 있는 모든 미신을 벗어버리고서야 비로소 19세기의 사회혁명은 시작될 수 있다. 이전의 여러 혁명은 자신의 혁명적 내용에 눈을 감기 위하여 지나가 버린 세계사의 추억을 필요로 했다. 19세기의 혁명은 그 자체의 독특한 내용을 얻기 위하여 죽은 자들로 하여금 그들의 시신을 묻어버리도록 하여야만 한다. 과거의 혁명에서는 형식이 내용을 압도하였다. 19세기의 혁명에서는 내용이 형식을 압도한다(칼 맑스, 『프랑스 혁명사 3부작』, 소나무, 149쪽).

안타깝게도 우리는 21세기의 '민주화 운동'에 대해 또 다시 이렇게 말해야 할 것 같다. 21세기 운동이 독특한 내용을 얻기 위해서는 20세기 운동에 대한 추억은 필요치 않다고. 계속되어야 할 것은 기억보다는 오히려 꿈이라고. (2002)

활력의 윤리와 폭력

'우리 안의 폭력' 논쟁에 부쳐

진보의 척도와 진보의 윤리

언제부턴가 『조선일보』는 한국의 진보운동 속에 진보인가 아닌가를 가르는 리트머스 시험지로 나타났다. 『조선일보』에 기고하는가 않는가를 보면 그 사람이 진보인지 아닌지를 알 수 있다는 것이다. 문부식은 이것을 몰랐던 것일까? 왜 그는 『조선일보』에 인터뷰를 했는가? 그는 진보의 편에서 수구의 편으로 넘어가기를 원했던 것일까? 아니면 자신의 성찰을 '『조선일보』의 힘을 이용해서' 널리 알리고 이를 통해 진보의 새로운 윤리학을 정립하려 했던 것일까? 우리가 그의 책『잃어버린 기억을 찾아서』를 읽어보면 그의 인터뷰의 진의가 전자에 있지는 않음을 알 수 있다. 그는 저항운동이 진보의 이름으로 폭력의 유혹에 빠져들지 말 것을 제안하고 있지만 그것은 진보를 부정하기 위한 것이 아니라 그것을 강화하기 위한 것으로 읽히기 때문이다. 그러나 그는 『조선일보』를 이용할 수 있었는가? 폭력에 대한 성찰적 태도의 필요성을 쟁점화하고 그의 책으로 독자들의 관심을 유도할 수 있었다는 점에서는 그렇다고 할 수 있다. 그러나 운동과 사회의 관점에서는 어떠한가? 폭력이 수반되었던 저항운동의 역사는, 혹은 최소한 희생자가 발생했던 저항운동의 사례들은 폭력의 역사로 기억될 위기를 맞이한다.

『조선일보』는 문부식의 인터뷰를 2002년 7월 11일에 인터뷰, 정리, 인물 소개 기사로, 그 이튿날 사설과 경찰관의 독자투고로, 8월 1일에 류근일의 논설로 다룸으로써 문부식의 인터뷰와 책을 사건화하고 그것을 '소크라테스, 붓다, 예수, 공자, 톨스토이, 간디, 마틴 루터 킹, 달라이 라마, 마더 테레사…'로 이어지는 비폭력 저항의 대열 위에 배치하는 한편, 이것을 80년대 저항운동의 폭력성에 비판적 성찰을 요구하는 무기로 사용한다. 자신이 지난 수 십 년간 얼마나 자주 민중을 향한 폭력을 사주해 왔는가에 대한 일말의 성찰도 없이 말이다.

논쟁의 과정에서 이것은 『조선일보』의 기민성과 가공할 힘의 징표로 설명되어 왔다. 그러나 나는 이것이 『조선일보』의 나약함, 그것의 의존성의 징표로 보고 싶다. 『조선일보』는 확실히 기민하다. 그것은 사회운동 내부의 어떤 쟁점, 어떤 논란에도 파고들어 운동력을 약화시키고 운동진영을 분열시키려 시도할 준비가 되어 있다. 그러나 이 기민성은 『조선일보』가 자신의 정체성을 유지하기 위해 다중의 승인과 지지를 간절히 요구하고 있다는 사실을 반증한다. 자신의 폭력성을 은폐하고 정당화하는 방법이 저항운동의 폭력성을 입증하는 것일 때 그것이 탈취하고자 하는 것은 저항운동이 획득해온 다중으로부터의 승인과 지지이다. 이것을 통해 『조선일보』는 다중에 대한 자신의 의존성을 고백한다.

폭력

폭력에의 유혹과 폭력에의 호소 혹은 의존이 우리의 삶을 가득 메우고 있지만 폭력에 대한 정의는 드물다. 그것이 너무나 자명하게 파괴적인 것처럼 보이고 또 그것이 너무나 자명하게 악으로 간주되기 때문이다. 살인, 구타, 고문, 강도, 강간은 폭력이다. 그것들은 파괴적이다. 그것들은 타인의 육체, 생명, 재산, 정신을 파괴한다. 문부식이 동의대 사건과 부산미문화원 방화 사건에서 보고 있는 것이 이 파괴이다. 이 사건들에서 목숨이 파괴되었다.

그렇다면 폭력은 파괴와 동의어인가? 파괴는 폭력의 한 측면일 뿐이다. 폭력은 보존하기도 한다. 경찰이 강도를 구타하고 고문할 때, 삼청교육대가 끌려간 시민의 정신과 목숨을 빼앗을 때 그것은 사적 소유에 기초한 위계적 사회질서를 보존한다. 파업은 노동을 중단하고, 그리하여 자본을 파괴하지만 노동자의 단결을 보존한다. 봉기는 권력을 파괴하지만 주체들의 활력을 보존하고 확장한다. 그러므로 폭력은 파괴와 동의어일 수 없다.

그렇다면 폭력은 악인가? 우리가 폭력을 악으로 정의하면 지금까지 폭력을 수반해온 것으로 평가되는 역사상의 많은 봉기들, 투쟁들, 혁명들이 '폭력'을 수반했다는 이유로 악으로 정의되지 않을 수 없다. 이러한 정의는 이 사건들 속에 있어온 수많은 축제적 요소들, 해방적 요소들, 건설적 요소들을 설명할 수 없다. 그러므로 폭력은 악과도 동일시될 수 없다. 내가 보기에 부정적 의미에서의 폭력의 핵심은 타율, 즉 타자에게 자신의 의지를 강제하는 성격이다. 폭력은 자신의 의지를 타자에게 강제하고 타자를 자신의 리듬에 따라 움직이게 하려는 힘이다. 그리하여 타자들 사이의 협력을 가로막는 외재적 힘이다.

폭력의 구조화와 권력

자본주의 이전의 사회들에서 폭력은 좀더 직접적인 모습으로 나타났다. 복종하지 않는 노예들, 혹은 사용가치가 떨어진 노예들은 잉어밥으로 던져지기도 했으며 농노들은 영주나 지주에게 의무를 다하지 않을 경우 구타, 구금, 살해되었다. 직접적인 인신적 강제가 사회를 지배했다.

자본주의 사회에서 폭력은 매개되고 은폐된다. 실제로 자본주의 사회는 모든 사람에게 각자의 의사와는 무관하게 노동이 강제되는 보편적 타율사회, 다시 말하면 일반화된 폭력사회이다. 오늘날 일자리를 달라는 아우성은 노동하고 싶은 욕망이 부글부글 끓고 있는 것의 징표가 아니다. 그것은 일을 하지 않고는 단 하루도 버티기 힘들 만큼 노동이 강제되는 정도가 높아졌음을 반증한다. 이용가능한 지구상의 부가 그 어떤 역사적 시기보다 풍부함에도 불구하고 대다수의 사람들이 노동하지 않고는 며칠도 버티기 힘들게 된 데에는 이유가 있다. 부에의 공적 접근의 가능성은 줄어들었고 대부분의 부는 소수의 수중에 사유화되어 대다수의 사람들이 겪는 궁핍이 비참의 수준으로까지 높아졌기 때문이다. 흔히 생산수단과 생산물로부터 생산자의 유리로 표현되는 이 구조야말로 생산자에게 노동을 (그들의 의사와는 무관하게) 강제하는 핵심적 힘이다. 이제 경찰, 감옥, 군대, 입법부, 사법부, 행정부 등은 이 구조를 운영하고 관리하는 역할을 담당하기만 하면 된다. 관료주의에서 이 구조의 폭력은 어떤 인격적 책임소재도 찾기 힘들 만큼 순화된 형태로 나타난다.

이 과정에서 타율의 힘, 즉 강제력은 폭력의 형태로 나타나기 전에 무엇보다도 권력의 형태로 나타난다. 그것은 사나운('暴', 사나울 '폭') 힘이 아니라 균형을 잡는('權', 저울추 '권') 힘으로 나타난다. 권력은 폭력의 구조가 깨어지지 않도록, 시스템이 제대로 가동될 수 있도록 균형을 잡는 힘이다. 법은 권력을 체현하며 그것을 정당화한다. 물론 권력은 법과는 별개로 감옥, 경찰, 무장군대와 같은 것을 강제를 위해 사용한다. 하지만 그것이 이것들을 사용하여 전쟁이나 물리적 억압을 행할 때에도, 그것은 구조적 노동사회를 균형 잡고 확장하는 힘으로 나타난다. 폭력을 권력으로 전화시키고 폭력수단들을 권력에 종속시키는 것이 자본주의 사회의 독특성이다.

권력은 활력에 의존한다

헐리우드 영화는 마오쩌뚱처럼 '총구에서 권력이 나온다'고 쉴 새 없이 떠들고 있지만 총보다는 돈(화폐)이 오늘의 세계를 지배한다.

화폐란 무엇인가?

그것은 자본주의 사회에서 개인들이 서로 교류하는 수단이다. 다시 말해 그것은 교환, 즉 노동에 근거하면서 노동 시간을 척도로 하는 사회적 교류의 형태이다. 이 교류형태를 기초로 자본, 즉 잉여가치의 축적을 목적으로 활동하는 화폐가 발생한다. 이렇게 자본관계는 노동에 토대를 두고 있으며 노동의 힘, 즉 노동자의 노동력에 의존한다.

자본의 어려움은 인류의 삶의 힘들이 직접적으로 이용 가능한 노동력의 형태로 존재하지 않는다는 사실이었다. 자본의 발생기에 그것은 만들고, 노래하고, 춤추고, 사랑하고, 먹고, 사냥하고, 쉬고 … 등의 무수한 활동력의 형태로 존재했다. 인간의 활력들을 노동력으로 전환시키기 위해서는 생산수단을 생산자들로부터 분리시키고 생활수단의 생산을 교환관계에 종속시키는 것이 필요했다. 이것은 자연적 과정이 아니라 유혈과 파괴를 수반하는 폭력적 과정이었다. 자본가와 지주들은 자신들의 의지를 농민들에게 강제하기 위해 직접적인 강제력을 행사함으로써 기존의 관계를 파괴하고 그들을 토지로부터 분리시켰다.

그러면 이 시초축적의 과정은 한 시기의 역사적 사건으로 끝났는가? 자본가나 지주에 의한 직접적인 강제력의 행사는 자본관계가 도입되지 않은 지역들에서 시차를 두고 나타나지만 일단 자본관계가 지배적 관계로 정착된 곳에서 강제력의 이 같은 행사는 사라진 것처럼 보인다. 하지만 실제로는 그렇지 않다. 노동자들이 삶의 노동으로의 환원을 고통으로 받아들이며 노동을 벗어나는 다양한 활동들에 대한 욕구를 갖고 있는 한, 삶의 활력을 노동력으로 전환시키는 일은 중단될 수 없는 일상적 과제로 자본에게 제기된다. 자본의 의지의 주입과 강제는 나날이 계속되지 않으면 안 된다. 사실상 공장과 사무실에서 일상적으로 반복되는 노동 그 자체만큼 노동을 '자연'적인 것처럼 받아들이게 하는 것은 없다.

하지만 노동으로부터 탈주하려는 노동자들의 투쟁의 실재와 연속이 보여주듯이 일상적 노동의 반복만으로는 노동자를 노동관계에 묶어둘 수는 없다. 여기에서 주목되는 것이 다중을 다른 민족들과 경쟁하는 독립된 민족으로 형성하고 자본관계를 내면화한 노동하는 개인들을 육성하는 정치적 사회적 문화적 권력기구들이다.

자본주의 사회에서 교회나 학교는 신도나 학생들을 노동사회의 일원으로 생산하는 역할을 담당한다. 복종과 경쟁의 태도는 예배, 수업, 시험, 학위, 심지어는 매질을 통해 훈육된다. 자본주의 사회가 발전할수록 신문, 방송 등 언론들도 인간의 활력을 노동력으로 재생산하는 일에 담론적 방식으로 작용한다. 대표적 정치적 권력기관인 국가는 군대, 경찰, 감옥과 같은 전래의 직접적 폭력기구를 입법, 사법, 행정의 권력기관 아래에 배치시키고 조세를 부과하며 복종을 강제하고 때로는 전쟁들(여기에는 다른 국민들에 대한 전쟁뿐만 아니라 5.18에서 보이듯이 시민에 대한 전쟁, 즉 내전까지 포함된다)에 동원한다. 직접적 폭력을 오직 부분적으로만 사용하는 이 총체적 권력이 생산수단으로부터 생산자의 분리를 나날이 재생산하는 것이 '제 발로 선 자본주의'에서 나타나는 특징이다.

우리가 폭력을 외부로부터의 의지의 강제와 내재적 협력의 억압, 즉 타율로 정의한다면 정치적 권력과 같은 거시적 권력뿐만 아니라 사회적 문화적 차원에서 미시적으로 작용하는 권력들도 폭력으로 정의된다. 그것은 잉여가치의 축적이라는 자본의 탐욕을 인류에게 끊임없이 부과하는 것에 복무한다. 그러나 권력은 조직되어 있고 법에 의해 정당화되고 있기 때문에 폭력으로 보이지 않는다는 점에 그 특징이 있을 뿐이다. 권력은 자신의 폭력적 얼굴이 숨겨져 있는 점을 이용하여 자신에 반대하는 다중의 직접적 행동을 폭력이라고 비난하곤 한다. 마치 『조선일보』처럼.

그렇다면 권력은 어디에서 그 정교하고 가공할 힘을 획득하는가? 누가 권력을 생산하는가? 권력은 글자 그대로 균형을 잡는 힘일 뿐이다. 그것은 자본관계로 짜여진 구조를 유지하고 관리하는 힘이다. 그것은 자기로부터 비롯되는 힘이 아니라 자신의 외부에 의존하는 힘이다. 역설적이게도 권력을 생산하는 그 외부의 힘은 개인들의 활력이다. 활력은 자본관계에 들어가면서 노동력으로 전환되며 정치관계 속에서 권력으로 전환된다. 활력을 노동력으로 전환시키는 것이 (노동을 시간으로 양화하여 표시하는) 화폐의 재현 능력이듯이 활력을 권력으로 전환시키는 것도 그것을 양화하여 표시하는 재현제도인 대의제이다. 대의제 속에서 개인의 활력은 한 장의 표로 계산되고 환원된다. 그리고 그것들은 투표행위를 통해 타자에게로 체계적으로 양도된다. 양도된 힘은 위계화와 집권화를 거쳐 조직된 소수의 수중으로 집중되고 핵폭탄과 같은 가공할 힘이 되어 그것을 생산한 개인들에게 역작용한다. 국가의 봉사·보호 기능은 늘 조직된 소수의 의지를 다중에게 강요하는 폭력의 형태 속에서 작동한다.

이것이 주권인데, 주권 속에서 억압은 봉사·보호의 분리 불가능한 이면으로 결합되어 있다. 이렇게 주권은 권력이 억압과 봉사·보호를 통해 활력을 흡수하고 내부화하는 과정이다. 권력은 활력의 이 억압적 흡수 없이는 생존할 수 없다. 이 사실은 아래로부터 다중의 투쟁들에 의해 오늘날 대부분의 국가권력들이 인정할 수밖에 없게 되었고 대한민국의 헌법 제1조도 그것을 "① 대한민국은 민주공화국이다. ② 대한민국의 주권은 국민에게 있고, 모든 권력은 국민으로부터 나온다"고 명기하고 있다.

좌파와 권력

권력이 다중으로부터 나온다고 해서 그것이 다중의 것으로 작용하는 것은 아니다. 대의제는 발생과 효과(가치)를 분리시킨다. 활력이 권력을 부단히 자기의 것으로 소환, 전유할 수 있는 독자적 힘으로 조직되지 못할 때 대의제는 권력을 발생과 원천에 반하는 것으로 둔갑시키는 기능을 할 수 있다. 그래서 권력은 사회의 유일하게 조직된 힘으로서 누구도 거역하기 어려운 무소불위의 능력을 발휘할 수 있게 되는 것이다.

좌파의 전통적 전략은 권력의 이 독립적 힘을 긍정하는 것에 기초를 두고 있었다. 좌파는 권력의 이 신비한 힘을 장악하여 노동계급을 해방시키는 수단으로 사용하려 하였다. 전통적 좌파는 권력이 활력으로부터 발생하여 활력의 활동적 뇌관을 제거하고 그것을 폭력의 형태로 질서화하고 고정시킨 것임을 간과했다. 그것은 권력이 활력으로부터 자립적인 것으로 보았다(이른바 '국가의 자율성론'). 누가 그것을 사용하는가에 따라 권력의 성격이 좌우된다고 보았다. 이것이 좌우파가 공유한 권력 실증주의이다.

소련을 비롯한 동구의 사회주의 정부들이나 유럽의 사회민주주의 정부들에서 공산당이나 사회당·노동당이 권력을 장악했음에도 불구하고 활력이 노동력이나 권력으로 환원되는 과정이 지속되고 폭력이 사회구조의 본질적 성격으로 남아 있었던 것은 이 때문이다. 권력은 인간의 삶으로부터 그 유동성, 흐름, 생동성을 거세하여 양화하고 물신화하는 힘이므로 법에 따라 조직되고 균형 잡힌 폭력인 권력은 그 누구의 수중에서건 죽음의 힘으로 작동하지 않을 수 없다. 변혁운동이 권력장악을 자신의 노선으로 삼을 때 그것은 자신의 의사와는 무관하게 활력을 억압하고 죽이는 방향으로, 즉 활력에 죽음의 의지를 강요하는 방향으로 나아가지 않을 수 없다. 자본이 죽은 노동이고 노동에 죽음을 강요하는 힘이듯이 권력은 죽은 활력이고 활력에 죽음을 강요하는 힘이기 때문이다. 지금까지의 좌파운동이 새로운 사회를 건설한다는 위대한 목적을 가졌다 할지라도 그것이 권력장악, 즉 조직된 폭력에의 접근을 목표로 하는 한에서 폭력 논리에 전염되기 쉬웠으며 그 결과 폭력에 대한 윤리적 면역력(나는 도덕을 외부로부터 부과되는 인륜으로, 윤리를 내부로부터 비롯되는 인륜으로 정의한다)을 갖지 못했음은 사실로 인정될 수 있다. 문부식의 문제제기는 바로 이 점을 성찰하게 한다는 점에서 구체적 사례분석의 타당성 여부와는 별개로 소중하다.

활력의 윤리와 폭력

세계는 물신화된 활력, 즉 폭력으로서의 권력에 의해서는 새롭게 바뀔 수 없다. 혁명은 '권력을 새로운 계급의 수중으로 가져오는 수단'으로 정의되어서는 안 된다. 혁명은, 활력의 담지자이면서도 자본관계와 권력관계를 통해 가치와 권력을 산출하는 주체로 호명되고 배치되어온 다중이 "스스로 모든 낡은 찌꺼기를 목구멍으로부터 씻어 버리고 사회를 새롭게 건설할 역량"(『칼 맑스 프리드리히 엥겔스 저작 선집』, 박종철출판사, 1권 220쪽)을 되찾는 과정이지 않으면 안 된다. 그것은 활력을 만회하고 스스로를 권력으로부터 독립적인 삶의 힘으로 조직하는 과정을 요구한다. 그것은 권력에 대한 긍정이 아니라 그것으로부터의 독립과 분리의 방향에서만 전진할 수 있다. 다중의 혁명은 권력이 자신에게 의존하고 있는 수동적 힘임을 인식하면서 그것의 장악이 아니라 그것으로부터의 독립과 자율을 통해 그것을 해체하는 방향으로 전진하는 부단한 운동이다. 권력은 폭력을 통해 장악할 수는 있지만 폭력을 통해 해체할 수는 없다. 왜냐하면 권력은 조직된 폭력이고 폭력은 권력을 더 큰 권력으로 만들고 말 것이기 때문이다.

그렇다면 다중의 활력적 혁명은 비폭력의 혁명인가? 그것은 자본이나 국가에 자신의 의지를 강제하지 말아야 하는가? 지금까지 자본이나 국가에 자신의 의지를 강제해온 많은 혁명적 사건들은 활력적 혁명이 아닌가? 바로 이것이 문부식이 제기한 논의에서 파생되는 핵심적 질문이다. 그러나 이것은 결코 우리에게 외부로부터 부과될 도덕의 문제가 아니며 '예/아니오'로 답해야 하는 선택적 문제도 아니다. 권력이 가해오는 죽음의 의지가 강하고 도주의 여지가 없을 때, 활력은 저항과 충돌 속에서 자신을 지키는 방식으로 드러낼 수도 있다. 이것은 흔히 '저항 폭력'이라고 불려왔다. 로마 정부의 크랏수스가, 바다를 건너 시칠리아로 도주하려는 스파르타쿠스 반란군의 도주로를 봉쇄했을 때 반란군이 패배가 예상된 로마로의 진격을 선택하는 것이 그 예이다. 그것은 죽음으로써 삶의 실재성을 드러내는 비극적 방식이다. 하지만 활력의 조직수준이 높고 그 때문에 권력의 재생산이 위태로울 때 활력은 권력에게 자신의 의지를 강요할 필요가 없다. 권력의 위기는 활력의 독립성, 즉 자율능력의 증대의 산물이므로 그 자율능력을 사회 전체에 유통시키고 확산시키는 것으로 그 위기는 가속될 수 있다. 권력의 반동이 심화될 때, 그래서 권력이 직접적 폭력으로 활력에 마구를 채우려 할 때에도 권력을 장악하지 말고 그 반동을 저지할 방법을 찾아야 한다. 그것을 한 마디로 표현한다면 아마도 '다중의 협력'일 것이다. 이 협력이 활력의 윤리학일 것인데 그것은 사유화 속에서 억압되어온 공동적인 것을 드러내고 차이와 혼돈을 마음 깊이 받아들이면서 다중의 내적 소통력을 증대시키는 일일 것이다. 그러므로 다중의 활력적 혁명이 비폭력인가라는 질문은 예/아니오의 이진법보다는 역학적 방식으로 더 잘 답해질 수 있을 것 같다. 요컨대 다중의 활력이 공동적 소통의 수준에서 깊이 있게 조직되면 될 수록, 다시 말해 협력이 강하면 강할수록 그것은 더 비폭력적으로 될 수 있을 것이라고 말이다.

그리고 오늘날 노동의 자본에의 포섭, 활력의 권력에의 포섭이 실질적으로 된 결과, 다중의 협력이 사회의 재생산에서 차지하는 역할이 핵심적인 것으로 되어가고 이에 따라 자본과 권력이 생산과 정치에서 단지 피상적 역할만을 담당하고 점차 그것으로부터 분리되어 가는 역설적 경향이 드러나고 있는 만큼, 다중의 활력의 운동이 비폭력적으로 될 수 있는 가능성은 그 어느 때보다도 높아졌다고 말할 수 있다. 타자의 존엄을 나의 존엄과 더불어 승인하고 싶은 양심의 소리가 예술적 형상을 통해서만 도달할 수 있는 내밀한 음성을 넘어 이제 실천적 전략적 수준에서도 구현될 수 있는 호조건이 조성된 것이다.

활력을 살리는 권력 비판을 위하여

『조선일보』에 대한 우리의 투쟁이 제기되고 있는 것은 이러한 맥락 속에서이다. 『조선일보』는 활력을 권력으로, 삶을 노동으로 환원시키는 담론기계이다. 그것은 안티공산주의의 이름으로 안티다중, 안티활력을 수행해온 담론기계이며 자신의 의지를 다중에게 강요하기 위해 물불을 가리지 않는다는 점에서 폭력적 담론권력이다. 안티조선의 탄생은 『조선일보』의 이러한 성격을 염두에 두지 않는다면 이해하기 힘들다.

그렇지만 안티조선은 '『조선일보』 제자리 찾아주기' 식의 반독점주의나 '『조선일보』 수준의 영향력을 우리가 확보하자' 식의 권력적 발상 속에서는 충분히 완수될 수 없다. 안티조선은 권력에 대항하여 투쟁하면서 활력을 회복하는 투쟁이어야 한다. 이 관점에서 보면 『조선일보』는 아버지, 교사, 목사, 다른 신문과 방송, 그리고 이른바 사회 지도층 인사들이 늘 하고 있는 안티활력적 행동을 좀더 체계적이고 전국적인 규모에서 의식적으로 수행하고 있을 뿐이다. 그것은 조직된 폭력인 현행 권력구조의 담론적 부품일 뿐이다.

또 하나 중요한 것은 바로 우리들 자신이 그 권력구조 속에 돌이킬 수 없는 방식으로 얽혀 들어가 있다는 사실이다. 안티활력의 구조, 현행의 권력체계는 바로 다름 아닌 우리 자신의 생산물이다.

그런데 이것은 활력의 관점에서는 단점이자 동시에 장점이다. 활력은 권력 속에 있으면서 그것에 대항하고 있으며 그것을 넘어설 수 있다. 만약 활력이 권력 속에 있지 않다면 대항과 초극도 (자신의 외부를 남겨 둘 수밖에 없다는 점에서) 일면적일 수밖에 없을 것이다. 활력이 권력의 생산자이자 그 내부에 있다는 것은 대항과 초극을 권력의 전면적 해체로까지 밀고 나갈 수 있는 조건이기도 하다. 그렇다면 그 해체와 초극의 힘은 어디에서 나오는가? 바로 권력 속에서 권력에 반대하고 있는 활력적 다중 자신의 소통과 연대를 강화하고 그것을 권력으로부터 분리된 공동사회, 즉 다중사회로 재조직함을 통해서이다. 안티조선은 『조선일보』에 반대하는 운동이다. 그러나 그것은 권력에 반대하며 권력을 넘어서고자 하는 운동의 일부로서만 의미를 갖는다. 다시 말해 그것은 다중의 소통과 연대를 증대시키는 운동으로서만 의미를 갖는다. 그것이 『조선일보』에 대한 반대를 '선명한 도덕률'로 상승시키기 위해 다중 내부의 복잡한 특질, 성향, 필요, 태도를 추상할 때, 그리하여 선명하지 못한 것들을 안티조선의 외부로 몰아낼 때, 그리고 그 결과 다중의 소통과 연대를 잠식하는 것으로 될 때 그것은 안티조선 운동 자체를 잠식하게 될 것이다. 그것으로 인해 강해지는 것은 권력과 그것의 일부인 『조선일보』일 것이다. 권력 비판의 목적이 권력에 반대하는 것보다 활력을 살리는 것에 두어져야 할 이유는 여기에 있으며 우리가 문부식이 제기한 문제를 활력의 윤리학을 사고하는 계기로 삼아야 할 이유도 여기에 있다. (2002)

'우리 안의 폭력'에서 '우리 안의 활력'으로

지금까지의 저항운동은 주로 '저들(자본과 국가)의 폭력'만을 문제 삼아 왔다. 그것은 우리 사회의 폭력의 커다란 부분이 '저들'에 의해 수행되어 왔기 때문이다. '저들'은 국가권력을 지렛대로 감옥, 경찰, 군대 등의 폭력기구 혹은 폭력 조직을 합법적으로 운영해 왔다. 그것들의 활동은 감시, 감금, 고문, 강제징용, 군사훈련, 기합, 구타, 그리고 살해 등 다양한 형태로 나타났다. 시민사회의 원자화된 개인들은 이 기관들의 폭력에 무기력하게 노출되었고 결국 이 폭력기관들에 굴복하지 않을 수 없었다. 개인들의 굴복으로 국가권력은 더욱 더 거대한 물신이 되었고 그럴수록 국가권력은 더 큰 폭력의 소유주가 되었다.

지금까지의 저항운동이 '저들의 폭력'에 초점을 맞춘 것은 그러므로 자연스럽다. 그런데 저항운동은 '저들의 폭력'에 맞서기 위해 스스로를 군사화하는 경향이 있어 왔다. 노동조합은 파업을 위해 조합조직을 군사화했고(전투적 조합주의) 정파조직은 비합법 조건에서 정당을 건설하기 위해 당

조직을 군사화했으며 학생운동은 정치투쟁을 위해 학생회를 군사화하곤 했다. 국가권력을 장악하고 있는 담당층이 대중을 향해 군사적 수단을 더 많이 사용하면 그럴수록 이들 저항운동 조직의 군사화는 그만큼 정당한 것으로 받아들여졌다. 학생들은 전투경찰과 싸워야 했고 노동자들은 전투경찰뿐만 아니라 무장한 구사대와도 싸워야 했으며 정파조직들은 무장한 정보경찰과 싸워야 했기 때문이다.

군사화는 필연적으로 위계화를 수반했다. 그것은 전위와 대중, 간부와 평조합원, 상부와 하부의 분할을 가져왔고 저항의 분업화를 가져왔다. 상층 소수는 저항을 기획하고 하층의 다수는 동원되었다. 구상과 실행의 포드주의적 분리가 저항운동에서도 재현된 것이다. 그것은 저항의 시간동안에 '적'을 저지하거나 분쇄하고 '기존의 국가권력'을 '저항운동의 국가권력'으로 전환하는 데 '효율적'이었다. 하지만 위계화와 군사화는 다른 한편에서 저항 대오의 분할을 재생산 할 뿐만 아니라 그 분할을 내적 적대로 발전시키기도 했다. 승리한 저항운동의 사례인 사회주의 러시아에서 이 적대는 '새로운 국가로 전화한 당'과 '그 국가에 의해 동원을 강제 받는 대중'의 적대로 발전했고 마침내 대중은 봉기로 당에 맞서거나 탈출로 당의 포섭에서 벗어났다. 1990년대에 도미노식으로 발생한 사회주의들의 붕괴에는 이 내적 적대의 작용이 깔려 있었다.

문부식의 '우리 안의 폭력' 론은 저항운동이 국가권력 장악을 위한 군사화 과정에서 지배계급의 모습을 닮아간 사실을 올바르게 지적한다. 그는 저항운동이 국가의 폭력을 닮지 말자고 제안한다. 즉 그는 국가폭력에 대한 반대가 저항폭력에 대한 반대로 나아갈 것을 제안한다. 이 주장은 폭력이 삶의 파괴와 잇닿아 있다는 정당한 생각을 함축한다. 하지만 이 주장에는 몇 가지 문제가 있다. 하나는 폭력이 무엇인가에 대한 정의의 부재로 인해 그것이 파괴와 동일시되는 경향이 있다는 것, 둘째 폭력에 대한 반대가 저항운동에 비폭력주의적 태도를 요구하는 경향이 있다는 것 셋째, 그리고 무엇보다도 계급투쟁을 '폭력/비폭력' 대당에서 접근함으로써 현대 자본주의의 가장 중요한 적대인 '권력/활력' 대당을 은폐하는 경향이 있다는 것. 나는 이 세 가지 문제점이 폭력이나 권력을 활력의 관점에서 다시 사고하는 유물론적 관점을 통해 해소될 수 있다고 생각한다.

먼저, 역사의 가장 근본적인 힘은 비폭력이라는 부정적 용어로 서술될 수 없다. 그것은 활력이라는 긍정적 용어로 훨씬 잘 접근할 수 있는 구성적 힘이다. 활력은 물질의 영원성에 응답하는, 즉 영원성에서 유래하고 부단히 그것으로 돌아가는 힘이다. 그것은 저항력으로 환원될 수 없다. 분명 저항력은 활력의 표현이지만 저항력이 '기존의 척도에서 벗어나는' 부정적 힘(그래서 '새로운 척도에 다시 구속될 수 있는' 힘)임에 반해 활력은 척도를 넘어서는 긍정적·구성적 힘이기 때문이다.

폭력 역시 활력에서 비롯된다. 폭력은 그것이 행사되는 대상이 자율적으로 응답할 수 없도록 강제하는 '집중하는 타율능력'이다. 우리는 태풍, 벼락 등에서 자연의 폭력을 목격하며 봉기, 혁명에서 다중의 폭력을 목격한다. 폭력은 그것이 영원성에 응답하고 삶을 확장하며 공동공간을 생산하는 한에서는 신성한 것이다. 비록 그것이 현존하는 것의 파괴를 수반한다 할지라도 '신성한 폭력'은 현존하는 것이 억누르고 조르고 파괴해온 것보다 훨씬 더 많은 것을 폭발적으로 해방시킨다. 신성한 폭력은 활력이 영원성에 응답하고자 하는 폭발적 노력이다. 그것은 죽음의 형태로 나타날 때조차 삶을 생산한다. 이런 의미에서의 신성한 '폭력'은 실제로는 '협력'의 한 형태이다.

그러나 집중의 형태를 띠는 모든 활력이 신성한 폭력인 것은 아니다. 활력이 영원성과 분리되어 영원성과 대립하며 보편적 척도를 짓는 형태로 집중될 때 그것은 신화적인 것으로 된다. 우리가 국가폭력이라고 부르는 것은 '신화적 폭력' 형태의 대표적인 것이다. 그것은 다중의 활력을 대의적 방식으로 축적하여 자신을 산출한 다중에게 법을 통해 폭력을 행사하는 수단으로 사용한다. 이렇게 '집중된' 힘은 공동공간을 사유화하고 영원성을 억압한다. 다시 말해 삶을 생산하는 것이 아니라 죽음을 생산한다.

문제는 국가에 의해서뿐만 아니라 대중에 의해서도 이 신화적 폭력이 행사된다는 것이다. 남자의 이름으로, 어른의 이름으로, 선배의 이름으로, 교사의 이름으로, 성직자의 이름으로, 기타 다양한 척도의 대변자의 이름으로 신화적 폭력이 행사된다. 때로는 저항의 이름으로 신화적 폭력이 행사되기도 하는데 그것은 저항이 척도에서 자유롭지 못할 때, 즉 '새로운 척도'의 이름으로 움직일 때이다.

폭력이 직접적임에 반해 권력은 매개적이다. 자본주의의 역사는 폭력을 매개적인 형태로 전환시켜온 역사이다. 발전된 자본주의에서도 직접적 폭력은 계속 사용되지만 시초축적기에 그것이 차지했던 중심적 위치를 차지하는 것은 아니다. 자본이 화폐를 통한 노동의 매개를 통해 발생하듯이 자본주의적 주권은 권력을 통한 활력의 매개를 통해 발생한다. 권력은 갈등하는 힘들 사이의 중재력으로 나타난다. 그래서 국가권력은 마치 사회 제 세력들의 공동체인 것처럼 나타난다. 그러나 이것은 대의(代議), 재현이 가져오는 환상이다. 권력은 대의 메커니즘을 통해 영원성으로부터 분리되어 축적된 활력이며 그 집중된 힘으로 삶을 대의하는 폭력이다. 권력은 영원성에서 분리되었기 때문에 영원성에 응답할 수 없게 된 활력이다. 그래서 그것은 삶에 위로부터 척도('법')를 부과하는 방식으로, 즉 질서화하는 힘으로 작동한다. 권력은 공동공간을 창출하기보다 다중을 분할하여 그들의 원자적 무력함과 자신의 거대한 집중력을 대비시키고 전자를 자신에게 굴복시키는 방식으로 통치한다.

이상에서 나는 폭력과 권력이 모두 역사적으로 특수한 활력의 형태라고 주장했다. 활력은 그 자신을 신성한 폭력의 형태로 드러내면서 파괴를 통해 영원성을 열기도 하지만 자신을 초월하는 신화적 폭력의 형태로 경화되어 영원성을 닫기도 한다. 권력은 그 신화적 폭력의 현대적 형태, 사회세력들의 초월적 중재력으로 자신을 주장하는 신화적 폭력의 형태이다. 권력은 그것이 직접적 폭력기구들을 자신의 하위에 배치할 때에도 합법성의 원리에 따라 그렇게 한다. 그것이 권력의 표면적 상식이다. 그러나 권력은 폭력에 근거하므로 자신의 폭력성을 감출 수는 없다. 그래서 부패와 비리, 그리고 불법이 권력의 심층적 상식으로 된다.

오늘날의 폭력, 즉 권력에 대항하는 것은 비폭력이 아니라 활력이다. 활력은 대항권력이 아니라 반(反)권력이며 집중되는 힘이 아니라 분산하는 힘이다. 그러나 분산은 영원성 속에서 그것에 응답하는 방식으로, 즉 협력적 방식으로 이루어진다. 분산은 원자화가 아니라 권력적 형태의 집중으로부터의 이탈이다. 그것은 영원성 속에서, 영원성을 통해 자신을 재활력화하기 위한 탈주이다. 이 탈주하는 힘들에 대한 권력의 재장악시도가 있을 때 그것이 신성한 폭력으로 응집하여 자신의 활로를 찾을 수도 있을 것이다. 그러나 그 신성한 폭력이 권력의 대안은 아니다. 그것은 폭력(집중화된 타율능력)의 형태를 넘어 활력의 일부로 재통합될 때 영원성에 응답할 수 있다.

현대의 지구화하는 자본주의는 영토적으로 분리된 폭력의 집중장소로서의 국가를 네트워크화하는 전 지구적 제국 권력의 마디들로 재배치하고 있다. 이것은 대의를 거부하면서 스스로의 활력을 찾으려는 다중의 새로운 움직임에 대한 위로부터의 대응이기도 하다. 그 결과 대의제는 점차 기계적 과정인 '메커니즘'에서 정보적 과정인 '시뮬레이션'으로 전화한다. 대의는 인위적인 것으로 되며 권력 역시 인위적인 것으로 된다. 그 결과 지구제국은 실재적 중재권력에서 가상권력으로 바뀌고 그 결과 그것의 리얼리티를 잃어간다.

중재력으로서의 권력의 약화가 저항운동 속에 '활력의 직접적 행사'에 대한 관심을 고조시키고 있는 것은 사실이다. 그런데 활력의 직접적 행사에 대한 관심에 두 가지 상이한 경향이 나타나고 있다. 하나는 폭력의 노선이며 또 하나는 구성력의 노선이다. 2001년 9월 11일은 전자의 노선이 엄존함을 보여주었다. 그러나 역사는 폭력적 노선이 너무나 쉽게 권력의 노선에 굴복하곤 했다는 사실을 보여준다. 폭력의 노선은 폭력이 요구하는 집중성 때문에 대의 메커니즘에 의존하는 경향이 있다. 그래서 테러리즘은 다중의 활력의 표현보다는 대의의 원리(상징적 표적에 대한 공격, 언론에의 의존 등)에 더 큰 관심을 갖는다. 구성력의 노선은 활력의 집중과 대의보다 아래로부터 광범한 다중들이 자신들의 자율적 협력을 구축하고 성장시키는 과정에 더 큰 관심을 갖는다. 이 노선은 '적'에 대한 공격보다 '우리'의 활력의 확장에 더 큰 관심을 갖는다. 그것은 '저들의 폭력'을 비판하고 '우리 안의 폭력'을 대상화하지만 무엇보다도 '우리 안의 활력'을 발견하고 살리는 것에 더 큰 관심을 갖는다.

국가가 응집된 폭력일 때 그것을 깨뜨리려는 저항폭력의 노선이 호소력을 가질 수 있었다. 저항폭력이 너무나 쉽게 대항권력으로 전화한 것을 논외로 한다 하더라도 오늘날 지구제국이 국가처럼 응집된 폭력의 형태를 띠지 않는다는 점에 주목해야 한다. 지구제국은 활력의 폭력적 응축과 행사를 통해 파괴할 수 있는 대상이 아니다. 세계무역센터가 파괴된 지 채 1

년도 되지 않아서 그것이 더욱 강건한 모습으로 되살아나듯 폭력으로 분쇄할 수 있는 힘의 집중처는 더 이상 존재하지 않는다. 권력은 다중의 생활세계 속으로 깊숙이 침투하여 삶을 지배하는 권력으로, 즉 삶권력의 모습으로 살아가고 있기 때문이다.

  이럴 때일수록 폭력 비판은 권력 비판으로, 국가권력 비판은 삶권력에 대한 비판으로 나아가야 하며 '우리 안의 폭력'에 대한 비판은 '우리 안의 활력'에 대한 긍정에 자리를 내 주어야 한다. 활력의 운동은 더 이상 전통적 의미의 정치로 서술될 수 없다. 그것은 정치보다는 인류의 삶내재성, 영원성의 자기논리로서의 윤리(ethics, 이것은 외부성의 언어인 도덕moral과 정반대의 것이다)의 언어로 더 잘 서술될 수 있다. (2002)

폭력의 '마스터 콘트롤'

'누가, 왜 대구 지하철 1079호에 불을 질렀는가?'라는 질문으로 환원되지 않는 문제가 있다.

그것은 지하철 참사의 '발생'과 관련된 것이 아니라 그것의 '발전', 다시 말해 대형화와 관련된 것이다. 발생의 측면에서 보면 참사는 '사건'이다. 사건 용의자 김대한은 온몸으로 성실하고 열심히 산 것의 결과가 뇌졸중과 반신불수와 사회적 냉대로 나타나는 우리 사회의 모순에 대한 분노로 준비한 휘발유에 불을 질렀다. 이것이 사건인 것은 이 행위가 단순한 우발이 아니라 누구나 관심 갖지 않으면 안 될 보편적 문제를, 가난과 노동과 소외라는 명백한 사회구조적 문제들을 드러내기 때문이다.

그렇지만 나는 여기에서 흔히 '사고'라고 불리는 이 사건의 '발전'에 초점을 맞춰 보고 싶다. 김대한은 다른 승객들이 보는 앞에서 몇 차례나 망설임의 라이타를 켰고 승객들은 그를 만류했다. 휘발유는 채 1리터도 되지 않는 양이었다고 한다. 그 휘발유가 어떻게 십 수 량의 객차를 전소시키면서 수 백 명의 사상자를 내는 참사로 이어지게 되었는가?

사건의 이 대형화는 얼핏 보면 사고로, 우연의 결과로 보인다. 확실히 여기에는 많은 우연들이 작용하고 있다. 그러나 사건의 대형화를 불러온 두 가지 주요한 원인이 이미 밝혀져 있다. 그 하나는 1080호 기관사가 대피하면서 뽑았다는 마스터 콘트롤(master control) 키이며 다른 하나는 연기와 유독가스와 고열로 수많은 승객을 죽게 만든 전동차의 가연성 내장재이다.

마스콘 키는 중앙통제 장치이다. 우리들은 마스콘 키에 의해 발차, 문의 개폐, 조명 등을 비롯한 지하철 기계의 움직임이 저토록 철저하게 통제된다는 사실에 놀란다. 1080호 기관사가 탈출한 후 유독가스가 가득찬 암흑의 객차에 갇힌 채 굳게 닫힌 문을 열기 위해 몸부림쳤던 승객들을 생각하면 아우슈비츠의 독가스실에 갇혔던 유태인들의 비명이 떠오를 정도이다.

마스콘 키가 뽑힌 객차는 승객들의 개인적이고 집단적인 어떤 노력과 요구에도 응답하지 않는 냉담한 기계였다. 승객들은 소통할 수 없고 응답할 수 없으며 그래서 협동할 수 없는 거대한 힘에 부딪혔다. 폭력은 비폭력의 반대말이라기보다 협력의 반대말이다. 승객들은 자신들과 전혀 협력하지 않는, 아니 오히려 자신을 철저히 배제하는 폭력의 '마스터 콘트롤'을 겪어야 했다. 이것은 가정의 벽 속에서 가장에 의해 매를 맞는 아내나 아이들, 미군과 대면조차 하지 못한 채 상공에서 떨어지는 집속탄을 맞아야 했던 아프가니스탄인, 이라크인들의 경험과 다를 바가 없는 것이었다.

그렇다면 누가 승객들에게 저 잔인한 폭력을 행사했는가? 기관사는 마스콘 키를 빼고 대피하라는 중앙통제실의 지시에 따라 마스콘 키를 빼고 대피했다고 한다. 그 결과 문은 열리지 않았고 승객들은 비명 속에서 죽어가야 했다. 중앙통제실과 기관사가 승객들의 목소리에 응답할 잠재력을 갖고 있었음에도 불구하고 이들은 승객의 필사의 아우성에 응답하지 않았다. 이러한 행위가 객차에 갇힌 승객들에게 폭력적인 것이었음은 분명하다.

그러나 우리의 목적이 희생양 찾기를 통한 책임 회피에 있지 않다면 질문은 계속되어야 한다.

참사가 발생한 후 나흘 뒤인 2003년 2월 21일에 지하철의 소유주인 정부는 대구지하철참사 관련 대책회의를 열고 2000년 이전에 만들어진 전동차 6300량의 낡은 내장재를 교체하기로 '결정'했다고 한다. 과연 이것이 사고를 예방할 수 있는 충분한 조치인지 의문이지만, 이 '결정'은, 불에 닿자마자 연기와 독가스를 내뿜는 가연성 내장재로 만들어진 객차를 지금까지 전국의 지하철로 위에 달리도록 '마스터 콘트롤' 한 것도 정부였음을 반증한다.

이 땅에서 나날이 자신의 몸을 팔지 않고는 연명할 수 없는 대부분의 사람들은 일터나 학교에 가기위해, 일자리를 알아보기 위해, 지친 몸을 끌고 집으로 돌아오기 위해 지하철을 타지 않을 수 없도록 강제 당한다. 지하철 승차를 강제하는 것은 무엇보다도 이윤 원리에 종속된 사회 체제이다. 그런데 그들이 승차하는 것은 어떤 객차인가? 비가연성 소재로 구성되어 재난예방 처리된 객차인가? 아니다. 그 같은 고급 객차는 '수출용'으로만 준비된다. 노동에 쫓기는 승객들을 기다리는 것은 대구 지하철의 1079호 열차나 1080호 열차처럼 소량의 휘발유에도 승객과 함께 전소되어 버릴 그러한 전동차다.

이렇게 정부의 마스터 콘트롤에 의해 시민들은 저급열차를 타고 기관사는 저급열차를 몬다. 강철을 녹일 정도의 뜨거운 불길 속에서 외치는 승객들의 구명요청에 아무런 응답을 하지 않은 최고의 중앙은 정부였다. 비상상황을 충분히 예상할 수 있었음에도 불구하고 정부는 '재정적자'를 이유로 위험한 저급 전동차를 달리도록 콘트롤한, 진정한 '마스터 콘트롤러'다. 기관사의 마스콘 키는 이 빅 브라더, 대(大) 마스터 콘트롤러에 예속된 부속품이었을 뿐이다.

주인들이 노예들의 힘듦을, 질병을, 절망을 돌보지 않듯이 우리 사회의 마스터들도 자신들에 의해 콘트롤되는 노동자들, 학생들, 여성들, 어린이들, 불법체류자들, 장애인들 등 시민들의 삶을 돌보지 않았다. 사냥꾼이 꿩에 대해 갖는 관심이 오직 그것의 살코기뿐이듯이, 우리 사회의 마스터들도 시민들에 대해 오직 부가가치를 낳을 수 있는 그들의 노동력에만 관심이 있다.

지금까지 정부는 시민을 콘트롤하는 초월자로 행세해 왔다. 그래서 정부의 중앙권력은, 시민과 소통할 수 있는 것으로서의 협동력보다는, 일체의 호소와 절규에도 냉담한 관료적 힘, 즉 폭력에 가까왔다. 권위주의의 중앙집권적 권력체제 하에서 전동차와 같은 기계들은 이 무책임한 중앙 통제의 필요를 반영하며 그 폭력의 원리에 따라 개발되었다. 우리의 일상은 마스터 콘트롤 권력의 판옵티콘(panopticon) 속에서, 그 권력에 의해 콘트롤되는 기계들에 부속되어 왔다.

그러나 시신과 재로 뒤범벅이 된 처참한 몰골을 드러낸 두 객차의 일그러진 모습은 '마스터 콘트롤'의 초월적 권력을 통해 시민의 안녕과 행복이 보장될 수 있다는 믿음이 얼마나 허구적인가를 아프게 증언한다. 이제 마스터 콘트롤을 대체할 내재적 협력관계를 창출하는 일이 우리의 책임이자 희망으로 주어지고 있다. (2003)

로또 현상과 '인생역전'의 두 가지 길

우리는 오늘도 로또 복권을 산다. 당첨하면 그야말로 '인생역전'이요 낙첨하더라도 내가 낸 돈은 '좋은 일'에 쓰인다지 않는가. 그리고 다음 기회는 또 있다. 로또가 시작된 지 2개월 만에 60억 이상을 받은 당첨자들이 벌써 십 수 명이 나왔다. 이 사실은 6개의 숫자에 검정색 칠을 하는 우리의 마음을 설레게 한다. 진짜 '부~자'가 될지도 모르기 때문이다. 이 꿈이 이루어질 확률이 814만분의 1로서 거의 영에 가깝다는 것은 이미 알려져 있다. 그러나 이것이 복권방으로 향하는 우리의 발걸음을 막지는 못한다. 이런 마음 하나하나가 모여 10회 차 로또 판매금액은 2천 6백억 원에 이르렀다. 이 사건 속에서 대체 어떤 일들이 벌어지고 있는 것일까?

먼저 이 돈이 어떤 돈인가를 생각해야 한다. 이 돈 중의 대부분은 부자가 되는 것이 꿈인 사람들의 돈, 다시 말해 서민들의 돈이다. 이미 부자인 사람들은 로또보다 수익 기대치가 훨씬 더 높은 돈벌이 수단들(부동산, 주식, 기업, 그리고 다른 사람을 착취 할 수 있는 여타의 생산수단들)을 이미 갖고 있다. 로또에 가장 크게 유혹 당하는 사람들은 살아남기 위해서는 자신의 노동력을 팔지 않으면 안 되는 노동자들이다. 여기에는 노동력 판매에 성공한 취업 노동자도 있고 그 판매에 실패하고 있는 실업 노동자도 있고 노동을 하면서도 임금을 받지 못하는 주부나 학생 같은 비임금 노동자도 있다. 그 누구의 호주머니에서 나왔건 이 돈의 대부분은 노동계급이 자본으로부터 받은 총임금의 일부이다. 노동계급이 그 돈을 얻기 위해 치러야 하는 대가는 적은 것이 아니다. 자신을 판매 가능한 상품으로 만들기 위해 두뇌, 얼굴, 몸매 등을 자본의 필요에 맞게 강제로 개조해야 하고 일자리를 얻기 위해 뛰어 다녀야 하며 취업 후에는 하루 종일 원치 않는 노동을 해야 한다. 1997년 경제위기 이후 전개된 신자유주의 정치의 결과로 오늘날 한국 노동계급이 받는 총임금은, 노동계급의 구성원들이, 행복한 삶을 누리기는커녕, 겨우겨우 살아남을 수 있을 수준을 넘지 못한다. 노동계급의 인생이 지금 '역전'인가 아니면 '자살'인가의 궁지로 내몰리고 있는 것이다. 로또에는 이렇게 생존을 위한 돈을 희생하면서 '역전'을 꿈꾸는 노동자들의 절규가 담겨 있다. 로또 열풍은 오늘날 노동계급이 나날이 겪고 있는 견딜 수 없는 고통의 반증에 다름 아니다.

로또 복권에 검정칠을 하면서 노동자들은 당첨자가 되고 싶어 한다. 수많은 동료 노동자들의 호주머니를 긁어서 일확천금을 하고 싶어 한다. 헤아릴 수 없을 만큼 많은 노동자들의 실망과 한숨을 모아 '행운'을 거머쥐려 한다. 백만장자, 벼락부자가 되면 나는 그간 하지 못한 것을 할 수 있다. 빚을 갚을 수 있고, 아파트와 자동차를 살 수 있고, 해외여행을 할 수 있고, 아내와 자식들을 호강시킬 수 있다. 이것이 당첨의 행운을 거머쥐려는 우리의 꿈의 내용이다. 하지만 이것은 철거당한 달동네 할머니가 살 곳을 마련하기 위해 내놓는 꼬깃꼬깃 접은 2천원을 털고, 전세에서 탈출하기 위해 복권방을 찾은 주부의 지갑에서 나온 1만원을 털고, 밀린 빚에 쫓기다가 여관에 숨어 복권으로 생의 승부를 가리려는 중년 남자의 마지막 남은 500만원을 터는 꿈이다. 그 남자가 실의에 죽지 말라는 법이 있을까? 우리의 일확천금의 꿈은 나의 해방을 위해 수탈과 살인에 참가하고 또 방조하는 집단적 경쟁주의의 꿈, '벼락부자 개인주의'의 꿈이다.

노동계급이 이렇게 당첨의 꿈, 부자가 되는 꿈, 개인주의적 해방의 꿈에 사로잡혀 있는 것을 누가 가장 기뻐하는가? 국가, 은행가, 방송업자, 시스템업자, 한 마디로 자본가들이다. 로또 복권 뒷면에는 "총당첨금은 판매금액의 50% 이내"라고 쓰여 있는데 바로 이들이 나머지 '50% 이상'을 가져가는 진짜 당첨자들이다. 이들은 요행히 당첨되는 노동계급 출신의 '부자'들의 뒤에서 매주매회마다 당첨되도록 결정되어 있는 사람들이다. 이들은 전 국민의 절망에서 비롯되는 노름판에서 마치 화투판의 주인처럼 세금, 이윤 등의 형태로 경편을 뜯어간다. 신자유주의화하는 자본은 카지노, 경마, 각종 복권 등의 사행(射倖)산업을 합법화하고 활성화함으로써 임금소득에 대한 탈취에 열을 올리고 있다.

로또 구매자들이 낙첨되고도 위안을 삼는 것은 자본에게로 흘러간 이 돈이 각종 개발비(지역개발 8.6%, 과학기술개발 19.1%, 주택개발 35.6%, 제주도 관광개발 8.6%)와 복지비(근로복지 8.6%, 녹색자금 9.1%)로 사용된다는 '공식' 주장 때문이다. 사행산업의 합리화와 투명화를 주장하는 개혁주의자들이 비판하듯이 이 산업을 통해 조성된 자금의 용처는 안개에 휩싸여 있다.

그러면 로또산업을 통해 조성된 기금이 명시된 바대로 사용되기만 하면 문제가 사라지는 것일까? 아니다. 문제는 여전히 남는다. 첫째 문제는 이미 근로소득세, 주민세, 그리고 각종 간접세를 통해 국가에 조세를 납부한 노동계급이 다시 복권 구매 행위를 통해 개발 및 복지 비용의 주된 부담자가 된다는 것이다. 둘째 문제는 이보다 훨씬 더 근본적인 것이다. 자본주의 하에서의 개발은 전적으로 자본을 위한 것이며 그것의 결과는 더 많은 인구가 자본에게 (직·간접으로) 착취당하는 노동자로 편입되는 것이며 생태가 산업에 의해 착취되고 파괴되는 것이다. 또 자본주의 하에서의 복지란, 인간과 생태가 이 피로 얼룩진 착취의 과정을 견뎌 낼 수 있도록 만들기 위한, 다시 말해 개발을 지속가능하게 만들기 위한 장치로 작동한다. 이 복합적 과정이 확대 재생산하는 것은 다시 자신의 인생을 '역전'시키지 않고는 삶의 의미를 찾을 수 없는 고통에 찬 노동계급이다.

자본의 주권형태인 국가가 로또 게임을 통해 얻는 최대의 소득은 노동계급 구성원들이 로또를 통해 자신의 인생을 역전시키려는 개인주의에 빠르게 감염된다는 점이다. '인생역전' 밈(meme, 전염성 강한 정보양식)은 "부~자 되세요"라는 이론편으로 시작한 개인주의 밈의 실제편이다. 노동계급에게 개인주의가 침투하여 협동과 연대의 윤리를 깨뜨리는 만큼 착취, 억압, 수탈의 위험은 줄어든다. 노동자들이 로또 게임 속에서 서로를 수탈하는 경쟁자로 맞설 때 자본은 노동자의 육체와 지성과 호주머니를 턴다. 노동자들이 '당첨자의 꿈' 속에서 수탈의 논리를 내면화하고 있을 때 노동계급의 인생은 점점 더 심한 구렁텅이로 굴러 떨어진다. 노동력을 팔아야 할 뿐만 아니라 장기, 피부, 피, 유전자, 한 마디로 생명의 판매에 삶을 의탁해야 하는 영화 <게놈 프로젝트> 식 역설의 시간이 로또 열풍 속에서 한 걸음 한 걸음 다가온다.

보수주의자들이 '건실한 노동의지'가 삭감된다고 아우성을 치자 상업주의 텔레비전은 '부작용'을 줄이며 계속하자고 응수하고 개혁주의자들은 '공정하고 투명한 복권'이 되게 하자고 목청을 높인다. 신자유주의 속에서 어우러지는 자본의 이 중창(重唱)들은 노동자들의 신음과 분노를 복권방에 가두면서 강제노동과 축적의 진군을 부추기는 나팔소리들이다. 그러나 역사는, 노동계급의 진정한 '인생역전'은 오직 '인류의 수평적 협동윤리와 협력관계의 구축'을 통해 자본관계를 폐지하는 것을 통해서만 이루어질 수 있다고 묵묵히 말하고 있다. 이것만이 '행운'의 이름 하에 '타인에 대한 수탈'을 내면화하는 이 비루한 '복권 게임'으로부터 우리를 자유롭게 할 것이라고 암시하면서 말이다. (2003)

시민사회의 상식과 몰상식

1997년 경제위기 이후 정리해고의 광풍이 몰아치는 상황에서 이렇게 말하는 사람들이 있다.

'나는 심정적으로는 구조조정에 반대한다. 그러나 과연 구조조정이 없이 기업이 살아남을 수 있는가. 구조조정에 반대하는 사람들에게는 기업이 살아남게 할 대안이 있는가?'

이것 이상으로 현대 '시민사회의 에토스', 즉 시민사회의 '상식'을 명확하게 표현할 수 있는 방법이 있을까? 기업은 부를 생산하는 조직형태로서 시민사회와 더불어 발전해 온 역사적 조직형태이다. 기업이 살아남기 위해 얼마나 많은 노동자들이 실업 노동자로, 임노동자로 살아야 했는가? 그들이 흘린 눈물과 땀과 피가 얼마였는가?

정리해고를 수반하는 구조조정이 불가피하다는 말은, 오늘날 기업적 생산형태가 더 이상 인류의 재생산을 담보할 수 있는 부 생산의 형태가 아니라는 점을 반증할 뿐이다. 100중의 80을 생존의 경계에서 허덕이게 만드는 현대 사회(이른바 '20 대 80의 사회')는 기업들이 이제 (국가의 무장력이나 지적재산권과 같은 법제도에 의해) 인위적으로만, 다시 말해 강제적으로만 유지될 수 있는 부 생산형태임을 반증하는 것에 다름 아니다. 인구의 대다수를 생존의 경계에 몰아넣는 기업조직은 이제 더 이상 인류의 삶을 대표할 수 없으며 인간적 부를 생산하는 영구적인 조직형태로 가정될 수는 더더욱 없다. 바로 기업조직 형태의 이러한 임종에 직면하여 '기업이 살아남기 위해서는 정리해고가 불가피하다'고 말하는 것이 바로 시민사회의 에토스이다.

신자유주의적 시민사회의 에토스

이 에토스는 이미 해고된 노동자들이나 나날이 해고의 위협에 시달리고 있는 대다수의 노동자들에게 이해될 수 있는 것이 아니다. 그러므로 그것은 상식일 수 없다. 노동자들의 공동체적 유대의 침식을 통해서만 생존할 수 있는 기업의 생존 논리가 '상식'(common sense)이라면 그 상식은 이미 노동자들을 사회의 공동적 구성집단으로조차 파악하지 않는 입장의 세계관일 뿐이다.

이른바 노동자들의 정당인 민주노동당이 기업의 생존가능성이라는 입장 위에서 정리해고 문제에 대처할 때 그것은 이 편협한 세계관, 자본의 입장을 상식의 이름으로 받아들이는 것이다. 그것은 노동자 개개인들의 삶의 문제를 이미 존재이유를 상실한 기업적 조직형태의 입장 위에서 접근하는 것에 지나지 않는다. 이것은 좌파의 자가당착을 드러내는 것이다.

정리해고로 인한 노동자의 삶의 문제는 기업의 생존이라는 이미 낡은 것이 되어버린 역사적 전제 위에서는 결코 풀 수 없다. 왜냐하면 오늘날의 정리해고는 일시적 경기순환의 문제가 아니라 테크놀로지의 고도화에 따른 구조적 문제이며 현재의 기업적 조직형태가 유지되는 한, (앞으로 굴곡이 있다할지라도) 궁극적으로는 더 심화될 수밖에 없는 문제이기 때문이다. 일부 좌파들은 사적 기업이 아니라 국가 기업이 대안이라고 말하곤 한다. 그러나 이윤의 존재가 임금의 존재의 전제조건이라고 보는 한에서 기업의 소유주체의 문제는 우리를 지금의 자리에서 머뭇거리도록 하는 기만적 논리 이상이 아니다.

그렇다면 신자유주의 정부의 개혁 대안은 어떤가? 김대중 정부는 사상전향제를 준법서약제로 완화하고, 국가보안법을 개정하려 시도하고 있으며, 남북 당국간 대화를 늘렸다. 이것들은 많은 사람들의 지지를 받고 있는 것으로 나타난다. 확실히 이것들은 과거 권위주의 정부가 남긴 많은 악습들을 청산한다. 하지만 이것은 현재의 개혁들이 갖는 긍정적 측면이지 그것의 전부는 아니다. 이 정치적 개혁들은 민영화, 정보화, 금융개혁, 노동의 유연화 등과 결부되어 있는 것으로 현대 자본의 전 지구적 재편의 흐름에 대한 위로부터의 대응이기 때문이다.

이 정치적 개혁조치들은 현 정부와 그 지지 세력들의 상식을 정치적으로 표현한다. 예컨대 사상전향제의 폐지는 전 세계의 '사회주의'들이 자본에게 어떠한 위협도 되지 않고 있다는 사실을 법과 제도 속에 반영하려는 시도를 포함한다. 전통적 사회주의가 자본의 국가적 관리형태이며 자본주의의 (실패한) 구출형태였음이 드러난 현실에서 지금 자본은 새로운 적을 필요로 하고 있다. 그렇다면 그 새로운 적은 무엇인가? 오늘날 자본은 무엇을 자신의 새로운 적으로 다듬어 가고 있는가? 그것은 남북 현지의 다중들이다. 2000년 12월 18일자 중앙일보 남덕우 전 총리의 글은 남북의 다중에 대항하는 남북 정권 연합이 새로운 적을 제압하기 위해 남북의 권력들이 추구하는 권력 형태임을 느끼게 한다. 현정부와 각종 미디어들은 이 변화하는 시대에 시민사회가 갖춰야 할 이 새로운 '에토스'를 확보하고 또 정당화하기 위해 여념이 없다.

『조선일보』는 아직도 시민사회 내의 특정 집단들에 잔존하는 반공 이데올로기에 영합하면서 낡은 국가주의적 권위주의를 옹호하고 있지만, 그들이 집권하더라도 현 정부가 취해온 신자유주의적 정책조치들을 완전히 거꾸로 돌릴 수는 없을 것이다. 왜냐하면 신자유주의 정책들에 대한 요구는 민족국가 차원에서라기보다 지구적 차원에서의 자본의 요구로서 주어지고 있기 때문이다. 실제로 진보적 지식인과 문인들을 끌어안으려는 최근의 시도는 『조선일보』의 미래의 한 단면을 보여주는 것일 따름이다.

조선, 중앙, 동아의 차이와 시민사회의 상식

강준만은 조선과 중앙, 동아에는 '근본적' 차이가 있다고 말한다. 이것은 '안티조선 운동을 하는 사람들 사이에 이루어져 온 암묵적인 동의사항'이기도 하다. 물론 세 가지 신문이 똑 같다고 말한다면 사실에서의 착오일 것이다. 문제는 '이 세 신문 사이에 나타나는 차이에 관심을 가지면서 나머지 신문들과 『조선일보』를 구별하는 것에 관심을 쏟는 것에는 어떤 정치적 욕구가 있는 것일까?' 하는 것이다. 이 욕구의 첫 번째 내용은 '극우반공 이데올로기에 대한 싸움'이다. 이 욕구는 정당할 뿐만 아니라 여전히 필요하고 강화될 필요가 있는 욕구이다.

그러나 우리가 잊지 말아야 할 것은, 자본주의의 발전과정에서 자본은 자신의 필요에 따라 적과 동지를 변경해 나간다는 사실이다. 식민지 시대의 『조선일보』는 사회주의를 적으로 삼지 않았으며 그것과 부분적으로 연합했다. 사회주의가 『조선일보』의 적으로 설정된 것이 정확히 언제부터인지는 조사가 필요한 문제일 것이다. 대체로 우리는 해방과 분단을 거치면서 그러한 대적개념이 분명해졌을 것으로 짐작할 수 있다.

그런데 지금 자본은 다시 사회주의를 적으로 보지 않는다. 현대의 신자유주의는 사회주의와 자유주의를 전 지구적 통치의 네트워크 속에서 결합시킨다. 중앙, 동아와 조선 사이에 차이가 있다면 전자가 신자유주의 추세에 본능적으로 적응해 가고 있음에 반해 후자가 그것에 대항하는 듯한 자세를 취한다는 것이다.

지금 다중은 권위주의와 대립하고 있을 뿐만 아니라 신자유주의와도 대립하고 있다. 그러므로 동아, 중앙을 관심 대상에서 배제하거나, 혹은 그들과 영합하는 것은 현 시기의 주요한 정치적 주제 중의 하나를 망각하는 것이다. 전 지구적 차원에서 볼 때 사회주의에 대한 반대가 때로 권력 투쟁에서 정권을 쟁탈하기 위한 정략적 수단으로 이용되곤 하지만 사회주의가 자본의 실질적 적으로 설정되고 있지는 않다는 점이 유의되어야 한다. 한국에서 이것은 너무 이른 진단일까? 그럴 수도 있다. 한국에서 『조선일보』와 한나라당 및 자민련의 존재는 이러한 진단이 섣부를 수 있음을 보여준다. 하지만 현재의 전 지구적 경향이 민족국가에 입각한 정치의 가능성을 좁히는 만큼 반공에 입각한 권위주의 권력의 대두 가능성은 그만큼 좁아지고 있다고 할 수 있다.

우리가 위의 신문들에서 극우파와 온건 우파의 차이를 읽을 수는 있다. 하지만 그것을 우리는 자본의 조직형태의 차이로 읽어야 한다. 최근 한국 자본주의의 전개과정은 전자가 권위주의적 우파인 반면 후자가 신자유의적 우파임을 보여준다. 지금 양자는 어떤 것이 자본 재생산의 더 효율적인 형태인가를 놓고 다투고 있다. 우리는 진보와 좌파 역시 자본의 재생산 방식을 놓고 보수 및 우파와 다투고 있을 뿐이라고 말하는 사람들을 심심치 않게 볼 수 있다. 분명한 것은 우리가 점점 그 말이 현실성을 얻어가는 정치적 상황 속에서 살고 있다는 것이다. 시민사회의 상식은 바뀌고 있다. 그 상식 속에서 새로운 몰상식이 양성되고 있다. 상식을 지키는 것이 문제가 아니라 이 새로운 상식을 어떻게 넘어설 것인가가 문제로 되고 있다.

물론 우리는 몰상식과 싸워야 한다. 그러나 각각의 싸움들이 연결될 수 있어야 하며 이 무수한 몰상식들을 낳는 저 깊은 곳의 상식들과의 싸움을 향해 열려 있지 않으면 그 싸움은 끝없이 반복되면서 소모와 좌절을 낳게 된다. 바로 이곳에서 강렬한 사유이자 상식의 초극으로서 과학과 이론의 필요성이 대두된다.

몰상식의 기반으로서의 상식

맑스는 과학을 통해 '노동자가 하루 노동시간 중 그 일부만을 임금의 형태로 돌려받고 나머지를 자본이 가져가는' 몰상식을 발견했다. 그런데 그는 바로 그 몰상식의 근저에, 쌀과 아마포가 선물이나 증여나 기부나 강탈이나 사기 등과 같은 교류의 다른 형태 대신에 등가의 형태로 '교환'될 수 있다는 기이한 상식이 자리잡고 있음을, 그리고 그 상식을 떠받쳐 주는 인간들간의 행동적이고 경험적인 사회관계가 자리잡고 있음을 또한 발견했다.

만약 이 발견에 기초해 지금의 한국의 지식 상황을 표현하면 어떻게 비추어질까? 반공주의나 신자유주의 혹은 무수한 작은 몰상식들은 잉여가치의 착취라는 이 몰상식 외에 시민사회의 근거를 이루는 '교환' 관계라는 근본적 상식과 연결되어 있으며 많은 몰상식들은 다양한 방식으로 이 상식 관계를 유지하고 재생산하는 데 기여한다. 『조선일보』의 몰상식의 근저에는 한국 시민사회의 이 상식이 놓여 있다. 『조선일보』의 몰상식을 극복하는 일은 시민사회를 형성하는 기본적 상식들과의 투쟁 없이 완결되기 어렵다. 안티조선 운동의 주창자들은, '안티조선운동의 성공은 역사의 필연적 법칙임을 믿는다'(『인물과 사상』, 2000년 12월호, 24쪽)고 말한다. 여기서 우리가 '사회주의의 승리는 역사의 필연적 법칙'이라고 믿었던 정통 맑스레닌주의의 실패의 경험을 되새겨 보는 것도 나쁘지는 않을 것이다. 안티조선 운동이 사회의 변혁에 기여하고 또 필연적으로 성공하기 위해서는, 『조선일보』의 저 몰상식에 대한 반대를 시민사회의 에토스, 즉 시민사회의 '상식'에 대한 비판과 연결시키고 그 반대와 비판의 노력을, 다중들의 공통감각이라는 의미에서의 유효한 상식을 창출하는 운동으로 발전시켜 나가는 것이 반드시 필요하다고 나는 생각한다. (2001)

제4부
시민사회를 넘어서

반(反)결정론자 맑스

   지난 세기에 맑스는 결정론자로, 혹은 결정론의 후원자로 이해되어 왔다. 노동시간에 의한 가치결정은 법칙적이며, 이윤율의 저하도 법칙적이고, 자본주의의 붕괴와 사회주의의 승리가 역사의 필연적인 법칙이라는 믿음들이 맑스로부터의 인용들에 의해 구성되었다. 프롤레타리아는 오직 이 법칙을 실현할 목적의식적 대행자로서만 의미를 가졌고 인간의 실천은 자유의지로서보다 당위로 설정되었다. 사회주의가 힘을 가질 때 '결정론자 맑스'가 숭배되고 사회주의가 붕괴했을 때 맑스가 그것과 더불어 비난, 무시, 망각된 것은 이러한 맑스 이해의 자연스런 귀결이라 해야 할 것이다. 포스트모더니즘의 반결정론이 맑스를 자신의 적대자로 설정하고 자신의 삶을 맑스의 죽음에 걸게 된 것은 이러한 역사의 거울 효과인 셈이다. 그렇다면 맑스는 지난 세기 맑스주의와 사회주의를 둘러싼 찬반의 담론들이 증언한 대로 결정론자였던 것인가?
   여기에 이 증언을 위증으로 보게 만드는, 다시 말해 맑스의 이론 활동이 결정론에 대한 투쟁 속에서 출발했음을 보여주는 한 권의 책이 있다. 맑스의 박사학위논문『데모크리토스와 에피쿠로스의 자연철학의 차이』(그린비, 2001)가 바로 그것이다. 그가 20대 초(1939~1941)에 쓴 것으로 보이는 이 논문은 에피쿠로스의 '편위' 운동의 개념이 그에 대한 온갖 비방에도 불구하고 같은 원자론자인 데모크리투스와 에피쿠로스를 차이 지을 뿐만 아니라 후자가 전자를 넘어서는 결정적 지점임을, 나아가 이 개성적이고 강렬한 그리스 철학이 로마 정신의 원형들을 구성했을 뿐만 아니라 근대 세계에서도 그 "정신적 시민권"을 인정받을 수 있는 영원성을 갖고 있음을 전력을 다해 밝히고 주장하는 것에 집중된다.

편위운동의 원리는 간단하다. 만약 원자들이 이미 결정된 궤도를 따라 수직낙하하기만 한다면 원자들 사이의 충돌, 반발은 없을 것이다. 편위 운동이란 바로 이 충돌과 반발의 원인이 되는 원자의 탈직선적 운동이다. 맑스는 이 편위 운동을 어떻게 설명하는가? "원자와 대립하는 상대적 실존, 다시 말해서 그것이 부정해야만 하는 현존재는 직선이다. 이 운동의 직접적인 부정은 하나의 다른 운동, 바로 공간적으로 자기자신을 표상하는 직선으로부터의 편위인 것이다". 이렇게 말할 때 그는 헤겔의 변증법에 여전히 기대고 있는 것처럼 보인다. 왜냐하면 선은 점의 부정이고 공간은 선의 부정이라는 식의 밋밋하고 헐렁한 '부정의 부정' 논리가 편위 운동을 설명하기 위해 동원되기 때문이다. 하지만 그는 곧 "원자는 순수하게 자립적인 물체 혹은 천체처럼 절대적인 자립성으로서 인식되는 물체다. 그렇기 때문에 원자는 천체처럼 직선으로 움직이지 않고 사선으로 움직인다. 낙하운동은 자립적이지 못한 운동이다"라고 함으로써 낙하운동을 괄호친다. 이미 결정된 운동으로서의 낙하란 편위의 부재로서, 즉 강요와 부자유로서 존립할 수는 있어도 자율적으로 존재하지는 않는다는 것이다.

이리하여 원자와 편위 운동은 직접 대면하게 된다. 그렇다면 이 양자는 어떤 관계에 있는 것일까? "만약 에피쿠로스가 직선을 따르는 원자운동의 관점에서 그것의 질료성을 표상했다면, 직선으로부터의 편위에 있어서는 원자의 형식 규정을 실현하고 있다. 그런데 이 반대되는 규정들은 직접적으로 적대하는 운동으로 표상된다." 질료와 형식의 적대는 본질의 차원과 현상의 차원 모두에서 전개된다. 원자의 개념 즉 본질에서 질료는 그것의 기체이며 형식은 그것의 원리이다. 본질계에서 현상계로의 이행은 원자가 질을 통해 자신의 개념으로부터 소외되는 것, 즉 다수의 무한한 개별 원자들로 정립되는 것이다. "현상계가 출현하는 것은 질이 부여된 원자들의 충돌과 그와 연관된 집적체로부터다".

시간은 바로 이 관점에서 정의된다. 원자들의 결합이 구체적 자연의 수동적 형식이라면 시간은 그것의 능동적 형식이다. 그것은 사건의 사건, 실체의 변화, 자신 안에서 반성하는 것으로서의 변화이다. 시간 속에서 다수 원자들의 조성(composition)은 능동적 형식을 갖게 된다. 체화된 시간이자 감각적 세계의 실존하는 자기 안에서의 반성인 인간의 감성이 그것이다.

이것을 규정하는 것이 바로 편위 운동이다. 그것은 원자의 가슴 속에 있는 투쟁과 저항의 힘, "모든 신들의 무리를 증오하는" 자유의지이다. 맑스는 이것을 「포이에르바하에 관한 테제」에서는 "대상적이고 혁명적인 실천"으로, 『요강』에서는 "노동" 즉 "생기 넘치는 형식-부여적인 불"이자 "살아 있는 시간에 의한 사물들의 형성으로서 사물들의 과도성"으로 정의한다. 부단히 새로운 복합체들의 형식을 창출하는 이 감각적 편위 운동의 관점에서 볼 때 "필연성이란 존재하지 않"는다. 현상은 감각적으로 실재적이며 이 실재계의 모든 것은 우연들과 자유의지들의 조성물이다. 따라서 필연성 안에서 사는 것은 불행이다. 이 불행으로부터의 자유, 필연성에 대한 반대가 삶의 쾌락의 한 측면이다.

그러나 그것은 아직 정적이다. 동적인 쾌락은 기쁨과 환희의 창조, 원자들의 배치를 바꾸어 내는 능동적 실천에 있다. 이 능동적 변혁의 활동 속에서 모든 필연적인 것, 보편적인 것은 해체된다.

천체가 모든 그리스 철학자들의 숭배 대상이었던 것은 그것이 불멸성과 영원성, 필연성과 법칙성의 체현으로 보였기 때문이다. 이러한 관점과 정면으로 충돌하는 하나의 혁명적 관점이 있다. 그것은 맑스가 파악한 에피쿠로스의 천문대기론이다. 에피쿠로스는 천문대기현상이 통제되지 않는 복수적(複數的) 방식으로 일어나며 모든 것들은 수많은 원인들의 중첩에 의해 일어나므로 그것들은 불멸적이지 않다고 본다. 천체들은 어떤 때는 이런 방식으로, 다른 때는 저런 방식으로 움직이는 "무법칙적 가능성"이다. 그것들은 현실적으로 된 원자들, 즉 추상적 개별성(개념)에서 구체적 개별성(자연)으로 전화한 원자들이다. 그것은 단일성, 자기동일성, 절대적 법칙성을 부정하는 구체적 보편성이다. 이렇게 자연이 자율성을 얻는 순간, 본질로서의 원자는 절대적 질료로, 무형식적 기체로 하강함으로써 이 구체적 개별성과 대립하게 된다. 여기에 결정론과 목적론과 신비주의가 들어설 자리가 있는가?

맑스는 헤겔의 『철학사』를 통해 에피쿠로스를 발견했고 청년헤겔주의자인 바우어의 지도로 에피쿠로스를 연구하지만, 루크레티우스를 통해 헤겔이나 바우어와 구별되는 독자적 철학방향을 확립한다. 그것은 인간의 삶이 어떠한 법칙, 불멸성, 결정성에 의해 지배되는 것도 거부하는 자유의지적, 자율적 유물론이다. 맑스가 이것에 '천체 속에서 원자의 모순은 지양된다'는 식의 변증법적 외피를 입히고 있는 것이 사실이라 하더라도 그의 철학적 지향은 이미 그것을 파괴하는 방향으로 정향되어 있다. 그렇다면 『자본론』에서 탐구의 대상으로 떠오르며 맑스주의들의 역사적 발전에서 맑스의 하드코어로 인식된 법칙들에 대한 강조는 법칙들에 대한 부정과 쾌락의 관심에 의해 이끌리던 박사학위 논문의 맑스와는 구별되는 또 다른 맑스, 즉 결정론자인 맑스인가?

  우리는 이에 대해 '아니다'라고 답할 수 있다. 『자본론』은 상품 원자들의 복합적 조성의 형식에 대한 분석이지만 그것의 법칙들을 규정하는 것은 어떤 필연성이 아니라 계급투쟁의 소용돌이이다. 부르주아 사회의 운동법칙들은 프롤레타리아의 혁명적 실천이라는 편위 운동을 통해 해체될 뿐만 아니라 새로운 형식을 띠게 된다. 그러므로 이 혁명적 실천들은 결정된 목적의 인과적이고 당위적인 실행이 아니라 욕구, 기쁨, 쾌락의 실천일 것이다. (2001)

맑스가 우리에게 남긴 문제

나는 지금 한 권의 복사된 책을 펼쳐 놓고 있다. 겉표지에는 아무 것도 인쇄되어 있지 않다. 속표지에 비로소 *Die Frühschriften*(『초기저작들』)이라는 제목과 출판사 이름이 나타난다. 그런데 정작 저자의 이름은 보이지 않는다. 다만 제목 바로 위에 까맣게 지운 자국이 있을 뿐이다. Karl Marx라는 이름을 숨겨 탄압을 피하기 위해서였을 것이다. 장을 넘길 때마다 페이지 오른쪽 상단에 소주제들이 나타난다. 국민경제학에서의 인간, 노동의 개념, 사유재산과 공산주의, 인간의 사회적 본질, 인류의 해방, '인간적' 감각, 자본과 노동의 통일성, 부의 운동, 소외의 개념, 노동의 분할, 분업과 시장, 화폐의 전도된 권력, 의식의 운동 등등. '국민경제학과 철학'이라는 제목 아래에 등장하는 이 주제들은 이 책을 복사해 동료들과 강독을 하던 1985년경과 마찬가지로 나를 긴장시킨다.

또 한 권, 불과 148쪽의 얇은 책. 같은 내용의 한글판인 이 책은 표지에 『경제학·철학 수고』(이론과 실천)라는 제목이 당당히 찍히고 '칼 맑스'라는 이름이 선명히 인쇄되어 있으며 그의 얼굴 그림까지 인쇄되어 있다. 뒷표지에는 이렇게 쓰여 있다: '맑스가 집필한 지 140여년이 지난 오늘 『경제학·철학 수고』의 한글 번역판을 독자들 앞에 내놓는 까닭은 이 시대가 인류의 위대한 유산을 마땅히 공유해야만 하기 때문이다'. 이 책은 '1987년 8월 20일 초판 인쇄'라고 되어 있는데 이렇게 맑스의 이름과 얼굴은 6월 내내 전국을 뒤덮은 거리 투쟁과 울산, 마산, 창원 등 전국의 주요 공단들에서 들끓어 오른 노동자들의 투쟁 한가운데에서 겨우 그 모습을 드러낼 수 있었다. 그리고 한국 노동자들에게 모습을 드러낸 그의 첫 인사는 "임금은 자본가와 노동자 사이의 적대적 투쟁을 통해 결정된다(11쪽)"는 말이었다.

그로부터 4년이 지난 1991년 10월에 한국에서는, 스물 여섯살의 젊은 독일인이 쓴 이 책이 『1844년의 경제학 철학 초고』(박종철 출판사)라는 제목으로 다시 번역되어 출간되었다. 1989년 베를린 장벽이 붕괴되고 1991년 5월의 투쟁이 수그러들고 소련이 해체되어 가는 와중이었다. 이 책은 "임금은 … 결정된다"는 앞의 구절에 이어지는 문장을 "자본가 편에 승리의 필연성이 있다"라고 고쳐 놓았다. 원본에 상응하는 올바른 수정이다. 투쟁이 상승하던 시기에 이 책을 번역한 1987년판의 역자가 "자본가 편에서 본 승리의 필연성"이라고 애매하게 흐려 놓았던 구절이다. 아마도 임금투쟁에서 '자본가가 필연적으로 승리한다'는 구절을 맑스의 생각으로 받아들이기 힘들었던 때문일 것이다.

그러면 이 구절은 노동자는 투쟁해 봐야 결국 패배할 수밖에 없다는 말인가? 이 책 99쪽에 질문 형식으로 된 맑스의 답이 있다. "2)임금을 상승시키고 그것을 통해서 노동계급의 상태를 개선시키려고 하거나 혹은 임금의 평등을 사회혁명의 목적으로 간주하는 … 개혁가들은 어떤 오류를 범하고 있는가?" 이 질문은 사회혁명은 임금투쟁을 넘어설 때에만 승리할 수 있음을 암시한다. 그리고 이 생각은 그에 앞선 보다 근본적인 질문과 결부되어 있다. "1)대부분의 인류를 이렇게 추상적 노동으로 환원시키는 것은 인류의 발전에 있어서 어떤 의미를 지니는가?"

 1990년대 중반 이후 네그리, 클리버 등의 도움으로 맑스를 다시 읽으면서 나는 155년 전에 맑스가 제기하고 평생 동안 매달렸으나 명확하게 풀지 못한 이 문제가 바로 지금의 우리가 풀어야 할 문제임을 더욱 절실하게 느낀다. (1999)

발리바르와 '인권의 정치'에 대한 비판적 검토

오래 전부터 예고된 바 있는 발리바르의 최근작 『맑스의 철학, 맑스의 정치』(윤소영 옮김, 문화과학사, 1995 ; 이하 괄호 안의 숫자는 이 책의 쪽수)의 번역출간으로 우리는 그에 의해 주도되고 있는 '맑스주의의 전화' 기획의 현단계를 보다 총체적으로 살펴볼 수 있게 되었다. 이 책의 주요 주제들에 대해서는 윤소영의 『맑스주의의 전화와 '인권의 정치'』 제3장에 상세히 소개되어 있으므로 여기에서는 이 책에 서술된 다양한 주제들 중에서 오늘날의 맑스주의 및 노동계급 운동의 발전과 관련하여 핵심적으로 유의미한 쟁점들만을 중심으로 검토해 보고자 한다.

발리바르의 '전화' 기획

주지하다시피 최근 발리바르의 '전화'의 기획은 맑스의 정치경제학 비판에 '주체화 양식'의 이론이 결여되어 있다는 진단 하에 주체화 양식을

'생산양식'으로부터 개념적으로 구별정립하고 이것과 생산양식과의 접합 형태를 사고하는 것에 집중되고 있다. 그러나 주목해야 할 것은 알뛰세주의 전통에서 이러한 시도는 사실상 '전화'라고 부를 만큼 그렇게 새로운 것은 아니라는 사실이다. 맑스의 정치경제학 비판에 주체화의 문제설정이 결여되어 있다는 진단은 알뛰세와 발리바르가 『자본』 독해에서 추출한 종래의 '주체 없는 과정으로서의 역사'라는 자신들의 테제를, 거꾸로 그것의 한계라는 관점에서 바라본 것에 다름 아니다. 그리고 이에서 비롯되는 것인 '주체화의 문제설정'이란 실제로, 자기비판 이후의 알뛰세에 의해 이데올로기에 의한 주체구성, 즉 호명의 테제 속에서 이미 사고되기 시작했던 것이다. 그래서 최근 발리바르가 전개하는 새로운 '사고실험'에도 불구하고 여전히 우리의 관심을 더 크게 끄는 것은 그의 시도의 '새로움'보다는 알뛰세주의를 관통하는 그 연속성의 측면, 즉 생산(양식)과 주체화(양식)의 분리라는 사고 그 자체, 다시 말해 주체화를 생산— 보다 엄밀하게 말하면 생산적 힘들— 에 기초 짓는 대신 그것을 이데올로기(혹은 물신숭배)와 특권적으로 관련짓는 문제틀 자체이다.

발리바르는 이 책의 3장 「이데올로기 또는 물신숭배: 권력과 주체화」에서 이 문제를 다루는데 여기에서 그는 알뛰세의 이데올로기주의적 주체구성론과는 다른 논리를 전개한다. 그것은 이데올로기의 문제를 국가에 위치시켰던 (이른바 '이데올로기적 국가기구'론) 알뛰세와는 달리 그것을 다시 생산양식에 위치시키는 방식을 통해 이루어진다. 주체성은 객관성의 영역 속에서 구성되며 사회적 과정의 효과(98)라는 주장이 그것이다. 이러한 의미에서의 주체성은 객관성의 사회적 세계의 일부로서 대상적 세계의 구성 과정 속에서 발생된다.

주체성의 구성을 객관성의 세계 속에서 이루어지는 것으로 사고하는 것은 과거의 관점과 비교해 보면 분명히 하나의 전환이다. 왜냐하면 주체화의 문제가 하나의 상부구조로서 사고된 국가/이데올로기와의 관련 속에서가 아니라 '생산'의 양식 그 자체와의 관련 속에서 사고되기 시작했기 때문이다. 그러나 엄밀히 말해, 발리바르가 말하는 주체성의 구성은 대상적인 사회의 구성 자체가 그러하듯이 생산 그 자체보다는 '물신숭배' 속에서 이루어진다. 그러므로 주체성의 구성을 이데올로기와 관련짓는 이전의 문제의식은 여전히 유지되고 있다고 볼 수 있을 것이다.

부르주아 사회 속에서 주체성의 구성이 물신숭배를 그 조건으로 한다는 것은 부인할 수 없는 사실이다. 부르주아 사회에서의 개인들간의 교류는 추상화된 노동시간에 기초하여, 그리고 일반적 등가물로서의 화폐라는 실재화된 물신을 매개로 이루어지고 있기 때문이다. 발리바르가 '경악스러운 환영이지만 또한 전적으로 자연적인' 주체인 경제적 주체가 부르주아 사회에서 '사물들(상품들) 쪽에서의, 그것들과의 관계에 있어서의 경험 속에서 주어져 있다'고 말하는 것은 이러한 사실의 인식에 기초한 것이다.

이러한 인식은 1974년에, 맑스의 물신숭배론을 하나의 관념론으로 치부하면서 '이데올로기 효과는 계급투쟁 속에서 역사적으로 형성되는 실제의 이데올로기적 제 사회관계의 존재와 기능에 의해서만 설명될 수 있다'(『역사유물론 연구』, 푸른산, 216쪽)고 말했던 발리바르로서는 정반대 방향으로의 전환인 셈이다. 그는, 맑스의 물신숭배론에 대한 그의 재평가에서, 역사적으로 제안되어온 물신숭배론 해석의 두 경향을 비판적으로 비교하고 헤겔주의에 기초한 루카치의 해석 — 그는 대상으로 전화되는 프롤레타리아트, 즉 역사의 주체로서의 프롤레타리아트를 설정한다 — 에 비해 '구조주의로부터 영감을 받은' 파슈카니스나 장-조셉 구의 해석 — 이들은 법적·도덕적인 이데올로기적 제 사회관계들에 사물들의 경제적 물신숭배의 구조가 공통적으로 나타나는 것으로 봄으로써 후자에서 경제적 주체가 발생하는 것과 동일한 원리에 따라 법적·도덕적 물신숭배로부터 법적·도덕적 주체가 발생하는 것으로 설명한다—이 개인들 속에 내재하는 '인간적 본질'에 대한 비판에 훨씬 더 가깝다고 평가한다(104~5).

주체성의 구성을 경제적·법적 주체와 같은 부르주아적 주체성의 구성에 국한하여 살펴볼 때에도 그것을 부르주아 사회의 물신숭배적 '구조'에서 자동적으로 구성되는 것으로 보기에는 불충분하다.

혁명적 주체성은 어떻게 구성되는가

알뛰세(와 발리바르)가 1970년대 초에 자기비판을 거쳐 이데올로기적 제 사회관계들에 의한 주체구성론으로 나아갔던 것은 바로 부르주아적 사회구성에 대한 구조주의적 독해가 갖는 이러한 불충분성을 '보충'하기 위한 것이었다. 그렇다면 이제 이 이데올로기주의적 보충시도를 철회(?)한 위에서 부르주아적 주체성을 넘어서는 주체성, 즉 혁명적 주체성은 어떻게 구성될 수 있는가?

발리바르 정치철학의 사활을 결정할 이 물음에 대한 답변은 '인권의 정치학'이라는 개념으로 요약된다. 권리개념으로서의 인권은 인격들을 전제하는바, 그것들은 유통에 의해 구성되는 사물들(상품들과 화폐)과는 달리 사회적 생산활동에 참여하는 현실적 개인들이자 동시에 개인들 자신이 상품관계들을 담지할 수 있기 위해 써야 하는 법적 가면들이다. 이렇게 이미 인격들은 자신 속에 현실적 개인들과 그 법적 가면들 사이의 긴장을 내포하고 있지만 부르주아적 상품사회 속에서 자유롭고 평등하다. 즉 근대의 인격들은 다른 개인들에 대하여 보편적인 것의 담지자로서 '특수한 질 없는' 인간으로서 나타난다. 여기에서는 왕과 노동자, 은행가와 임노동자의 차별이 있을 수 없다. 이 절대적인 '자유·평등의 체계'는 유통형태와 특권적으로 연관되는 것으로서 상품교환의 보편적 확대에 조응한다.

그러나 생산영역으로 눈을 돌리면 어떤가? 그곳은 등가적 유통에 내재한 부등성이 출현하는 곳이자 생산적 힘들과 교류형태 사이의 갈등이 적나라하게 표현되는 곳이다. 교류의 확대와 일반화는 생산적 힘들의 보편적 소통을 가능케 하며 애초의 고립된 개인들은 사회적으로 결합된 총체화된 개인으로 구성된다. 생산적 힘들이 자본에 가하는 아래로부터의 압력이 커지면서 위기 극복책으로 자본이 도입하는 과학기술의 생산력적 전화는 역설적으로 생산적 힘들의 지적 소통의 능력을 증대시킨다. 자본의 가치증식의 규모가 커지는 이면에서 생산적 힘들 역시 증대하여 부르주아 사회는 '자신의 마법에 의해 불러낸 지하세계의 힘들을 더 이상 통제할 수 없는 마법사'(『공산주의자 선언』)와 같은 처지에 놓인다.

그러므로 현대 정치학의 핵심문제는 이 보편적 소통능력을 갖춘 지하세계의 힘들의 혁명적 생성을 가속화시킬 새로운 교류·소통의 형태를 창출하는 한편 고립된 개인들에 기초한 낡은 교류형태를 총체적으로 파괴하는 것으로 집약되어진다.

그렇다면 인권의 정치학은 이러한 과제와 어떻게 관련되는가? 발리바르는, 맑스가 「포이에르바하에 대한 테제들」 및 『독일이데올로기』를 통해 이룬 '단절'의 재독해에 기초하여 '자연을 비가역적으로 전형하는 동시에 인간을 전형하고 그렇게 함으로써 역사를 구성하는 것은 그 자신의 생존수단들의 생산이라는 인격적이며 동시에 집단적인 활동'이라는 '생산의 존재론'을 정식화한다(제2장 「세계를 변화시키자: 프락시스에서 생산으로」). 이 정식은 생산적 힘들의 초개인적인 개인들로의 자기생성에 대해, 그리고 고립된 개인을 전제로 한 기존의 물신화된 교류형태와 이 초개인적 개인들의 적대를 정식화하는 방향으로 나아갈 수 있는 이론적 잠재력을 충분히 갖고 있다.

'인권의 정치'의 근대적 한계

하지만 그는 '초개인적인 것'을 단순히 '개인들이 상호 설정하는 다수의 행위적 관계들'이라는 논리적 범주로 정의하는 데 그침으로써 그것의 역사적 동태성을 살려내지 못한다(54~57). 그 결과 그의 인권의 정치학은 고립된 개인들(과 그 집합)이라는 근대적 인간 위에 구축될 수밖에 없게 되고 근대 속에서 탄생한 비근대로서의 프롤레타리아트('비동시대적' 존재)의 긍정적 힘은 근대인간에 대한 낡은 표상에 따라 재단될 수밖에 없게 된다. 그가 상품유통의 형태에서 도출되는 자유-평등의 체제(혹은 보편적 인권의 논리)와 생산적 힘들 사이의 적대관계의 발전을 포착하고서도 그 적대 자체에 관심을 집중시키는 것이 아니라 그것을 자유-평등 체제의 '보편성이 야기하는 모순들'로 왜곡, 무력화시켜 버리는 것은 우연치 않은 결과이다.

결국 그는 자유-평등의 체제가 인권의 체제로 출현하였으면서 실제로는 인권폐기의 체제로 작동한다는 모순—즉 개인들을 자유롭도록 강제하면서도 개인들의 자유의지에 대한 인권의 기본적 준거는 폐기시키는 모순—을 중심적 문제로 설정함으로써 생산적 힘들을 문제의 중심에서 밀어내 버린다. '보편적 인권은 착취를 은폐하는 언어이면서도 동시에 피착취자들의 투쟁의 언어가 될 수 있다'(108)는 주장은 이론적 문제설정의 이러한 굴절 위에서 나오는 것이다. 이것은 생산적 힘들의 긍정적 생성의 능력보다 자본의 변증법적 힘 —— 이것은 축적을 향한 자신의 경향과 그것이 드러내는 모순을 새로운 기초 위에서 부단히 통합해 나가는 힘이다 —— 을 더욱 중시하는 수동성의 사고이다. 그리고 이것은 상품형태 발생의 전제였으나 오늘날 총체화된 사회적 생산력들(사회적 사이보그의 형태로 등장한 초개인적 개인들)의 출현으로 사멸하고 있는 고립된 현실적 개인들, 즉 근대적 '인간'의 회복에 머무르는 복고적 사고로 귀착된다.

발리바르는 맑스가 자유-평등 체제에서의 인권의 정치를 부르주아 민주주의로 이해하고 있었다는 것을 잘 알고 있다. 그렇다면 그의 혁명적 보편주의, 즉 인권의 정치를 매개로 한 민주주의의 경계확장이라는 전략은 부르주아 민주주의의 확대를 통한 평화적 이행이라는 낡은 유로코뮤니즘의 정치학과 질적으로 구별될 수 있는가? 그것은 자본의 개혁주의적 힘으로부터 스스로를 분리시킬 독자적 힘을 갖고 있는가? 그것은 과연, 발리바르가 자임하듯이, 프롤레타리아트 자신의 힘으로 쟁취하는 해방의 전략과 접속될 수 있는가?

반폭력인가 협력인가

이 물음들에 대한 대답은 아직 불확실하거나 아니면 부정적이다. 왜냐하면 오늘날의 프롤레타리아트는 이미 더 이상 근대적 의미에서의 '인간'은 아니며 이들에게는 부르주아 사회 속에서 부정당한 인간적 권리(선언된 인권들)의 회복보다는 새롭게 생성된 자신의 힘들의 긍정적 정립—— 낡은 것의 총체적 파괴는 이것의 계기이다 —— 이 당면한 핵심문제이기 때문이다. 이렇게 볼 때 이 책 후반의 세 개의 장에서 서술되는 '폭력형태들에 반대하는 집단적 투쟁의 조직'이라는 인권의 정치학의 반폭력적 문제설정은 폭력형태의 위험성에 대한 중대한 경고의 효과에도 불구하고 힘의 행사형태에 대한 일정한 억압적 가정을 포함하고 있는 것으로 보인다. 왜냐하면 여러 형태의 폭력들이란 여러 형태의 비폭력들과 마찬가지로 생산적 힘들이 표현되는 다양한 양태들 중의 하나에 다름 아니므로 그 표현의 양태들 중의 하나인 폭력형태에 다른 양태를 선험적으로 대립시키고 이를 제한하는 것은 생산적 힘들의 코뮤니즘적 협력을 방해하는 것으로 작용할 것이기 때문이다.

이것은 그의 반폭력론이 자율적인 생산적 힘들의 구체적 운동에 정초하지 못하고 보편주의에 의거하는 데에서, 그리고 활력과 폭력을 직접적으로 동일시하는 데에서 비롯되는 것으로 생각된다. 발리바르가 설정한 동시대적인 시간들의 다수성(147), 그 차이적인 힘들의 자기해방을 이루는 데 필요한 것은 특정한 형태의 선호와 특정한 형태의 배제가 아니라 다양한 수단들, 형태들, 방법들, 경로들의 개방과 이들의 상호연결의 추구일 것이다. 이러한 열린 방식을 통함으로써만 그의 '생산의 존재론'이 풍부하게 전개되고 또 실제적 힘을 획득할 수 있을 것이다. 그리고 낡고 협소한 교류형태를 폐지하고 보편적 소통의 형태를 창출할 새로운 주체성은, 지배 이데올로기나 물신숭배적 구조의 제약 혹은 그것들의 내적 모순 그 자체에서보다는 우선적으로, 그것들을 낳고 또 깨뜨리는 차이적 힘들의 실제적 운동, 즉 생산적 힘들 그 자체의 구성적 자기전개에서 찾아져야 한다. 이 생산적 힘들로부터의 인위적으로 설정된 거리두기, 다시말해 실천적 입장의 이론적 입장으로의 대체 혹은 유물론적·실천적 입장의 부재가 그의 책에, 논리전개의 모호함과 답답함, 독자를 사로잡는 힘의 결여, 독자의 관심을 현실과 실천으로 돌려주기보다 끝까지 개념의 세계에 묶어두는 관념성 등의 특징을 각인하고 있는 것으로 보이기 때문이다. (1996)

'PD'의 진실과 맑스의 진실

　한국을 포함하여 동아시아 전역에 급속히 파급되고 있는 최근의 신자유주의적 경제위기는 이른바 '30년' 장기 호황의 영향으로 오랫동안 관심 밖으로 밀려났던 위기 이론의 복귀를 자극했다. 그것은 1990년대 내내 포스트모더니즘의 공세에 밀려 수세적 위치(이른바 '맑스주의의 위기')를 벗어나지 못했던 맑스주의의 재기를 위한 좋은 조건을 조성하고 있다. 포스트모더니스트들이 침묵하는 가운데 논쟁이 과거 맑스주의자들의 언어로, 즉 '현재의 위기는 신식민지 국가독점자본주의(이하 '신식국독자')의 구조위기인가 국제적 과잉생산/과잉축적의 순환위기인가'라는 식으로 전개되는 것은 이러한 사정을 반영한다. 맑스주의는 지난날의 시련과 위기를 딛고 다시 일어날 수 있을 것인가? 여기서 우리는, 맑스주의가 변화된 상황 속에서 새로운 모습으로 재기할 수 있기 위해 요구되는 이론적 능력은 무엇인가를 묻게 된다.

　『일반화된 맑스주의와 역사적 자본주의 분석』(공감, 1998 ; 이하에서 『분석』, 괄호안의 숫자는 이 책의 쪽수)의 저자 윤소영은 'IMF 정국은 1980년대 이후 남한에서 자본주의의 발전을 신식국독자의 일반적 위기와 반동적 재편으로 보는 관점의 정당성을 반증한다'(79)고 역설한다. 지난 수년 동안 맑스주의의 위기, 맑스주의의 전화, 맑스주의의 일반화로 나아온 그가, 현금의 위기 속에서, 해체 이전 구 소련의 경제학(특히 짜골로프 경제학)의 압도적 영향하에서 구축된 신식국독자론의 정당성의 재확인으로 복귀하는 것은 흥미로운 일이 아닐 수 없다. 나는 '일반화된 맑스주의'를 통해 재비준된 신식국독자론이 신자유주의 이행과 현재의 위기 동학을 어떻게 설명하는지를 살펴 본 후, 인권의 정치로 표현되는 그것의 정치학이 자본의 신자유주의 전략에 대응할 유효한 실천 전망을 제공해 주는가에 대해 검토해 볼 것이다.

'쇄신된' 신식민지 국가독점자본주의론의 신자유주의 비판

저자가 신식국독자론의 정당성을 재천명하지만 거기에는 한정적 자기 비판과 부분적 쇄신이 동반된다. '돌이켜 보면, 신식국독자론에서는 아메리카 헤게모니와 초민족적 자본의 모순에 의해 과잉결정되는 세계 체제의 모순과 그 속에서 전개되는 신자유주의적인 금융적 세계화에 대한 인식이 불충분했을 뿐으로, 이는 맑스의 문제설정과 브로델의 문제설정을 접합함으로써 자본주의의 역사를 분석하려는 아리기의 시도를 통해 얼마간 보충될 수 있을 것이다'(14)라는 진술이 그것이다. 『분석』은 저자의 논문 「쉬잔 드 브뤼노프의 '신자유주의' 비판」과 더불어 바로 이 보충을 위한 이론적 노력이다. 그렇다면 신자유주의적인 금융적 세계화에 대한 아리기의 분석을 통해 신식국독자론은 무엇을 수혈받는가?

아날 학파와의 대화는 이 보충의 첫 번째 계기이다. 저자는 시장경제, 물질문명, 자본주의의 3층 구조론에 입각하여 1400~1800년 사이의 자본주의의 역사를 분석한 브로델의 '부동의 역사'론이 맑스에 비해 커다란 장점을 갖고 있음을 인정한다. 그러나 브로델에게는 반대로 생산양식 개념이 결여되어 주기변동 또는 순환 자체의 구조적 경향을 분석할 수 없고 이데올로기 개념이 결여되어 주체화 양식을 분석할 수도 없다.

발리바르 속에서 이루어지는 맑스와 브로델의 대화는 계급적대, 계급투쟁 개념에 대한 비판과 계급 이론의 해체·개조로 표현된다. 그것은 자본에 의한 대중의 착취와 포섭, 즉 프롤레타리아화를 분석하면서 자본의 추상화에 대비되는 노동의 구체성을, 그리고 '더 이상 억압할 수 없는 최소'로서의 현실 모순의 기원을 사고하는 것이다.

이러한 개조를 통해, 노동계급의 정체성은 자본의 추상화에 포섭된 노동의 구체성인 노동자들의 실천들뿐만 아니라 노동·생활조건들과 관련된 대중적 노동자운동들, 노동자들의 조직들 및 이데올로기들의 역사적 실존으로 파악되며, 계급투쟁은 경제적·정치적 과정들의 본래적으로 세계적인 성격을 표현하는 '세계체제의 중심/주변으로의 양극화' 속에서 고찰되고, 사회구성체의 재생산은 경합적인 근대적 국가들의 체계 속에서 실현되는 민족형태에 의해서 구체화되는 것으로 이해된다. 요컨대 '사회적 관계의 상품화를 통한 노동력 착취와 동시에 사회의 민족화의 경합적 중심들 사이에서의 세계분할을 고려해야 한다'(23)는 것이 그 개조의 핵심이다.

이런 인식 하에서, 맑스주의 고유의 민족외적 관점, 즉 계급투쟁 관점은 아르키메데스의 점이자 동시에 진정한 맹목점으로, 민족주의와의 거울유희를 지양할 수 있게 해주는 동시에 부르주아적 사회성에 대한 몰이해를 드러내는 것으로 평가절하된다. 그 대신 특권화되는 것은 자본주의 세계체제 속에서의 부르주아지화로서의 민족형태인데, 근대가 무엇보다도 '민족 부르주아지들이 경합하는 시대'(24)로 규정되는 것은 이 때문이다.

발리바르의 문제의식은 '계급들 없는 계급투쟁', 즉 배제와 불평등이라는 새로운 쟁점을 야기하는 대중의 계급적 구조의 전화에 있다. 그는, 노동으로부터의 배제와 그에 수반되는 시장으로부터의 배제 및 시민성으로부터의 배제, 그리고 이러한 배제에 의해 지배되는 불평등에 대한 투쟁은 계급투쟁에 대한 근대적 표상의 전화를 요구한다고 본다. 착취와 억압뿐만 아니라 배제와 불평등까지 대중의 계급화를 축으로 일관되게 분석해 나갔던 맑스와는 달리 그는 배제와 불평등 문제의 해명은 계급투쟁과 민족 형태의 접합에 의해서만 완결될 수 있다고 본 것이다. 여기에는 '자본주의적 생산양식과 민족국가의 구성은 비연역적이며 중심/반주변/주변으로 구성되는 세계체제로서의 역사적 자본주의 속에서만 접합될 뿐'(24)이라는 선험 명제가 자리잡고 있다. 다분히 절충론의 위험을 안고 있는 이러한 접합 이론이 무엇으로 귀결되는지를 살펴보기 위해서는 저자에 의해 '알뛰세르 · 발리바르와 브로델 · 월러스틴의 대화를 통해 일반화된 맑스주의의 문제설정을 더욱 구체화한'(27) 것으로 평가되는 아리기의 역사적 자본주의 분석을 검토해 볼 필요가 있다.

아리기는 근대적 세계체계를 '국가간 체계'와 '자본주의 세계경제'라는 이중 규정 속에서 분석한다. 전자는 민족형태의 필요조건으로서 영토(인구와 자원)에 대한 주권으로 정의되는 주체화 양식으로서의 영토주의적 민족국가를 의미하고 후자는 중심/반주변/주변의 위계 하에서 인구와 자원에 대한 착취로 정의되는 생산양식을 의미한다. 그리고 그의 역사적 자본주의 분석의 주요 대상은 세계 헤게모니와 체계적 축적간의 역사적 연관과 모순이다. 그에 따르면 몽골, 스페인·제노바, 네덜란드의 장기세기(long century)에 이은 1740~1930의 영국 장기세기는 1790~1930의 체계적 축적의 시기와 1810~1930의 영국 헤게모니의 시기로 구성되고, 1870년대 이후의 미국 장기세기는 1920년대 이후의 체계적 축적의 시기와 1945년 이후의 미국 헤게모니의 시기로 구성된다. 중요한 것은 1970년대 이후의 세계 자본주의의 위기인데, 그에 따르면 이 시기는 영국의 장기세기와 미국의 장기세기가 겹쳤던 1870~1930 시기와 마찬가지로 '체계적 카오스'로 규정된다.

1870년대 이후 체계적 카오스 속에서 전개된 영국 헤게모니에 대한 미국의 도전은 자본과 노동력은 수입하면서도 상품시장은 보호함으로써 영국의 자유무역 제국주의에 대해 자율적인 국내 제국을 형성한다는 전략을 축으로 하는 것이었다. 독일의 도전으로 인한 30년 전쟁이 영국의 자유무역 제국주의를 붕괴시킴에 따라 이를 계승한 미국은 자유무역이 아니라 자유기업을 토대로 세계시장을 재조직하려 했다. 국가간·민족간 체계의 특징을 갖는 영국적 체제와는 달리 초국가적·초민족적 체제의 특징을 갖는 미국적 체제는 세계정부로서의 UN과 세계시장의 통치를 위한 IMF의 구성에 의해 소련을 포함하는 하나의 세계의 건설을 의도했으나 1949년 중국혁명 이후 자유세계의 방어를 위한 냉전적 대립의 체제로 정착되었다. 이것이 아리기가 말하는 냉전질서로서의 미국 헤게모니이다.

그에 따르면, 국가간 체계에서의 미국 헤게모니는 서독 중심의 서유럽 재건과 소련·동유럽 봉쇄를 통해 유럽의 분단을 의도한 마샬플랜과 중국·일본을 두 축으로 아시아의 분단을 의도한 한국전쟁을 통해 결정된 국제적 군사케인즈주의로 구조화된다. 이것은 국가의 경제 장치와 더불어 억압 장치와 이데올로기 장치를 더욱 확대·강화하는 것이었다. 그렇다면 우리가 관심을 갖고 있는 현재의 위기, 즉 1970년대 이후의 위기의 동학은 무엇인가?

영국 헤게모니의 위기와 해체가 독일과 미국의 도전에 의해 설명되었듯이, 그것은 일차적으로 미국의 초민족적 자본에 대한 유럽 및 일본의 초민적 자본의 도전에 의해 설명된다. 초민족적 자본간의 이러한 경쟁은 1968년을 전후하여 심화된다. 유럽의 초민족 자본은 1)소련과 동유럽이 자본주의 나라들과의 무역을 위해 런던의 은행들에 보유한 달러 예금 2)1950년대 말~1960년대 초에 유럽에 진출한 미국의 초민족적 자본 3)국제금융에 대한 규제를 피해 런던으로 이전한 뉴욕 은행들 등을 모태로 형성되었다. 일본의 초민족적 자본은 한국전쟁 특수를 기반으로 국제적 군사케인즈주의 하에서 방위비를 미국에게 부담시킴으로써 형성되었다.

이 두 곳에서의 초민족 자본의 형성은 미국 자본의 초민족화와 미국 헤게모니의 민족적 토대인 국제적 군사케인즈주의 사이의 모순의 발현에 다름 아니다. 예컨대 미국에 의한 유럽의 재건이 미국의 유럽진출을 가능케 했지만 자본의 초민족화는 민족적 헤게모니를 약화시키고 체계적 카오스를 야기시켰다는 것이다. 미국 헤게모니의 위기와 새로운 체계적 카오스는 1970년 이후 달러화의 금태환 정지와 고정환율제의 포기로 나타나며 신자유주의적 금융 세계화 역시 이 체계적 카오스 속에서 탄생했다.

새로운 고도금융의 형성이라고 불리는 이 금융 세계화의 동인은 무엇인가? 아리기의 설명은 간단하다. '국제적 군사케인즈주의 하에서 자본의 초민족화와 초민족자본들의 상호 경쟁이 이윤율의 저하 경향에 더 이상 반작용할 수 없어 초민족적 자본이 과잉 축적되고 환차·금리차를 노리는 금융적 확장이 물질적 확장을 압도'(54)했기 때문이라는 것이다.

미국 헤게모니의 약화를 만회하기 위한 미국의 일련의 노력들은 오히려 체계적 카오스의 심화로 귀착되었으며 결국 미국은 뉴딜적 전통을 포기하고 고도 금융에 순응하게 된다. 1980년대에 강한 달러를 위해 레이건·부시에 의해 추진된 반인플레이션적 긴축, 고금리, 탈산업화, 은행규제의 철폐 등의 신자유주의 정책들은 그 구체화이다.

이 맥락 속에서 IMF가 부상하고, 근대화 발전 과정에서 외채 위기에 봉착한 제3세계와 1990년대에 자본주의 세계체제 속에 편입된 소련·동유럽에는 전통적인 안정화·근대화 프로그램이 아니라 신자유주의적 구조조정 프로그램이 강요된다. GATT가 1970~1980년대에 은행 및 자본시장의 자유화를, 1980~1990년대에는 외환, 서비스, 정보, 농산물 시장의 자유화를 요구하며, 1993년 우루과이라운드를 통해 첨단기술에 대한 지적 소유권 보호와 자본 자유화를 통한 금융시장 개방을 요구한 것은, 초민족적 자본이 기술지대, 이자소득, 투기이득을 보장받을 수 있도록 지원하는 것에 지나지 않는다. 제3세계의 외채위기와 구조조정 및 평가절하의 악순환은 이 나라들을 금융적 세계화에 종속시킴으로써 잉여가치의 해외 유출을 가져오고 국가파산을 일반화시킨다. 아리기를 따라, 저자는 '1980년대 멕시코·브라질의 외채 위기에서 시작하여 1995년 멕시코·아르헨티나, 1997년 아세안·남한에까지 파급된 일련의 외채위기는 최종적 위기가 다만 시간 문제일 뿐임을 알려 주는 것'이라고 주장한다.

이상에서 살펴본 아리기의 역사적 자본주의 분석에서 중심을 이루고 있는 것은 계급투쟁이 아니라 국가간 경쟁과 자본간 경쟁이다. 그의 지적 협력자인 월러스틴 마저도 아리기의 『장기 20세기』 서평에서 이 책에 계급에 대한 논의가 등장하지 않음을 시인하고 있다. 아리기가 '사회의 민족화의 경합적 중심들 사이에서의 세계분할'에 집중하면서 '사회적 관계의 상품화를 통한 노동력 착취'를 그것에 종속시키는 경향을 보인다는 것이다. 계급투쟁은 역사의 주요한 설명 변수로 되지 못한다. 세계체제에서의 헤게모니의 계기적(繼起的) 역사에 대한 그의 서술은 위로부터의 왕조사를 연상시킨다. 돌아보면 신식국독자론의 '독점강화/종속심화'도 착취보다는 자본간 경쟁(독점)과 민족간 경쟁(종속)을 사회분석의 초점에 놓았었다. 따라서 저자가 『분석』의 마지막 절 '자본의 초민족화와 노동력의 세계적 구성'에서 홉킨스, 월러스틴, 페트라스(그리고 아마도 브뤼노프)의 논의에 의거하여 계급 재구성에 눈을 돌림으로써 아리기의 역사적 자본주의 분석의 약점을 보강하려 할 때, 그것은 신식국독자론의 결함을 보충하려는 시도이기도 하다.

저자는 자본의 초민족화가 가져온 노동력 구성상의 변화를 프롤레타리아화의 비보편화와 반프롤레타리아화의 증대로 요약한다. 이러한 과정은 자본의 초민족화의 결과, 1)기업 네트워크 안에서 생산과 소비가 분리되고 2)자본 및 화폐시장의 규제 불가능성, 상품시장의 규제 완화, 노동력 시장에서의 규제 강화(특히 이민 노동자) 등으로 시장구조가 이질화되며 3)상품을 제공하는 중심부 경제가 통합되면서 여기에 원료·노동력을 제공하는 주변부가 선별적으로 편입, 착취되는 것 등의 결과이다. 이로 인해 소수인종, 여성, 이민 노동자 등이 중심부의 반프롤레타리아로 축적되는 한편 실업, 임금저하, 사회보장의 축소 등으로 백인 남성노동자의 반프롤레타리아화도 동시적으로 진행된다. 미국 및 캐나다 상업농의 세계시장 지배와 전후의 과잉생산의 결과로, 국제연합 차원에서 주변부의 토착농업에 대한 체계적 파괴공작이 진행되고 이로 인해 토지 없는 농민이 증대하면서 주변부에서의 반프롤레타리아화도 급속히 진행된다. 그 결과 오늘날 반프롤레타리아트의 반역이 일게 된다는 것이다.

여기에 이르러 우리는 대중의 계급적 구조의 특징이 '배제와 불평등'으로 전화했다는 발리바르·윤소영의 문제의식을 좀더 구체적으로 이해할 수 있다. 그것은 '포섭'을 특징으로 했던 국제적 군사케인즈주의 하에서 노동자운동을 지배한 계급협조주의를 겨냥한다. 배제와 불평등의 시대에 계급협조주의는 신자유주의적 구조조정을 관철시키기 위한 미끼에 불과하다(91)는 진단이 그것이다. 저자는 이러한 생각을 전제로, 치아빠스를 비롯해서 오늘날 라틴 아메리카에서 일고 있는 반프롤레타리아의 반역들, 즉 세계체제의 간극들에서 전개되는 이 새로운 대중 운동들이 계급협조주의적 노동자 운동에 대한 대안을 제시함으로써 새로운 형태의 '탈민족적' 노동자 운동들 또는 '인권의 정치'로의 전화를 자극할 것으로 기대한다.

'PD'의 진실과 맑스의 진실

저자는 '계급투쟁과 민족형태의 절합론'을 통해 신식국독자론을 쇄신하고자 했다. 그러나 실제로 그 시도는 역사를 자본간·민족간 경쟁을 중심으로 설명하며 계급투쟁을 그것의 결과 또는 반영으로 설명하는 것으로 귀착되어 버린다. 『분석』에서 설명되는 세계 헤게모니들 및 축적 체제들의 계기적 발전에서 계급투쟁은 거의 아무런 역할도 수행하지 못한다. 국제적 군사케인즈주의의 발생과 발전에서 1917년 혁명이 수행한 역할이나 케인즈주의의 신자유주의로의 대체에서 1968년이 수행한 역할에 대한 분석은 체계적으로 배제된다. 반프롤레타리아의 반역들이라는 형태로 삽입된 계급투쟁은, 자본간·민족간 경쟁을 원인으로 한 미국 헤게모니의 위기와 신자유주의적 재편의 과정에서 사후적으로 출현할 뿐이다.

이것은 『자본』에서 '표준노동일을 위한 투쟁'을 자본의 객관적 운동 법칙의 서술 속에 삽입했던 맑스의 방법론의 계승인가? 외관상 양자는 유사하다. 차이는, 맑스가 『자본』을 자본주의적 생산양식의 분석에 기초 짓고 그 속에서 주체화의 과정을 추적했음에 반해(생산양식과 주체화양식의 내접)『분석』은 민족형태를 자본주의적 생산양식에서 분리시킨 후 민족형태 속에서 주체화의 과정을 추적한다는 점(양자의 외접)에 있다. 6부작 플랜의 일부인 『자본』에서 계급들은 자본주의적 생산양식의 전개과정 속에서 형성되는 주체이다. 즉 "임금·이윤·지대를 각각의 수입으로 삼고 있는 단순한 노동력의 소유자·자본의 소유자·토지의 소유자, 즉 임금노동자·자본가·토지소유자는 자본주의적 생산양식에 근거하고 있는 근대사회의 3대 계급"(칼 맑스, 『자본론』, 제3권, 비봉출판사, 1089쪽)인 것이다.

계급을 근대 부르주아 사회의 주체형태로 이해한다는 것은 계급적대를 단순한 대칭관계로, 계급투쟁을 대칭적 경쟁으로 볼 수 없음을 시사한다. 자본가에게서 계급투쟁은 부단히 계급관계를 재생산하고 계급을 재조직하는 것으로 이해된다. 바로 이것이 자본의 재생산의 기초이기 때문이다. 이와 달리 노동자에게서 계급투쟁은 계급을 해체하며 계급의 재생산을 중단시키는 것에 다름 아니다. 그것은 생산수단을 노동으로부터 분리시킴으로써 '노동을 임금노동으로', '생산수단을 자본으로' 전환시키는 '자본주의적 생산양식의 끊임없는 경향과 발전법칙'(칼 맑스, 앞의 책, 같은 곳)의 해체를 통해 노동을 대중의 삶의 다양성 속으로 통합하는 것을 의미한다. 계급투쟁이 노동 착취에 대항하는 노동자 운동에 그치지 않고, 자연의 생산원료로의 환원에 대항하는 생태 운동들, 젠더의 섹스로의 환원에 대항하는 여성 운동들, 대중 지성의 정보로의 환원에 대항하는 통신[혹은 소통]운동들, 대중의 전쟁 동원에 대항하는 평화 운동들, 원주민의 토지로부터의 추방에 대항하는 원주민 운동들, 민족의 국가화에 대항하는 민족자율 운동들 등과 연결되는 것은 이 모든 것들이 억압된 삶의 복귀를 추구할 뿐만 아니라 삶의 자율적 가치축적을 지향한다는 점에서 공통적이기 때문이다.

저자도 계급투쟁이 대칭적 계급적대로 환원되는 것을 경계한다. 그런데 그는 이 경계를 계급투쟁·계급이론의 해체로, 계급투쟁과 민족형태의 접합론으로 발전시킨다. 이에 입각해 그가 제기하는 '맑스주의의 일반화'는 '민주주의의 경계를 확장하는 인권의 정치, 즉 계급과 대중의 변증법을 작동시키는 노동의 정치에서 시민의 정치로의 정치의 개조'(『맑스주의의 전화와 '인권의 정치'』, 231쪽)를 지향한다.

이 'PD의 진실'을 위해 저자는, 80년대에 '이데올로기적 자명함에 미혹되어 일정하게 활동가적 이데올로기로 전환되었던' PD의 주체적 환상과 거리를 취하면서, 오늘날 금융 세계화 속에서 등장한 신자유주의 이데올로기, 그것에 무력한 계급협조주의 이데올로기, 고전적 당 형태 관념에 사로잡혀 있다고 평가되는 진보정당론 등과 선을 그을 뿐만 아니라 1968혁명 과정에서 탄생한 새로운 사상·실천들(프랑스의 포스트구조주의에서 이딸리아의 아우또노미아까지)에 공명하는 흐름들을 남한판 '68년 이데올로기들'로 규정하고 이를 '시류를 쫓는' '정신적 브로커 지식인'들의 '조울증'(윤소영, 『베토벤』, 공감, 267쪽)으로 진단한다. 저자의 시선 속에서 '68년 이데올로기'들이 강조하는 차이화와 노마드화는 '집단적 광기, 냉소주의의 위험'에 노출되어 있으며(같은 책, 260쪽) '노동 거부' 슬로건은 '사이비 여피족의 세기말적 정신분열증의 희비극적 사례'에 지나지 않는다(『분석』, 34쪽). 또 이들의 네트워크론은 '금융적 세계화의 네트워크의 단순한 모방'일 뿐이며 이 때문에 이들은 신자유주의와 대결할 수 없을 뿐만 아니라 현재의 위기를 극복할 힘을 갖지도 못하는 것으로 평가된다.

과연 그러한가?

1968혁명은 삶의 문제를 혁명의 당면문제로 제기한 최초의 혁명이다. 당시의 학생들은 "부모와 교육자들이여, 인간의 참된 삶의 가치를 찾으려

하는 욕구를 감싸주지 못하고 우리의 자식들에게 사물의 관리에만 중점을 두고 있는 사회규범을 유지하려는 것 이외에 무엇을 보여주었는가?"(『프랑스 5월혁명』, 백산서당, 28쪽)라고 항의했다. 이 항의는 『자본』의 '등 뒤의 미래'를 그리고 있는 『경제·철학 수고』, 『그룬트릿세』 등의 서술내용과 깊이 공명하는 '맑스의 진실'이기도 하다. 그것은 사회주의 속에 '노동의 정치'로 감금되어 있었던 삶의 정치의 최초의 개방에 다름 아니었다.

그렇다면 저자에 의해 '노동의 정치'를 대체하는 'PD'의 진실로 설정되는 '시민의 정치'가 연대의 정신 속에서 '삶의 정치' 경향의 부분적으로 있을 수 있는 속류화나 극단화를 문제삼기보다 이 경향 일반을 정신병리학적 힐난으로 대하는 이유는 무엇인가? 저자는 시민성(civilité)을 '공동체의 제도화·통치성을 특징짓는 문명·문화이자 인륜·예절로서의 시민적 도덕성'으로 보면서 이를 규율·사회화와 구별한 후, 시민의 정치를 인민의 자율성으로서의 민주주의로 설명한 바 있다. 이것은 인권의 정치가 삶의 정치와 공명될 수 있는 잠재력이 있음을 보여준다.

그렇다면 차이, 그리고 대립은 어디서 발생하는 것일까? 여기서 우리는 다시 저자의 민족형태론으로 돌아가야 한다. 우리는 계급 주체들의 형성에서 민족국가의 관여가 있음을 인정할 수 있다. 그러나 저자는 국가(와 이데올로기)를 자본주의적 생산양식에 우선하는 주체화의 특권적 공간으로 설정한다. 그가 인권의 정치를 국가의 파괴나 해체가 아니라 '국가의 민주화'(윤소영, 『베토벤』, 245쪽) 속에 설정하는 것은 시민주체의 형성 역시 국가(와 이데올로기)의 공간을 떠날 수 없다는 인식의 표현이 아닐 수 없다. 여기에서 연상되는 것은, 대중들은 필연적으로 이데올로기 속에 살고 있으며 이데올로기 일반은 어떤 사회에나 필요하다는 전제 위에서 과학에 숙련된 사람들의 집단과 그들의 실천('이론적 실천')을 특권화했던 알뛰세르의 이데올로기주의적 관념이다(이원영 편역, 『현대 프랑스 철학의 성격 논쟁』, 갈무리, 31쪽). 그의 '인권의 정치론'은 삶의 소용돌이 속에서 유영하기보다 그것의 불확정성과 무질서를 두려워함으로써 삶의 정치의 일부로서의 인권의 이념이 지닌 잠재력을 손상시킨다. 저자는 대중의 자율적 삶 속에서 '일상적 잔혹/대중에 의한 대중의 폭력'을 부각시키며 '권력의 폭력'이나 '대항폭력'보다 이것을 더 위험한 것으로 간주한다. 그가 삶의 혁명으로서의 1968혁명을 '68년 이데올로기' 혹은 '정신분열증'으로 위험시하면서 '상대적 선(善)'으로서의 국가의 품으로 돌아가게 되는 것은 이 때문일 것이다. 이 '약한 국가주의'는 '과학과 예술만이 인류를 구원할 수 있다'(윤소영, 『베토벤』, 255쪽)고 보는 엘리뜨주의와 결합되어 (저자가 인용한 바) '나는 지성의 명철함을 믿으며 또 지성에 대한 대중운동들의 우위를 믿는다'(88)고 한 말년의 알뛰세르의 생각과 대립한다. 그 결과 불행하게도 저자의 '인권의 정치학'은 (인권의 이념 속에 잠재된) 대중의 사회적·정치적·예술적 삶의 다양성을 개방하기보다 다양성을 향한 일련의 크고 작은 노력들을, '반성할 줄 모르는' '딜레땅띠즘'(윤소영, 『베토벤』, 270쪽)이라고 매질하는 '훈육의 정치학'으로 전화되고 있는 것으로 보인다. (1998)

월러스틴의 '자유주의 종말론'

　IMF 구제금융의 개시 이후, 신자유주의적 화폐 정치의 지구적 권력을 뼈아프게 경험하고 있는 우리로서 '자유주의의 종말'이라는 월러스틴의 명제는 실감보다는 선정(煽情)적 느낌을 준다. 지구적 신자유주의의 시대에 자유주의의 종말을 말하는 것은 예언자적 독단인가, 아니면 현실의 피상을 넘어 그 본질을 포착하는 과학적 통찰력인가?
　『자유주의 이후』(당대, 1996 ; 이하 괄호안의 숫자는 이 책의 쪽수)에서 월러스틴은 1989년을 분기점으로 하여 우리가 혼돈의 시대에 접어들었다고 선언한다. 1989년은 네 개의 종말을 포함한다. 전쟁 이후 시대인 1945~1989년의 종말, 공산주의 시대인 1917~1989년의 종말, 프랑스 혁명 시대인 1789~1989년의 종말, 그리고 근대 세계체제의 시대인 1450~1989년의 종말이다(322). 이 네 개의 종말 가운데 이 책에서 그가 초점을 맞추는 것은 세 번째의 종말, 즉 1789~1989년에 걸친 자유주의 시대의 종말이다.
　월러스틴이 말하는 자유주의 시대는 순차적으로 발생한 세 가지 이데올로기의 경합을 포함한다. 보수주의, 자유주의, 사회주의가 그것으로서 이 세 가지 이데올로기는 '프랑스 혁명의 결과 출현한 새로운 집단적 견해에 대한 대응'(103)이다. 이들은 변화, 새로움, 변혁, 심지어 혁명까지도 정상이며 근대의 정치영역에서 예외적인 현상이 아니라는 생각을 받아들이도록 강요한 프랑스 혁명에 대한 세 가지 태도로 진화했다. 보수주의는 근대성과 변화의 위험을 가능한 한 제한하려 했고, 자유주의는 근대성의 진실을 확신하면서 가능한 합리적으로 진보적 개혁을 추진하려 했으며, 사회주의는 근대성에 저항하는 세력과 철저히 투쟁함으로써 진보를 향한 돌진을 가속화하려 했다.

그렇다면 왜 월러스틴은 이 세 이데올로기들의 경합의 시대를 자유주의의 시대로 정의하는가? 그는 이들이 그 치열한 경합에도 불구하고(혹은 그 경합을 통해) 한 가지 핵심적인 수렴점을 갖는다고 본다. '국가적 발전주의'가 그것이다. 이 세 이데올로기들은 이론에서의 반국가주의에도 불구하고 실천에서는 모두 국가의 강화를 뒷받침하고 국가의 매개에 의한 발전을 추구했다. 이들 사이에 쟁점이 있었다면 단지 국가적 발전에 이르는 경로에 관한 것이었을 뿐이다. 어떤 경로에서건 국가적 발전의 정당화는 '위험한 계급'을 통제하면서 발전을 이끌 가장 위력적인 수단을 '국가의 이성'에서 찾았던 자유주의적 의제에 힘을 더해 주었고 그것이 보수주의·사회주의에 대한 자유주의의 승리를 가능케 했다는 것이 그의 주장이다.

이러한 주장 위에서 그는 공산당, 사회당, 민족해방운동으로 표현되는 구좌파 반체제 운동의 패배를 간단히 설명할 수 있다. 이들 반체제세력들이 자유주의 이데올로기의 목표로서의 국가적 발전주의를 무의식중에 추구해 왔기 때문이다(337).

월러스틴이 보기에 모든 국가의 균등한 발전이라는 생각은 환상이다.

맑스가 주장했듯이, 근대 세계체제는 양극화의 운명을 피할 수 없고 소외와 계급투쟁으로 점철될 수밖에 없기 때문이다. 1968년에 서구에서 폭발하여 동구와 제3세계로 확산되어간 혁명은 국가적 발전주의에 대한 환멸을 분명히 보여주었으며 자유주의의 지배적 위치에 충격을 가했다. 1968년의 혁명은 진압되었지만 자유주의의 지위는 회복될 수 없었다. 1989년 동구 사회주의의 최종적 붕괴는 자유주의 시대를 지탱해온 버팀목의 붕괴를 의미하며 결국 자유주의 시대의 종말을 의미한다. 반자유주의적 — 바로 그렇기 때문에 새로운 — 반체제운동인 1968년 혁명은 1989년으로 연속되었다.

이리하여 새로운 반체제운동은 위기의 공간으로서의 혼돈의 시대를 열어젖힌다. 월러스틴은 이 해체의 시대에 필요한 반체제 전략의 일부를 제안한다. 그것은 국가적 발전 전략과의 확연한 단절이다. 이를 위해서는 국가권력 쟁취를 통한 사회변혁 전략, 단일정당론과 민주집중제, 생산주의, 고전적 과학에 대한 신앙 등이 의심되어야 한다. 새로운 반체제운동은 통일된 구조가 더 높은 효력을 지닌다는 신념을 의심하면서 비통일적인 세력들의 연대의 방향으로 나아가야 한다. 이들은 향후 20년간에 걸쳐 유기적 지식인이 모색해야할 유토피아학의 일단이다.

이렇듯 『자유주의 이후』는 지난 200여년 역사를 자유주의의 시말(始末)의 역사로 볼 수 있는 하나의 신선하고 흥미로운 해석틀을 제시한다. 그들이 사회주의 붕괴 이후의 지구 현실에 대한 통찰력을 보여주고 있는 것만은 분명하다. 하지만 그의 관점은 현 시기 프롤레타리아의 정치적 투쟁 방향에 대해 분명한 지침을 제시하지 못하며 낡은 준비론적 정치로 회귀하는 것으로 보인다.

그의 관점 속에서 시장에의 호소로서의 신자유주의는 자유주의의 탈을

빌린 보수주의자들의 절망의 몸부림으로 배치된다. 이들의 노력은 우리가 체제의 정치적 붕괴를 두려워하지 않고 '어떤 차원에서도 체제를 관리하는 것을 피함'으로써 좌초될 수 있으며 현 세계체제는 '다음 50년 이내에 우리 위에 무너질 것'(302)이라는 월러스틴의 주장은 참으로 감미롭게 들린다. 역사가 이렇게 예정되어 있다면 '위험한 계급'의 임무는 '포도밭에서 실천하고 자중하며 끊임없이 노력하는 노동자'로서 '집단적인 작품인 실질적 대안'을 준비하고 있는 것으로 족할 것이다(302). 그렇지만 지금 신자유주의자들의 노력이 죽은 유령의 몸짓이 아니라 '위험한 계급'에게 재갈을 물리기 위한 자본의 실제적 계급투쟁이라면 어떻게 해야 할까?

이 질문에 대한 답이 오직 '위험한 계급'의 실제적 행동에 대한 이해를 통해서만 찾아질 수 있다면, 이데올로기들의 거울에 어른거리는 '위험한 계급'의 영상 묘사만으로는 부족하다. 오히려 그 계급의 행동이 그것을 구속하고자 하는 이데올로기들의 역사를 규정해 온 것이 아닌가? 이데올로기들의 경합축의 붕괴에도 불구하고 '위험한 계급'과 자유주의적 지배간의 사회적 적대는 확대 재생산되고 있다. 1968년 혁명의 새로움이 어떤 대리 행위도 거부한 '위험한 계급'의 직접 행동에 있었다면 이제 이에 대한 대응으로서의 신자유주의와 '위험한 계급' 사이에는 중재자 없는 직접적 대결의 장이 열리고 있다고 보아야 하지 않는가? 이제 발견되어야 하는 것은 이데올로기들의 역사가 아니라 이 위험한 계급이 쓰는 실제의 인간적 역사이다. 그러나 이것은 파국론과 준비론적 정치학으로 이끄는 통계학적(콘드라티에프)・물리학적(프리고진) 시간 개념만으로는 제대로 파악하기 힘든 것으로 보인다. (1999)

네그리와 자율주의 정치철학의 궤적

한 때 이탈리아 사회당의 당원이었으며 빠도바 대학에서 법학을 가르치던 한 사람의 교수가 탈당, 수감, 망명 등으로 20세기와 21세기에 걸친 40여 년 동안을 현존 사회의 경계 밖에서 떠돌고 있다면 그 이유는 무엇일까?

안또니오 네그리(1933~)는 1969년 이탈리아의 '뜨거운 가을' 이후 노동자주의 운동의 지도적 이론가로 활동했고 아우또노미아(자율) 운동으로 전환한 1970년대 후반에는 프랑스에서 망명 생활을 보내야 했다. 적군파에 의한 알도 모로 수상의 납치살해를 기화(奇貨)로 닥쳐온 1979년 4월의 대탄압 때에 수많은 활동가들과 함께 체포된 그는 옥중에서 국회의원에 선출되었고 면책특권으로 석방될 수 있었지만 정세가 불리해진 1983년에는 프랑스로 다시 도피하지 않으면 안 되었다. 14년의 망명생활을 보낸 후 그는 중도좌파 정당이 집권한 1997년에 '납의 시대'를 끝내기를 희망하면서 자진 귀국했다. 네그리를 사면하라는 국제적 탄원운동에도 불구하고 그에 겐 5년형이 선고되었고 그는 다시 로마 레빕비아 감옥에 수감되어야 했다.

최근에야 그는, 자택에서 아내와 잠을 같이 잘 수 있는, 그러나 오후 7시에서 다음날 오전 7시까지는 외출할 수 없는 가택연금형 수감 처우를 받기 시작했는데 우파뿐만 아니라 (옛 공산당이 주도한) 중도좌파 정부까지 그의 자유를 억압하게 되는 그 두려움의 이론적, 정치적 동기는 무엇일까?

가치형태 비판에서 국가형태 비판으로

네그리의 다양한 이론 활동을 관통하는 중심적 관심은 미완성으로 남겨진 맑스의 '정치경제학 비판'의 플랜을 '국가형태 비판'의 관점에서 현대적으로 재구성하고 완성하는 것이다. 네그리는 『자본』이 맑스의 6부작 플랜의 일부에 불과하며 국제무역, 세계시장뿐만 아니라 임노동, 국가 등의 핵심적 부분들이 서술되지 않은 채 미완성으로 남겨졌다고 해석한다. 이것은 『자본』을 완결된 체계로 파악하는 정통적 맑스·레닌주의의 인식과 다를 뿐만 아니라 단순한 이론적 차이 이상의 실천적 적대를 함축한다.

맑스는 자본주의적 생산의 자연법칙들의 발견을 『자본』의 서술목적으로 설정했으며 사회적 적대관계는 그것들에서 발생하는 것으로 설정했다. 또 그는 그 적대의 발전정도가 높은가 낮은가는 문제로 삼지도 않았다. 그는 오직 필연적 결과들을 향하여 철의 필연성으로 작동하는 경향들과 법칙들만을 문제로 삼았다. 이것은 자신의 연구대상을 교란이 가장 적은 순수상태에서 관찰하기 위한 그의 서술적 장치였을 뿐이다.

네그리의 방법은, 가치형태 분석을 위해 사용한 맑스의 이 서술적 장치를 뒤집어 자본주의적 생산의 자연법칙들이 사회적 적대관계에서 발생하는 것으로 설정할 뿐만 아니라 그 적대관계의 구성과 재구성을 서술의 직접적 대상으로 다루는 것이다. 그 결과 그의 연구에서는 적대적 힘들의 관계인 계급 구성이 주요한 대상으로 등장하며 이 적대적 계급관계를 봉합하는 변증법적 힘인 국가형태들에 대한 비판이 주요한 서술 과제로 등장한다. 다시 말해 그의 연구는 국가에 의한 '종합의 변증법'에 맞서 그것으로부터 이탈하는 '분리의 변증법'을, 더 정확히는 탈변증법을 가동시키는 것이다.

사회적 주체성의 탐구

이 탈변증법적 운동을 추동하는 것은, 노동자의 삶을 경제적으로 구조화하려는 자본의 권력(pouvoir)에 맞서는 노동계급의 자기가치화하는 활력(puissance)이다.

네그리는 이 관점에서 부르주아 국가의 세 가지 역사적 형태, 즉 자유주의적 경찰국가(1917년 이전), 케인즈주의적 사회국가(1917~1968), 신자유주의적 위기국가(1968년 이후)를 설정하고 그것들이 각각 전문 노동자, 대중 노동자, 사회적 노동자 등 노동계급의 세 가지 정치적 구성에 맞선 자본의 대응의 산물이라고 설명한다. 주목할 것은 그에게서는 사회주의도 자본주의 발전의 두 번째 국면, 즉 케인즈주의적 사회국가의 동구적·아시아적 형태에 지나지 않는다는 점이다. 이에 따르면 사회주의의 붕괴는 그러한 사회국가의 때늦은 해체와 신자유주의적 대체 과정에 지나지 않는다.

그러나 이 과정이 이미 정해진 경로를 밟아 나가는 법칙적 과정 혹은 자본의 의도에 따른 일방적 과정인 것은 결코 아니다. 동·서구는 물론이고 제3세계에서도 나타나고 있는 신자유주의적 위기국가로의 대체 현상의 근저에는 공장을 넘어 사회로, 민족국가를 넘어 지구로, 현실공간을 넘어 가

상공간으로 대탈출을 감행하는 사회적 노동자의 자율적 구성운동이 있다. 신자유주의는 이 구성적 탈주운동이 빚어내는 사회국가의 위기들을 봉합하고, 탈주하는 사회적 노동자들의 자율성의 활력을 부르주아 사회의 추동력으로 다시 흡수하려는 자본의 위기에 찬 시도에 지나지 않는다.

그러므로 네그리가, 사회적 노동자들이 지구적 차원에서 해체시켜온 사회국가 형태를 재도입하려는 제도적 노동운동 및 좌파 정당운동들의 시도를 거부하는 것은 당연하다. 그는 오히려 신자유주의의 전개 속에서 더욱 더 비물질적이고 지성적이며 삶정치적인 것으로 되어가고 있는 노동형태의 변형을, 그리고 더욱 복수화, 다양화, 이질화, 혼성화하면서 더 이상 노동계급으로 정의하기 어려워진 프롤레타리아적 주체성의 새로운 재구성을 주목하고 최근부터 이 사회적 주체성을 다중(multitude)으로 정의하기 시작했다.

프롤레타리아의 다중으로의 현대적 재구성이 결정적으로 보여주는 것은 민족국가적 주권과 그것의 외연적 확장인 제국주의의 무효화이다. 민족국가와 제국주의는 계급적 외부(노동자), 민족적 외부(식민지), 성적 외부(여성), 인종적 외부(유색인) 등의 흡혈을 통한 발전이라는 내/외부의 변증법에 기초해 왔다. 그러나 사회적 국가의 해체 이후에 가속화되고 있는 프롤레타리아의 지구적 대탈주와 이종혼교는 이 변증법을 무효화한다. 더 이상 외부는 없다. 다중은, 노동조합이나 정당과 같은 전통적인 대안조직의 형태들보다 상호간의 네트워크적 연결을 선호하면서 지구적 시민권, 사회적 임금, 지식·정보·소통·정서의 재전유를 추구하는 능동적이고 주체적인 활력으로 움직인다. 네그리는 정보사회로의 이행에서 전투성의 해체를 읽었던 많은 포스트모더니스트나 포스트맑스주의자들과는 달리 이것을 전투성의 재구성으로 파악한다.

이것은 인간의 다채로울 수 있는 삶을 단조로운 가치생산적 노동으로 환원해 온 자본주의적 소외를 극복할 현대적 힘이다. 왜냐하면 다중의 지성적이고 정서적인 노동형태들 속에서 삶과 노동의 괴리를 극복할 잠재력이 축적되고 있기 때문이다.

제국과 아래로부터의 국제주의

네그리의 관점은 분명 낙관적이지만 낙관주의와는 거리가 멀다. 왜냐하면 다중의 이 자율적인 구성의 힘을 흡수하려는 자본의 권력이 주권의 재확립을 위해 광분하고 있기 때문이다. 그에 따르면 민족국가적·제국주의적 주권을 대신하여 제국(empire)이라고 부를 수 있는 새로운 탈근대적 주권형태가 이미 작동하기 시작했다. 그것은 특정 민족국가의 헤게모니를 전제하지 않는 네트워크적 주권 형태로서 내부 속에 외부를 인공적으로 창출하는 시뮬레이션의 방법을 사용한다. 걸프전은 그러한 제국적 주권 형태의 개시를, 발칸은 그것의 지속을 보여준다.

네그리는 자본의 이 제국적 지구화를 다중의 지구적 탈주 운동에 대한 대응물로 봄으로써 민족국가적 주권에의 복귀를 함축하는 '지구화 반대'와는 구별되는 관점, 즉 '위로부터의 지구화에 대항하는 아래로부터의 지구화'라는 탈근대적 국제주의의 관점을 재구축하고 있다. (2001)

자율주의 사상의 국제적 발전

　프랑스에서 시작된 1968년의 혁명은 자율사상 발전의 거대한 용광로였다. 혁명은 이탈리아, 스페인, 영국, 미국, 칠레, 멕시코, 오스트레일리아, 일본 등 지구의 전 지역으로 확산되었고 새로운 사회운동들은 공산당 혹은 사회당 및 그것들에 의해 지도되는 노동조합들과 곳곳에서 충돌했다. 사상이론적으로 그것은 정통적 맑스레닌주의에 대한 자율적 사상들의 도전이라는 형태를 띠었다. 그리고 그것은 1917년 러시아혁명에 대한 로자 룩셈부르크의 비판, 판뇌쾨크를 비롯한 좌익 공산주의자들의 레닌주의 비판, 탈뜨로츠끼주의적 자율사상들('사회주의인가 야만인가'의 까스또리아디스와 료따르, 존슨·포리스트 운동의 제임스와 두나예쁘스까야 등), 프랑스의 국제상황주의자들(기 드보르, 버네겜) 등의 소수자적 혁명이론의 전통을 계승하는 것이었다.
　안또니오 네그리는 1960년대 이탈리아 노동자주의 운동으로부터 출발해 노동거부 전략에 입각한 독특한 자율이론을 발전시켰다. 1979년 4월 대탄압 이후 자율운동은 잠복되고 네그리는 망명지 프랑스에서 옥중에서 맺은 가따리와의 교분을 발전시키는 한편 푸코, 들뢰즈 등 프랑스 1968혁명의 사상들을 맑스 사상과 통합하고 마이클 하트, 얀 물리에 부땅 등과 함께 『전(前)미래』지를 중심으로 사회적 주체성의 재구성을 탐구했다. (지금 이 작업은 『다중』(Multitude) 지를 중심으로 계속되고 있다.)

그의 영향은 당연하게도 1990년대에 사회표면으로 부상한 이탈리아의 자율운동들과 그 이론들에서 두드러진다. 지금도 확산되고 있는 이탈리아의 '사회 센터(Social Center)' 운동은 네그리의 영향을 받고 있는 『클리나멘』(Clinamen), 『루오고 꼬무네』(Luogo Commune), 『립프 랍프』(Ripp-Rapp) 등의 잡지들에 의해 이론적 지원을 얻고 있으며 노동의 변형에 대한 빠올로 비르노(Paolo Virno), 프랑코 삐뻬르노(Franco Piperno), 마우리지오 랏짜라또(Maurizio Lazzarato)의 탐구와 사이버스페이스의 의미에 대한 비포(Bifo)의 탐구를 낳고 있다. 이것은 네그리와 함께 이딸리아 노동자운동에 커다란 영향을 미친 쎄르지오 볼로냐(Sergio Bologna)의 일관된 '대중 노동자' 연구와 결합되면서 이딸리아를 자율사상의 중심지의 하나로 만들고 있다.

네그리의 영향은 영국으로 빠르게 전파되었다. 이제 무시할 수 없는 전통을 구축한 계간 『자본과 계급』(Capital & Class)을 비롯하여 최근 종간된 『코먼 센스』(Common Sense)에서, 그리고 그 주요 필자들인 존 홀러웨이(John Holloway)와 워너 본펠드(Werner Bonefeld) 등에서 네그리의 영향은 뚜렷이 읽힌다. 보다 전통적인 좌파 평의회운동의 흐름을 이어가는 『전복』(Subversion), 『적대』(Antagonism), 『지양』(Aufheben) 등의 잡지도 네그리에 대한 비판적 독해에도 불구하고 그의 이론적 발견물의 핵심인 계급 자율에 대한 깊은 공명을 보여준다.

미국에서 자율사상은 『제로 워크』(Zero Work)를 계승하여 조지 카펜치스(Goerge Caffentzis)와 몬티 닐(Monty Neil) 등에 의해 편집되는 『미드나잇 노트』(Midnight Notes)와 해리 클리버(Harry Cleaver), 마이클 하트(Michael Hardt), 닉 위데포드(Nick Witheford), 그리고 조지 카치아피카스(George Katsiaficas) 등을 통해 다채롭게 전개되고 있다. 특히 인접한 멕시코에서의 사빠띠스따 봉기는 미국의 자율사상을 구스따보 에스떼바(Gustavo Esteva) 등 멕시코의 자율사상과, 그리고 원주민 자치를 위한 실천적 투쟁과 긴밀히 연결시키고 있다.

호주에서는 『좌선회』(Left Curve), alt.eRed 등의 잡지와 이탈리아에서 공부한 스티브 라이트(Steve Wright) 등이 주목되는데 특히 스티브 라이트는 Aut-op-sy 메일 리스트를 운영하면서 인터넷을 통한 자율주의적 국제 지식인들의 광범위한 토론, 소통, 연대의 장을 마련하고 있다.

그러나 이상의 정리는 두드러진 몇몇 사례일 뿐이다. 지구곳곳에서 자율적 사유는 부단히 생성, 변형, 발전하면서 21세기의 대안적 삶을 예비하고 있다. (2001)

『제국』과 민족주의 에피스테메로부터의 엑소더스

21세기 벽두에 출판된 하트와 네그리의 『제국』(윤수종 옮김, 이학사, 2001)이 주장하는 것은, 길게는 1968년 이후부터, 짧게는 1989년 이후부터 프롤레타리아 혁명운동이 놓인 정치지형이 근본적으로 달라졌다는 것이다. 이는 프롤레타리아가 노동계급으로부터 복수적이고 혼성적인 다중(multitude)으로 자신을 재구성하면서 초래된 것이며, 20세기에 부르주아 정치학과 혁명적 정치학이 공유해 온 '영토에 기초한 민족국가적 정치학의 일반적 종말'을 함의한다.

사회민주주의 좌파의 레닌은, 중도파인 카우츠키의 초제국주의론을 비판하면서, 20세기 벽두의 세계 자본주의 체제가 생산의 집적과 독점 및 금융자본으로 인해 민족국가간의 심각한 갈등을 내포한 제국주의로, 다시 말해 자본주의의 최고 단계로 발전했다고 보았다. 그가 보기에 제국주의는, 민족국가적 주권이 위기에 처한 지역인 '약한 고리들'에서부터 시작될 프롤레타리아 사회혁명의 전야였다. 그가 제국주의 전쟁을 내전으로 역전시키자고 주장한 것은 이 때문이었다.

레닌이 일국 사회주의자였던 것은 아니지만 그가 혁명 전략의 핵심을 국가권력 장악에 두었던 것만은 분명하다. 종속이론(과 세계체제론)은 레닌과는 다른 의미에서 국가권력 장악을 자신의 핵심에 둔다. 이들은 중심과 주변의 구조적 종속 관계를 통해 자본주의 세계체제를 정의하는데, 그것의 주된 전략은 주변국 민중의 힘으로 주변부가 이 구조적 종속관계로부터 탈출하는 것이며 그 탈출의 방법은 독립된 민족국가를 건설하는 것이다.

의회를 통한 이행의 전략을 추구해온 사회민주주의 우파는, 그 좌파인 사회주의에 비해 훨씬 더 강하게 국가권력 장악에 매달려 왔다.『국가와 혁명』에서 레닌이 보인 '파괴인가 장악인가' 사이에서의 고뇌조차도 이들에게서는 전혀 발견할 수 없다. 이들에게 국가는 누가 이용하느냐에 따라 달라지는 중성적 수단으로 간주될 뿐이다.

1989년에 찾아온 사회주의의 붕괴는 민족국가적 영토성을 변혁의 기초로 삼는 이들 전통적 좌파관념들의 시효상실을 의미했다. 그런데 1999년에 씨애틀에서 모습을 드러낸 새로운 반지구화 운동들도 지구화가 가져오는 참혹한 결과들을 저지하기 위해 민족국가의 수호가 필요하다는 관점에서 완전히 자유롭지는 못하다. 지구화의 대안으로 지역화를 제시할 때, 민족국가는 지역화를 도울 중요한 정치적 수단으로 사고되곤 하기 때문이다.

그러나 하트와 네그리의 『제국』은 좌파들의 이 민족국가적 정치학을 혁명운동 속에 스며든 자본의 주권형태이자 자본주의적 주권 관념이라고 파악한다. 세계의 프롤레타리아는 이론들의 상대적 지체에도 불구하고 자본의 이 주권형태에 꾸준히 대항해 왔고 자신을 탈민족국가적 다중으로 재구성했다. 제국은 프롤레타리아의 이러한 재구성을 재영토화하기 위해 자본이 찾아낸 최근의 탈영토적 주권형태에 두 저자가 붙인 이름이다. 이들은 지구화에 대한 민족국가적 입장에서의 반대를 보수적인 것으로 비판하면서 자본주의적 지구화가 창출하는 생산과 주권의 변형들을 다중의 집합적 자치의 수단들로, 즉 꼬뮌적 변혁의 조건들로 역전시키는 것이 절실하다고 주장한다. '대안적 지구화'로 요약할 수 있을 이 생각은, 국가권력 장악을 거부하면서 멕시코 시민사회로부터의 분리 없는 원주민 자치를 추구해온 사빠띠스따들의 간대륙주의(intercontinentalism)와 상통한다. 이로써 68혁명과 이탈리아 자율운동에서 탄생한 '노동 거부' 주장은, 제국주의나 제국과 같은 자본의 역사적 주권형태들에 대한 거부 위에서 지구적 공동체를 구축하려는 다중의 집합적 자치의 기획 속에 통합된다. (2001)

주권적 주체성에서 구성적 주체성으로

관점과 방법

우리는 한 사회의 구성을 객관적 요소들의 배치 혹은 구조의 관점에서 정의하는 데 익숙하다. 한국 사회를 '신식민지 국가독점자본주의' 사회로 혹은 '식민지 반봉건사회'로 정의해온 1980년대의 사회구성체 논쟁은 바로 이런 정의 방식에 기초를 둔다. 사회성격 규정의 이러한 방식은 "인간은, 자신들의 삶의 사회적 생산에서, 필수 불가결하면서도 자신들의 의지에서는 독립적인 일정한 관계들 속으로, 다시 말해 그들의 물질적인 생산적 힘들의 일정한 발전 수준에 조응하는 생산의 관계들 속으로 들어간다"(칼 맑스『정치경제학 비판을 위하여』, 중원문화사, 서문)는 맑스의 '일반적 결론'에 기초하고 있는 것처럼 보인다. 그러나 이러한 외관은 우리가 '물질적인 생산적 힘들'을 인간 주체성과는 분리된 객관적 힘들로, 예컨대 고정자본의 발전정도와 같은 것들로 이해할 때에만 타당성을 갖는다.

그러나, 맑스 자신이 포이에르바하 테제에서 비판하듯이, '물질적인 생산적 힘들'을 이렇게 주체성으로, 인간적 활동성으로 파악하지 않고 그것들을 객관성으로, 사유의 대상으로만 파악하는 것은 맑스 이전의 유물론들의 주요한 결함이 아니었는가? 우리가 '물질적인 생산적 힘들'을 인간의 능동적인 주체성으로, 비판적·해체적일 뿐만 아니라 창조적·구성적이기도 한 혁명적 활동성으로 이해한다면, 생산의 관계들이 비록 개개인들의 의지로부터는 독립되어 있다고 할지라도 인간의 집단적 주체성으로부터 독립되어 있다고 할 수는 없을 것이다. 나아가 인간의 정치적, 법적, 제도적, 문화적 활동들도 '사회의 경제적 구조들'로 구성되는 생산의 관계들의 단순한 상부구조가 아니라 그것들의 능동적 계기들로 이해될 수 있을 것이다.

인류는 불가피하게 특정의 구조들을 산출하기도 하지만, '구조들의 산출'이란, 사회적 주체성이 운동의 동력으로 더욱 깊이 이해되고 또 그렇게 실행되면 그럴수록 '주체의 자기(재)생산'과 긴밀히 접근하고 마침내 양자는 서로 구분할 수 없는 것으로 될 것이다. 유물론에 어떤 목적론이 있다면, 동력들이 결과를 낳는 수단으로 소외되지 않고 바로 동력 그 자체의 새로운 재생산으로 귀환하는 내재적이고 영구 구성적인 목적론일 것이다.

주권적 주체성 혹은 수동적 계급구성

지금까지의 계급투쟁은 주권성을 둘러싼 투쟁, 즉 '어떤 주권 형태인가'를 놓고 벌이는 제 계급들의 투쟁이었다. 주권은 초월과 재현의 기계이다. 주권형태 속에서 사회적 주체성들은 동력으로, 대상적 수단으로 배치된다. 마치 말이 마구를 찬 채 마차 앞에 배치되듯이 말이다. 주권에서 특이한 주체성들은 군주, 국가, 제국 등에 예속된다. 주권은 후자들의 승리, 즉 폭력과 억압을 무기로 한 개별자들의 종합과 총체화에 의해 비로소 구성된다. 하트와 네그리는 주권이 근대에 군주권에서 민족국가적 주권으로 이행했으며 이 민족국가적 주권(제국주의는 이것의 확장이다)의 제국적 주권으로의 이행이 근대에서 탈근대로의 이행을 규정하고 있다고 주장한다.

이것은 지배적인 것으로 된 주권형태들에 대한 계보학적 설명이다. 그렇다면, 레닌과 그람시에서 근대적 주권형태에 도전하는 대안적 힘으로 설정되는, 민중·민족은 주권형태에 대해 어떤 태도를 취했는가? 역사는 우리에게 민중·민족의 혁명이 주권형태 그 자체의 해체보다는 낡은 주권형태의 새로운 주권형태로의 대체를 추구했음을 보여준다. 그 추구의 노선들은 다양했지만 그것들은 대체로 '프롤레타리아 독재로서의 민중권력'과 '프롤레타리아 독재로 나아갈 민중권력' 사이 어딘가에 설정되었다. 내가 주목하는 것은 이 노선들의 차이보다 동일성이다. 그 동일성은 프롤레타리아와 민중을 주권적 주체성으로 이해하는 것에서 찾아진다.

1917년의 혁명과 그 승리는 민중·민족이 스스로를 주권적 주체로 구축한 한 사례이다. 러시아의 민중·민족은 자신들을 자본에 대항하는 동질적 주체(즉 혁명적 노동 주체)로 이끄는 당의 지도를 받으면서 국가형태로서의 사회주의를 탄생시켰다. 이 과정에서 생산자들의 자기조직이었던 소비에뜨는 파괴되고 형해화되었으며 당/국가는 민중·민족을 초월적으로 재현하며 동질화하는 보편적 지성의 담지체로 부각되었다. 사회주의적 발전과정은, 근대 자본주의적 발전과 동일하게, 개인들을 노동계급으로 동질화시켰다. 사회적 주체성들의 모든 노력은 당과 국가의 매개를 거치면서 근대적 민족국가 주권을 러시아 국경 너머로 확장하는 것으로 귀착되었다. 소비에뜨연방, 사회주의적 위성국가, 그리고 사회주의 진영은 그것에 붙여진 이름들이었다.

구성적 주체성 혹은 능동적 계급구성

그러나 프롤레타리아 혁명들의 독특함은, 그것들이 끊임없이 자신들을 비판하며, 새롭게 시작하기 위해 가던 길을 멈추고 돌아서, 이미 명백히 성취된 것들에로 되돌아오곤 한다는 것이다. 1968년 혁명은 프롤레타리아들이 자신들의 이전 시도들의 미봉성, 취약함, 하잘것없음을 철저하게 조소하면서 자신들을 당이나 국가와 같은 전위적 대의조직들은 물론이고 노동조합과 같은 대중적 대의조직들로부터도 분리시킨 사건, 다시 말해 자신들을 주권적 주체성이 아니라 구성적 주체성으로 드러내기 시작한 역사적 사건이다. 우리는 초월과 재현을, 그리고 동질화를 거부하는 이 프롤레타리아들을 동질성의 실로 이어진 민중·민족과 구별하여 다중(多衆, multitude)이라고 부를 수 있다.

당시의 공산당들은 여성, 학생, 실업자, 이민자, 동성애자, 활동가, 지식인, 예술가, 테러리스트 등을 포함하는 이들의 다양성과 이질성에 당황한 나머지 이 혁명을 파시스트들의 사주를 받은 군중들과 무정부주의자들의 준동이라고 매도했다. 군중 혹은 대중은 주권적 주체성들의 눈에 사회적 주체성들이 비치는 모습 혹은 그들이 그러하기를 원하는 모습으로서, 개별자들의 수동적 형상이다. 프랑스의 다중들이 불과 1개월여의 시위와 사보타지 끝에, 결국 드골 정부와 공산당의 타협을 통해 그해 6월에 개최된 총선거로, 그 대의적 제도 속으로 이끌려 들어간 것은 어쩌면 공산당, 사회당 등의 주장이 옳았던 것처럼 보이게 만든다. 그러나 가까이는 이탈리아에서 10년을 지속한 투쟁의 물결을 비롯하여 세계 전역을 휩쓴 다중들의 다양하고 능동적인 투쟁들은, 그들을 수동적 군중과 동일시하려는 주권적 주체들의 비난을 조소한다.

물론 다중의 적들은 그 투쟁들로부터 "새로운 힘을 끌어내서 이전보다 더 거대하게"(칼 맑스, 「루이 보나빠르뜨 브뤼메르 18일」 참조), 요컨대 제국적 주권으로 다시 그들 앞에 마주 섰다. 그것은 훈육을 통제로, 적대를 미시갈등들의 네트워크로 유연화하면서 다시 한 번 다중을 주권적 주체성 아래로 포섭하려 시도한다. UN과 같은 초국민적 정치기구, OECD나 G7과 같은 초국민적 정치회의, IMF나 WB(세계은행) 같은 초국민적 금융기관, WTO와 같은 초국민적 무역기구, NATO와 같은 초국민적 군사기구, NAFTA, EU, APEC 등과 같은 초국민적 지역연합 등이, 지금까지의 민족국가적 주권형태와 그 기관들이 수행했던 역할들 가운데 많은 것을 수행하면서, 그리고 민족국가들에는 새로운 위상과 역할을 부여하면서, 제국의 기관들로 배치된다.

그러나 다시 한 번 맑스를 빌리면, 자신의 이전의 민족국가적 적에 타격을 가해 그것이 더 거대한 적으로 자신 앞에 마주서도록 불러낸 것은 다중들 자신이다. 그런데 지난 시기 얼마동안 다중들은, 자신들의 투쟁을 식량위기, 에너지위기, 부채위기, 생태위기 등 갖은 위기들로 자신들에게 되돌려주는 제국의 반격에 직면해 '자신들 내부의 차이와 다양성을 공통(共通, common)의 행위로, 공통적 삶으로 조직할 공화주의적 구성적 주체성의 생산'이라는 기획에서 물러나는 것처럼 보인다. 그 공백을 틈타 다중을 주권적 주체성으로 재조직하려 하는 전통적 좌파의 보수적 시도들(이른바 '제3의 길'과 '사회적' 신자유주의는 그것의 형태들이다)이 진행되었고 유럽에서 그것이 좌파집권 러시로 나타났던 것은 사실이다.

하지만 이 과정들 속에서, 모든 복구를 불가능하게 만들며 조건들 자체가 "여기가 로두스 섬이다. 여기서 뛰어라!"라고 외치는 여러 상황들이 조성되어 왔다. 1992년에 로스앤젤레스에서, 1994년에 치아빠스에서, 1995년에 프랑스와 독일에서, 1996~7년에 한국에서, 1999년에 씨애틀에서, 2001년에 제네바에서, 그리고 최근에는 아르헨티나에서 로두스에서의 도약들은 진행되고 있다.

특이성들의 이 수직적 솟구침들, 다양성들의 무수한 외침들을 유통시키고 연결시켜 '공통적 삶'으로 조직할 수 있을 것인가 없을 것인가 미리 정해진 문제가 결코 아니다. 그것은 '제국을 넘어서기 위해 우리가 무엇을 할 것인가'라는 정치적 기획의 문제에 속한다. 다중의 개념도 바로 정확히 여기에, 사회학적 분류가 아니라 주체성의 새로운 생산을 위한 정치적 기획의 자리에 속한다. 그 기획은 아마도 맑스가 '사회적 인류'(「포이에르바하 테제」 10번)라고 부른 바로 그 주체성, 시민사회를 넘어설 수 있는 새로운 구성적 주체성을 생산하는 일일 것이다. 다중이라는 붉은 실의 활력에 의해 시종일관 규정되는 네그리와 하트의 『제국』은 바로 이 문제의 해결을 위해 바쳐진 한편의 서사시이다. (2002)

기억의 정치학과 꿈의 정치학

『제국』 논쟁에 부쳐

　마이클 하트와 안또니오 네그리의 대작『제국』의 발간은 세계의 좌우파 모두에게 커다란 충격을 주었다. 현대 세계의 주권 질서에 대한 이 압축적 명명은 저자들이 '사회적 노동자', '다중', '디오니소스의 노동' 등 주체성 범주들을 새롭게 제기했을 때와는 비교할 수 없을 정도의 높은 반향을 얻었다. 그 이유는 무엇일까? 아마도 이것이 지구상의 여러 계급들 및 집단들의 관심에 어떤 방식으로건 연결되어 있었던 때문인 것 같다.

　『제국』에 쏟아진 관심들 중의 하나는 신자유주의적 우파로부터의 관심이다. 이들은 1999년 씨애틀 시위 이후 점점 높아져 가는 지구화에 대한 반대운동을 잠재우는 일에『제국』을 활용하고 싶어했다.

　저자들은 지구화가 과거의 제국주의와는 다른 주권의 새로운 구성이자 아래로부터의 다중의 투쟁의 변형적 흡수를 통한 제국의 구축이므로 지구화에 대한 단순한 반대가 아니라 지구화의 긍정적 경향을 대안적 지구화를 위한 동력으로 활용하자고 주장한다. 신자유주의적 우파는 이 주장을,

드높아지는 반지구화 운동에 대한 방파제로 사용하고 싶어 했다. 이것이 자본의 지구화와 다중의 지구화의 차이에 대한, 그리고 이 양자의 적대에 대한 무시를 통해서만 도달 가능한 목표임은 말할 것도 없다.

내가 여기서 관심을 갖고자 하는 것은 정치적 좌파로부터 『제국』에 가해진 비판들이다. 이 비판들을 경청하고 그것이 우리의 사유와 실천에 무엇을 제시할 수 있는지를 살펴보는 것은 유익한 일일 것이다.

실제로 좌파 학술계에서 『제국』을 둘러싼 논쟁은 폭발적이었으며 그것은 지금도 계속되고 있는 중이다. 이 주제를 중심으로 다룬 엄청난 문헌들이 이미 쏟아져 나왔고 그 목록은 빠르게 늘어가고 있다. 그러므로 여기에서 내가 다루고자 하는 몇 개의 입장들은 제국 논쟁에서 나타난 입장들 전체가 아닐 뿐만 아니라 그것들을 대표하지도 않는다. 그렇지만 내가 살펴보고자 하는 입장들은 제국 논쟁이 놓여 있는 지형의 윤곽을 어렴풋이라도 그려보여 줄 수 있는 것들이다.

우선 제국 논쟁에서 하나의 중심 주제였던 지구화와 민주화의 관계에 대한 마이클 하트의 응답을 살펴 보자. 그는 『제국』의 발간 이후에 쓴 「지구화와 민주주의」[1]를 통해 지구화와 민주화의 관계를 고찰한다. 그는 지구화가 민주주의를 약화시킨다는 관점과 그것이 민주주의를 촉진시킨다는 상반된 두 가지 견해를 검토하면서 지구화는 민주주의를 약화시키면서도 그것을 촉진할 수 있는 잠재력을 구축한다는 생각을 피력한다. 그에 따르면 민주주의는 다중의 자기지배인데, 그것은 평등, 자유·자기결정, 그리고 사회적 연대에 의해 구성된다. 이 세 가지 민주주의 구성요소에 대한 하트의 정의는 부르주아적인 정의와는 대립한다. 그는 재산소유자들의 평등이 아닌 다중의 평등을, 대의주의적 자유가 아닌 내재적 자유를, 국민에

---

[1] 웹저널 『자율평론』 2호, http://jayul.net/view_article.php?a_no=84&p_no=1 참조.

의해 제공된 사회적 연대가 아닌 사회적 연대를, 다시 말해 비자본주의적이고 비대의적이며 비국민적인 민주주의를 제시한다.

이러한 관점에서 보면, 제국주의를 끝장내면서 그것이 끝장낸 것보다 훨씬 더 잔인한 착취에 기초하여 그 나름의 권력관계를 구축하는 제국은 민주주의를 약화시키는 것이다. 하지만 제국의 착취는 군주적, 귀족적, 민주적 권력들의 혼성화를 통해 작동하고 그 근저에 바로 이 잡종성의 원천인 복수적 다중의 활력이 작용하고 있다. 바로 이 점 때문에 제국은 적어도 잠재적으로는 민주주의를 촉진한다고 볼 수 있다. 하트의 주장은, 제국은 다중의 활력을 열어주는 방식으로만 자신의 착취관계를 유지, 발전시켜 나간다는 것으로 요약할 수 있다. 하트의 궁극적 관심은 제국의 유연하고 혼성적이고 네트워크적인 탈국민국가적 주권에 넋을 잃는 데 있는 것이 아니라, 다중이 제국적 주권이 열어놓는 이 다양성을 조건으로 어떻게 공동의 행위를 기획해 나갈 수 있을 것인가를 탐구하는 데 있다. 이것은 잠재력으로서의 민주주의를 (그 내부의 차이를 부정하기보다 바로 그 차이들 위에서 작동하는 조직화를 통해) 실제적 활력으로 전환시킬 방법에 대한 탐구이다. 이것은 현대 세계에서 전개되는 다양한 수준들에 대한 경험적 탐구를 필요로 하는데 하트는 이것을 우리 모두의 탐구 과제로 제시한다.

『제국』에 대한 비판들

『제국』에 대한 비판들은 이 과제를 수행하는 데 있어 주의해야 할 선들을 설정하는 데 유익하다. 가장 많은 비판들은 주로 고전적 제국주의론에 따라 현대 세계질서를 이해하려는 입장들로부터 나왔다. 이 비판들은, 하트와 네그리가 주장하는, 주권형태의 이행이 없다는 생각을 표현한다.

그 중 하나는 전통적 사회주의 관점을 강하게 고수하고 있는 먼쓸리 리뷰(Monthly Review)에서의 비판이다. 존 벨라미 포스터는 「제국주의와 '제국'」[2])에서 이쯔반 메짜로스의 <사회주의냐 야만이냐>에 기대어 제국주의 개념의 현재적 유효성을 옹호한다. 그것이 '제국'이라는 이른바 '유행적' 개념에 대한 기각을 위한 것임은 물론이다. 그리하여 그의 주장은, 미국 제국주의를 혁명의 주적으로 설정하고 사회주의의 재건설을 추구한다는 오래된 패러다임에서 안주처를 발견한다.

또 하나의 비판은 고전적 제국주의론을 고수하지는 않지만 중심부/주변부 관계 속에서 변형된 제국주의론을 따라 현대 세계질서를 이해하려는 입장에서 나오고 있다. 마이클 하트와 네그리가 『제국』에서 "위기와 재구조화 과정이 지닌 동력을 숨기는" 순환론에 입각하여 현대 세계질서를 파악하고 있다고 비판한 바 있는, 지오반니 아리기로부터의 반비판, 「제국의 계보들」[3])이 그것이다. 앞서 검토한 벨라미 포스터는, 전통적 사회주의 입장이 대개 그러하듯, 사회주의의 가능성을 미국 내부에서의 민중투쟁의 집중적 출현에서 기대한다. 이것은 전 지구적 상황 속에서 주체성을 사고하는 네그리와 하트의 주체성 개념과는 달리 민족국가적 틀 속에서 주체성을 사고하는 점에서 차이가 나지만 그것의 정치적 효과에서는 다중의 저항과 탈주를 강조하는 이들의 견해와 연결될 수 있는 요소를 갖고 있다. 이에 반해 지오반니 아리기는 중심부 미국에 종속되어 있는 주변부로 우리의 관심을 돌린다. 그는 세계체제론의 관점에서 '제국주의에서 제국으로의 이행'이라는 네그리/하트의 명제의 일부를 수용하면서 제국과 세계체제

---

2) 웹저널 『자율평론』 2호, http://jayul.net/view_article.php?a_no=99&p_no=1 참조.
3) 웹저널 『자율평론』 2호, http://jayul.net/view_article.php?a_no=98&p_no=1 참조.

속에 인종적 분할선, 성적 분할선, 문명적 분할선, 그리고 무엇보다도 북남 분할선이 지워지지 않고 남아 있음을 실증적 자료를 통해 입증하려 한다. 그래서 그는 자본과 노동의 투쟁을 완전히 무시하지는 않지만 무엇보다도 '북과 남의 투쟁'이 제국의 존폐와 향방을 결정짓는다는 관점으로 기울어지는 것 같다. 여기에서 우리는 그 어떤 변형 속에서도 살아남는 종속 이론의 완강한 흔적을 보게 된다. 우리는 "프롤레타리아적 투쟁들이 가부장주의적, 인종주의적, 민족쇼비니즘적 유혹들을 피하는 것"이 필요하다는 그의 생각에 동의할 수 있다. 하지만 그 무엇보다도 북남 분할선에 강조점을 두고 있는 아리기의 세계체제론이 그 유혹들을 이겨낼 이론적 자원을 제공하고 있는지에 대해서는 의문을 갖지 않을 수 없다.

또 하나의 비판은 유럽의 신좌파 학술계로부터 나왔다. 고팔 발라크리쉬난의 글, 「하트와 네그리의 『제국』」[4]은 『뉴 레프트 리뷰』지의 『제국』에 대한 불편한 심기를, 그리고 운동 전망의 차이를 드러낸다. 고팔의 비판은 제국 그 자체에 대한 비판보다 그것의 기원에 대한 비판에 집중된다. 그는 제국이 1970년대 이후 노동자투쟁의 '패배'에서 나왔다는 관점에 서서, 네그리와 하트가 제국을 다중으로 확산된 프롤레타리아의 능동적 투쟁에 대한 대응에서 나왔다고 보는 것에 반대한다. 그는, 분산적이고 공통어를 갖지 못하며 '일자리-새장'에 갇혀 있는 이 "세계의 빈민들"이 집합적 주체로 될 수 있는 가능성을 회의하면서 네그리의 사유 속에 집합적 주체의 형성 문제를 다룰 전략적 관점이 결여되어 있다고 비판한다.

집합적 주체를 형성하기 위해 고팔이 관심을 모으는 곳은 "본래적 언어와 집중화의 지점"이다. 그는, 사회적 경험 속에 묻혀 산재해 있는 그것의 현실을 (낙관적으로가 아니라) 냉정하게 평가하는 것이 필요하다고 강조

---

4) 웹저널 『자율평론』 2호, http://jayul.net/view_article.php?a_no=101&p_no=1 참조.

한다. 그러나 이러한 평가는 그가 취하고 있는 입장에서 자연스럽게 나오는 결론일 뿐이다. 고팔의 관점은 신좌파 운동의 일부가 1968혁명에 대한 비관주의적 해석 위에서 구좌파적 관점의 재구축으로 기울고 있음을 보여준다. '집중화의 지점, 공통의 언어'란 구좌파적 변혁 이론의 핵심이 아니었는가? 이 전통적 혁명관의 입장에서 오늘날의 다양하고 이질적인 현실을 바라볼 때, 현실은 당연히 파편적이고 우울한 것일 수밖에 없을 것이다. 그리고 이러한 해석은 이러한 파편화에도 불구하고 그 속에서, 그것에 대항하여 진행되는 주체성의 은밀한 혹은 공공연한 재구성의 경향을 보지 못하도록 가로막는 백태(白苔)의 역할을 한다.

전략인가 기획인가

네그리에게 전략적 관점이 결여되어 있다는 비판은, 고전적 혁명전통을 고수하는 국제사회주의 노선의 알렉스 캘리니코스의 글 「안또니오 네그리를 올바로 보기」[5]에서 정점에 이른다. 그는 아예 맑스주의를 "정치적 지도와 책임감 있는 리더쉽을 제공하는 이론"이라고 정의하고 들어간다. 확실히 네그리의 맑스주의는 캘리니코스의 맑스주의 정의와는 거리가 너무 멀다. 왜냐하면 네그리나 하트에게서 혁명은 전략(strategy)보다 기획(project)에 더 가깝기 때문이며 그 기획은 내재적인 것이라서 '지도/리더쉽'의 개념이 들어설 자리가 없기 때문이고, 또 책임의 문제도 지도부의 문제가 아니라 다중 자신의 문제로 설정되기 때문이다.

캘리니코스는 네그리의 '폭력에 대한 옹호'를 비판하는 것에서 글을 시작한다. 그런데 이것은 단순한 말꺼내기가 아니라 그의 네그리 비판의 기

---

[5] 웹저널 『자율평론』 제2호, http://jayul.net/view_article.php?a_no=100&p_no=1 참조.

반이자 중심이다. 그는 네그리의 정치철학이 폭력주의, 즉 테러리즘에 이론적 자원을 제공하는 철학이라고 정의하고 싶어 하며 그것을 폭력에 대한 일반화된 숭배의 일부라고 말하고 싶어 한다. 그래서 캘리니코스에 따르면 네그리의 이론은, 그리고 아우또노미아 운동은 붉은 여단을 거쳐 오늘날의 블랙 블록(Black Bloc), 뚜떼 비안체(Tute Bianche)로 이어진다고 그가 보고 있는 이탈리아 테러리즘의 30년 역사의 일부일 뿐이다. 내가 보기에 이것은 '비판의 무기'가 아니라 '비판의 폭력'에 가깝다.

폭력·권력과 활력의 차이

왜 그런가? 이 질문에 답하기 위해서는 그가 사용하는 '폭력' 개념의 내면으로 조금 더 들어가 보아야 한다.

우선 캘리니코스는 네그리의 맑스주의를 '권력의 이론으로 협소화된 맑스주의'라고 비판한다. 네그리가 맑스주의를 "역사적 변화의 추동력에 관한 포괄적인 이론에서 단순히 권력에 관한 이론으로 협소화시켰다"는 주장이 그것이다. 물론 이렇게 말할 때 그는, 네그리가 지배력을 의미하는 pouvoir(권력)에서 지향력을 의미하는 puissance(활력)을 구별해 내기 위해 얼마나 큰 이론적 에너지를 투여하고 있는지에 관심이 없다. 캘리니코스의 해석의 거울에서 자본과 노동의 투쟁은 동질적인 '권력들'의 투쟁으로 평면화된다. 그러나 네그리에게서 활력은 심지어 '노동'이라는 말로 표현될 때조차 실제로는 산 노동, 삶, 유물론적 영원성, 즉 (협의의 자연, 인간, 기계를 모두 포함하는) 자연력으로서의 위상을 잃지 않았다. (이에 대해서는 안또니오 네그리·마이클 하트, 『디오니소스의 노동』, 갈무리, 1996/7을 참조할 수 있다.)

네그리의 최근의 이론적 사유들은 바로 이 점을 좀더 명확하게 정식화하고 있다. 네그리는 이윤율 하락을 결정하는 것은 자본과 노동의 투쟁이라고 말하며 임금이 독립변수라고 말한다. 그리고 그는 노동이 인간적 부의 잠재력이라고 말한다. 이 말들은, (용어상의 부적절함과 일정한 혼란스러움 혹은 결락을 추상하고 보면,) 역사의 원동력은 자연의 일부인 인류의 활력이 영원성 속에서 권력(화)에 대항하여 벌이는 자기가치화의 투쟁임을 시사한다. 오랜 기간을 놓고 보았을 때 완전히 일관되지는 않는 몇몇 구절들을 그의 사유의 발전과정이 드러내는 굴복으로 이해할 때, 여러 책에서 펼쳐진 네그리 사상의 총체는 바로 이 핵심 사상을 중심으로 전개된다고 볼 수 있다.

문제는, 네그리가 생각하는 이 삶의 활력이, 캘리니코스에게서, 곧장 권력과 등치되고 그것은 다시 폭력으로 아무런 주저함 없이 환원된다는 것이다. 이것이 네그리를 폭력주의자로 형상화하는 캘리니코스의 매끄러운 방법이다. 이 방법의 핵심에는 폭력과 권력과 활력의 무차별적 동일시 — 이것이 캘리니코스의 권력론의 무의식적 본질이기도 하다 — 가 자리잡고 있다. 캘리니코스의 시선 속에서 이루어지는 네그리와 푸코의 동일시 역시 그것의 산물이다. 푸코로부터 네그리가 많은 것을 시사 받음에도 불구하고 두 사람 사이에 한 가지 분기점이 있다면 권력과 활력을 구별하지 않는 푸코의 권력론과 양자의 구별을 강조하는 네그리의 권력/활력론 사이에 놓여 있었다. (푸코는 초기 저서에 나타난 활력의 권력으로의 환원 경향을, 『성의 역사』 제2권 이후 전개되는 윤리학적 섭생론의 사유를 통해 극복한다.)

1977년 이후의 계급 재구성

또 캘리니코스는, 네그리가 역사유물론을 주체성 이론으로 변형시켰다고 비판하면서 맑스주의 이론은 "계급투쟁의 진동상태"를 정확하게 분석하고 계획해야 한다고 주장한다. 네그리의 생각들도 맑스주의가 '계급투쟁의 진동상태'에 대한 분석을 포함해야 한다는 생각에서는 캘리니코스와 일치한다. 네그리는 자본주의의 발전 속에서 노동계급의 구성과 재구성(전문 노동자, 대중 노동자, 사회적 노동자)을 분석하는 것을 통해 계급 구성의 문제를 자신의 맑스주의의 핵심에 기입했다. 그렇지만 네그리의 맑스주의가 '계급투쟁의 진동상태'에 대한 '계획'까지 포함하는 것은 아니다. 이것이 캘리니코스와의 차이인데, 네그리의 분석과 제안은 과정 속에 실재하는 경향의 발견과 구체화에 한정된다. 그러나 이것은 이론적 노력의 한정으로서가 아니라 계급투쟁에 대한 외부로부터의 지도를 함축하는 저 캘리니코스적 '계획'론에 대한 의식적 거부로서, 계급투쟁의 내재적 발전에 대한 의식적 추구로서 나타난다.

그렇다면 캘리니코스가 이 난점 많은 주장을 통해 달성하려는 실제적 목적은 무엇인가? 네그리가 계급투쟁의 진동상태에 대한 분석을 빠뜨렸다는 듯한 뉘앙스를 암시적으로 전달하는 그의 이 주장에 어떤 실제적 쟁점이 있다면 그것은, 1977년의 이탈리아 상황이 (네그리가 생각하듯이) 대중 노동자에서 사회적 노동자로의 재구성을 보여주는 것이 아니라 "공장에 대한 개혁주의적 헤게모니의 재천명"(쎄르지오 볼로냐)의 결과를, 즉 노동계급 투쟁의 패배를 보여준다고 것이다. 분명히 이 시기에 공장에서 개혁주의의 재천명이 있었다고 할 수 있다. 하지만 그것은 대중 노동자 일부의 체제내화를 설명해 주긴 하지만 바로 이와 동시에 이루어진 여성과 학생 투쟁의 분출을 설명해 주지는 못한다. 캘리니코스의 주장은 오직 공장에서의 산업 노동자 투쟁을 계급투쟁의 총체로 오인할 때에만 타당성을 가질 뿐이다.

계급투쟁과 경쟁

또 캘리니코스는, 네그리의 이론이 투쟁의 상승기인 1970년대 초에는 설득력을 갖는다하더라도 투쟁이 위축된 그 이후의 시기에 지속되는 이윤율 하락 경향과 세계적 경기침체를 설명하지는 못한다고 주장한다. 이 역시 계급투쟁을 산업 노동자 투쟁에 국한하면 타당한 말이다. 왜냐하면 1980년대는 (영국 광산 노동자 파업의 패배를 비롯한) 대중 노동자의 거듭된 패배를 보여주기 때문이다. 그러나 1929년의 세계 대공황이 1917년 혁명의 뒤늦은 효과였듯이 1980~90년대의 위기 역시 1968 혁명의 지속적 효과로서 이해될 수 있다. 실제로 1968혁명에 대한 자본의 대응으로 제기된 신자유주의 전략은 노동의 '경직된' 저항으로 인하여 '이윤 생산'에 대한 어떤 적극적 대안을 갖고 있지 않다. 그것이 화폐 명령의 직접적 부과, 투기 등을 축적의 주요한 지렛대로 삼는다는 것은 신자유주의와 지구화가 위기 극복의 방책이라기보다 위기의 항구화를 통한 명령 부과의 체제임을 의미하는 것이다. 신자유주의적 위기 속에 프롤레타리아 투쟁의 영향력은 뚜렷이 나타나며 그 투쟁은 1986년 프랑스 학생투쟁, 1980년대 후반 구 소련에서의 광산 노동자 파업, 1989년 4월의 천안문 시위, 1992년의 로스앤젤레스 봉기, 1994년의 치아빠스 봉기, 1995~6년의 프랑스 및 독일 공공부문 노동자 파업, 1997년의 한국 노동자 총파업, 그리고 1999년의 씨애틀 반지구화 시위, 2001년의 아르헨티나 봉기 등으로 이어진다. 물론 이것들은 표면으로 드러난 거시적 사건들일 뿐 지하세계에서 전개되는 다중들의 다양한 투쟁들을 이곳에서 모두 열거하는 것은 절대적으로 불가능하다. 캘리니코스는 오직, 계급투쟁을 '자신의 관점에서 가시적인 형태를 취하는 것'

에 한정함으로써만, 그리고 비가시적 투쟁들의 은밀하고 지속적인 효과에 대해 눈감음으로써만 1977년 이후 노동계급 투쟁의 패배라는 자신의 입론을 정당화할 수 있을 것이다. 이것은 다중의 잠재적인 투쟁까지도 자신의 계획 속에 산정하는 자본의 '현실주의'에 훨씬 미치지 못하는 것이다.

네그리의 주체성 개념을 비판하기 위한 캘리리코스의 득의의 발견 범주는 '경쟁'이다. 실제로 그의 주된 관심은, 이윤율의 하락, 기계 도입의 충동, 그리고 위기 일반 등을 경쟁이라는 변수를 통해 (즉 계급투쟁으로부터 독립적으로) 설명하는 것에 있다. 그는 경쟁을 자본과 노동 사이의 사회적 적대와 병행하는 것으로 간주한다. 그러나 맑스의 생각은 자본간 경쟁이 자본과 노동의 사회적 적대에서 독립적인 것이 아니며 실제로는 노동 착취의 성공을 둘러싼 것이라는 네그리의 생각에 훨씬 더 가깝다. 왜냐하면 『자본론』 제3권 10장(「경쟁. 시장가격과 시장가치」)과 50장(「경쟁이 야기하는 환상」)에서 분석되는 맑스의 경쟁론은, 경쟁이 야기하는 환상과는 달리 실제로, 그것이 평균이윤과 생산가격의 형성에, 다시 말해 '총자본에 의한 총노동의 착취'(제3권 230쪽)에, 혹은 '자본에 의한 노동자계급의 착취'(같은 책, 231쪽)에, 어떻게 관련되는가를 논증하는 것에 바쳐지고 있기 때문이다. 그리하여 그것은 이렇게 이렇게 표현된다.

> 경쟁은 상이한 이윤율 그리고 상이한 이윤을 전제하고 있다. 경쟁은 상품의 가격에 영향을 미치는 것에 의해서만 이윤율에 작용한다. 경쟁이 달성할 수 있는 것은 동일한 생산분야의 생산자들이 그들의 상품을 동일한 가격으로 판매한다는 것, 그리고 상이한 생산분야들에서는 생산자들이 그들의 상품을 그들에게 동일한 이윤 — 이미 부분적으로 임금에 의해 규정되고 있는 상품가격에 대한 동일한 비례적인 첨가 — 을 주는 가격으로 판매한다는 것뿐이다. 따라서 경쟁은 이윤율의 불균등을 균등화할 뿐이다. 불균등한 이윤율을 균등화시키기 위해서는 이윤은 이미 상품가격의 한 요소로

서 존재해야만 한다. 경쟁은 이윤을 창조하지 않는다. 경쟁은 균등화가 달성되었을 때 나타나는 이윤율의 수준을 높이거나 낮추거나 하지만 그 수준을 창조하지는 않는다(칼 맑스, 『자본론』 제3권 하, 비봉출판사, 1065쪽).

캘리니코스는, 『맑스를 넘어선 맑스』가 네그리의 이론적 궁지이며 그것은 1970년대 말에 패배한 운동의 지도적 원리들을 이론적으로 정식화한 것에 불과하다고 조소한다. 만약 패배한 것에 자신을 주장할 권리가 없다면, 캘리니코스가 기대고 있는 사회주의적 정치활동만큼 결정적으로 패배한 것도 없을 것이다. 그러나 역사는 명확한 승패의 구분을 허용치 않는다. 그것은 "계급투쟁의 진동상태"의 한 과정일 뿐이다.

전위의 전략인가 다중의 기획인가

다중의 활력이 역사의 원동력이라고 말할 때 그것을 다중의 '승리'와 동일시하는 캘리니코스의 해석의 일면성도 문제이지만, 더 큰 문제는 캘리니코스가 제국론을 이전의 구성권력론의 기교적 변형으로 간주하면서 현대 사회 속에서 작동하고 있는 '계급투쟁의 진동상태'를 파악하려는 네그리와 하트의 노력을 진지하게 고찰하지 않는다는 것이다. 그는 다중 개념에서 '대중의 주체성을 절대화하려는 1970년 네그리' 사유의 메아리를 읽을 뿐이다. 그것에 '유물론적 생기론', '포스트구조주의' 등의 딱지를 붙이는 것으로 대응하는 캘리니코스의 외면적 비판들은 그것의 표현인데, 이것의 결과는 앞서 말한 것처럼 '활력=권력=폭력'이라는 캘리니코스 사유의 미끄럼틀이다.

이어 그는 '제국의 한계'에서 자본주의 열강들 간의 현존하는 경쟁을 강조하고 그것이 열강들 간의 전쟁으로 이어질 가능성을 점치면서 다중의 주체적 행동이 '아닌' 것에서 자본주의의 위기가 어떻게 발생하고 발전하는가를 확인시키려 노력한다. 그에게서 지구화, 즉 자본의 전 지구적 통합은 다중의 투쟁과 활력의 산물이 아니라 1970년대 후반 이후 노동계급 투쟁들의 패배의 산물이다. 그러므로 패배하지 않을 방법을 찾는 것, 즉 전략적 지침을 찾는 것이 그의 초미의 관심사로 대두된다: "결정의 예술, 올바른 순간의 예술, 희망에 열려져 있는 대안의 예술은 가능한 것의 전략적 예술이다."

확실히 그것은 캘리니코스가 말하듯이 '구체적 상황'에 의해 결정되는 가능성의 예술이다. 그러나 그 예술은 한 가지여야 하는가? 그것은 천안문 광장, 로스앤젤레스 봉기, 치아빠스 봉기, 프랑스 총파업, 한국의 총파업, 시애틀 시위처럼 다양한 상황에서 다양하게 결정될 수는 없는가?

이에 대해 네그리는 '그렇다'고 말한다. 공통공간은 이 다양한 것들의 소통과 연대를 통해서 생산된다. 그러나 캘리니코스는 어떻게 말할까? 아마도 '아니다'라고 말할 것이다. "계급투쟁의 진동상태"를 분석할 뿐만 아니라 그것을 계획하는 단일한 주체의 전략전술적 지도만이 구체적 상황에서의 구체적 결정을 내릴 수 있다고 말할 것이다. (이 글 「안또니오 네그리 올바로 보기」에서 이러한 생각은 명시적으로 드러나지 않는다. 하지만 그는 다른 글들에서 이러한 생각을 이곳에서 되풀이할 필요가 없을 만큼 자주 표현했다.) 네그리에게 없는 것은 바로 이러한 '캘리니코스적 의미에서의 전략'이다. 캘리니코스에게 이 부재는 위태롭게 느껴진다. "대중의 이익을 위한 모범적 행동"이 네그리의 이론을 따라 "폭력적으로" 전개되지 않을까 우려되기 때문이다. 이 글에서는 뚜떼 비안체 소속의 루까 까사리니가 이 우려를 전하는 전령으로 이용되고 있다.

캘리니코스는 여기에서 20세기를, 아니 20세기의 처음 20년간을 다시 불러낸다. "조직화된 노동계급의 대중적 동원만이 자본주의 국가의 집중화된 권력에 대항할 수 있다." 여기에 빠진 말은 으레 예상할 수 있는 "조직된 당의 지도"라는 말이다. 노동계급은 동원되고 당은 지도한다. 그러나 우리는 이제 노동계급이 그 외부에서 작동하는 당의 일사분란한 지도를 받는 계급으로 조직될 때, 그 계급은 이미 패배한 것이라고 말해야 한다.

기억과 코뮤니즘

캘리니코스가 제기하는 '기억'의 문제는 이 문제와 연관되어 있다. 네그리는 "코뮤니즘적 이행은 기억의 부재이다"라고 썼다. 그것을 캘리니코스는 1970년대 운동의 패배에 대한 이론적 지도자의 책임회피의 방편으로 해석한다. 과연 '지도자'다운 시각이다. 그러나 실제의 그 말은 프롤레타리아의 사회혁명은 과거로부터가 아니라 오로지 미래에서 영감을 받는다는 의미에서 사용되었다. 전략인가 기획인가라는 문제가 다시 여기서 제기된다. 맑스는 기억에 대해 네그리보다 좀더 신랄하다 : "이전의 여러 혁명은 자신의 혁명적 내용에 눈을 감기 위하여 지나가 버린 세계사의 추억을 필요로 했다". 네그리의 말은 "대중의 이익을 위한 모범적 행동"은 말할 것도 없고 "대중의 이익을 위한 모범적 이론"마저도 잊자는 것이다. 우리에게 그것은, 유물론적 꿈의 정치을 지속하기 위해서는, 끊임없이 과거의 망령을 불러내는 캘리니코스 식 기억의 정치를 잊자는 말로 들린다. (2002)

형성의 측면에서 바라본 한국 노동계급

　한국의 노동계급이 오랜 단절을 뚫고 1980년대에 전 세계적 영웅으로 부상했다가 1990대 이후 자본의 신자유주의 공세에 밀려 갑자기 역사 무대의 주변으로 밀려났다는 유행하는 이야기를 뒤집으려는 한 권의 야심적 저작이 출간되었다. 하와이 대학교 사회학과 교수로 재직 중인 구해근이 10여년의 세월을 바쳐 쓴『한국 노동계급의 형성』(신광영 옮김, 창작과비평사, 2002년 7월)은 "1960년대부터 1990년대 말까지 진행된 한국 노동운동의 발전과정을 기술하고 한국 노동계급의 형성과정을 비교연구사적 관점에서 분석"한다는 비교적 아카데믹한 이론적 목표를 갖고 있다.
　그런데 이 책의 성과는 저자가 설정한 이 목표를 넘어선다. 광범위한 자료와 인터뷰를 통해 그가 그려낸 한국의 노동계급은 경제적 실리에 앞서 인간적 존엄성을 쟁취하려는 혁명적 전사의 형상을 얻는다. 저자의 손에 의해 한국 노동계급은 역사의 수동적 피해자가 아니라 역사를 창조하는 능동적 주체로서의 그 본래적 모습을 찾게 된다.

이 책은 그 학술적 형식 속에서, 비록 표가 나지 않는 방식으로이지만, 노동계급 운동에 대한 주로 국내에서 이루어진 기존의 연구와 상식에 강력한 도전을 제기하는 것으로 보인다.

첫째의 도전은 1987년 노동자 대투쟁이 분단 이후의 오랜 단절을 뚫고 솟구쳤다는 단절론적 관점에 대한 비판이다. 저자는 1980년대에 폭발한 산업 프롤레타리아의 운동이 1970년대 이래 꾸준히 전개되어온 노동운동의 연속이라고 주장한다. 이를 위해 그는 제4장에서, 암흑기로 알려진 유신체제 하에서 전개된 평화시장의 청계피복노조로부터 원풍모방노조와 동일방직노조로 이어진 자주노조 건설을 위한 투쟁을 탐사한다. 이 투쟁은 마침내 정치화되어 YH무역 노동자투쟁을 계기로 부산과 마산의 민중항쟁을 촉발시키면서 박정희 정권을 붕괴시키는 기폭제로 작용했다는 것이 저자의 주장이다. 그리고 그는 제5장에서 독자들의 주의를 1980년 4월 사북탄광노동자 파업과, 같은 시기 부산의 동국제강 노동자들의 파업으로 돌린 후, 전두환 정권의 철권 통치 하에서 전개된 노동운동과 노학연대의 은밀한 발전을 다루고 그 뒤에 1985년의 대우자동차 부평공장에서의 파업과 구로지역에서 전개된 동맹파업을 부각시킨다. 1987년 노동자 투쟁의 폭발은 이렇게 연속적인 역사 위에 다시 자리매김 된다.

둘째의 도전은 1990년대의 노동운동이 갑자기 쇠퇴했다는 비관적 전망에 대한 도전이다. 저자는 1980년대 말 이후 자본과 국가의 역공이 있었고 노동조합의 수와 조합원수의 감소가 있었다는 점을 인정하면서도 그 후퇴 속에서 이루어진 전진을 형상화해 내기 위해 노력한다. 저자의 조사에 따르면 조합원수의 감소는 노동집약 부문과 경공업에 한정되었으며 화이트칼라 노조는 오히려 급격히 상승한다. 조직적 차원에서의 전진도 주목되는데 자주노조의 전국조직인 민주노총의 결성과 노동 지향적 정당조직의 발전이 그것이다. 나아가 1996~7년 전후 최초의 총파업으로 자본과 국가의 신노동법에 항의를 표한 것은 노동계급이 주눅 들지 않았음을 보여주는 징표로 주목된다.

셋째의 도전은 노동운동에 대한 남성 중심적 관점에 대한 도전이다. 저자의 생각은 "1980년대 중반 남성 노동자들이 스스로 행동하기 시작했을 때, 그들은 10년 이상 정의를 위해 투쟁해온 여성들의 어깨 위에 자신들이 서 있는 것을 발견했다"는 오글의 말로 요약된다. 온갖 고난을 무릅쓰고 권위주의적이고 성차별적인 자본과 국가에 맞서 투쟁해 온 여성 노동자들의 투쟁이 1987년 대투쟁의 전사이자 기초라고 저자는 주장한다. 저자는 경공업으로부터 중화학공업으로의 산업구조의 변화가 여성 노동자를 주변화시킨 1980~90년대 중반을 하나의 과도적 시기로 묘사하면서, 신자유주의적 공세로 다시 노동이 유연화, 불안정화되며 여성이 그 첫 번째 제물로 바쳐지고 있는 1990년대 말에 여성 노동자들이 어떻게 남성 노동자 조직으로부터 독립적으로 여성의 독자조직을 꾸리려 하고 있는지, 그리고 그것이 어떻게 남성 노동자 조직을 넘어서는 사회운동적 전망을 보여주는지를 애정 깊게 탐구한다.

이외에 저자는 1990년대 말에 출현하고 있는 노동계급 내부의 분화를, 지금까지 유지되어온 동질성의 파괴를 예리한 눈으로 파악한다. 그것은 법적 계약과 노조에 의해 보호되는 노동자와 비정규적이고 불안정하며 쉽게 해고될 수 있는 노동자 사이의 분화이다. 저자는 이것이 정치노조주의와 경제노조주의의 정치적 분화를 가져오고 있는 현실을 우려스런 눈으로 바라보면서 그것을 극복할 노력들이 어디서 나타나고 있는지를 예의주시한다.

희생자가 아니라 행위자인 노동계급 형상을 그려내려는 저자의 이 도전들과 분석들은 실로 매우 중요한 것이다. 저자의 이 노력의 의미를 온전히 이해하려면 우리에게는 아마도 지금까지와는 다른 새로운 눈이 필요할 것이다. 그렇지만 아쉽고 안타까운 점도 없지 않다. 저자의 비교론적 방법은 노동계급의 지구적 역동성을 국경의 울타리 내에 한정한다. 그래서 한국 노동계급이 세계의 노동계급과 맺는 동시대적 관계가 드러나지 않는다. 또 이것은 노동계급 주체성의 형상화에 진화론적이고 목적론적인 성격을 각인한다. 그래서 한국의 노동운동은 1987년 이전까지는 형성기로, 1997년까지는 유아기로 시기구분 된다. 한국 노동운동의 특이성을 드러내는 데 많은 노력이 기울여지지만 그것이 은연중에 노동자정당과 노동조합의 분화와 협력적 발전이라는 성숙한(?) 노동운동의 전통적 각본 속의 한 장면으로 배치되고 마는 경향이 있는 것은 이 때문이다.

무엇보다도 노동계급이 이렇게 진화적 실체로 이해됨으로써 투쟁 속에서 전개되는 그것의 역동적 재구성이 가려진 것이 못내 아쉽다. 저자는 1970년대의 교회, 1980년대 초의 지식인과 학생을 어떤 의심도 없이 노동계급 외부의 힘으로 간주한다. 그래서 노동계급은 전통적 산업 프롤레타리아로 한정된다. 착취와 축적이 점차 노동시간보다 사회화된 지식을 대상으로 전개되어 가는 오늘의 현실에서 이러한 관점은 노동계급 주체성의 발전을 그 다양성 속에서 충실히 그려내는 일을 방해한다. 오늘날 필요한 것은, 분할이 지배의 핵심적 요소이며 우리가 외부(혹은 '제3자')로 인식한 그것이 바로 분할된 내부이자 공동적 '우리'라는 관점이 아닐까? 나는, 저자가 기대하는 바 노학연대, 보장받는 노동자와 보장받지 못하는 노동자 간의 연대, 남녀간 성별연대 등의 가능성이, 외부로 보이는 것들을 차이진 내부로 파악하는 관점을 통해 더욱 실질적으로, 그리고 각각의 차이를 억압하지 않으면서 추구될 수 있을 것이라고 생각한다. (2002)

갈무리 신서

1. 오늘의 세계경제 : 위기와 전망
   크리스 하먼 지음 / 이원영 편역

2. 동유럽에서의 계급투쟁 : 1945~1983
   크리스 하먼 지음 / 김형주 옮김

3. 오늘날의 노동계급
   알렉스 캘리니코스 · 크리스 하먼 지음 / 이원영 옮김

5. 서유럽 사회주의의 역사 : 1944~1985
   이안 버첼 지음 / 배일룡 · 서창현 옮김

6. 현대자본주의와 민족문제
   알렉스 캘리니코스 외 지음 / 배일룡 편역

7. 소련의 해체와 그 이후의 동유럽
   크리스 하먼 · 마이크 헤인즈 지음 / 이원영 편역

8. 현대 철학의 두 가지 전통과 마르크스주의
   알렉스 캘리니코스 지음 / 정남영 옮김

9. 현대 프랑스 철학의 성격 논쟁
   알렉스 캘리니코스 외 지음 / 이원영 편역 · 해제

10. 자유의 새로운 공간
    펠릭스 가따리 · 안토니오 네그리 지음 / 이원영 옮김

11. 안토니오 그람시의 단층들
    페리 앤더슨 · 칼 보그 외 지음 / 김현우 · 신진욱 · 허준석 편역

12. 배반당한 혁명
    레온 뜨로츠키 지음 / 김성훈 옮김

13. 들뢰즈의 철학사상
    마이클 하트 지음 / 이성민 · 서창현 옮김

14. 포스트모더니즘 이후의 정치와 문화
    마이클 라이언 지음 / 나병철 · 이경훈 옮김

15. 디오니소스의 노동 · I

안토니오 네그리 · 마이클 하트 지음 / 이원영 옮김

16. 디오니소스의 노동 · II
    안토니오 네그리 · 마이클 하트 지음 / 이원영 옮김

17. 이딸리아 자율주의 정치철학 · 1
    쎄르지오 볼로냐 · 안또니오 네그리 외 지음 / 이원영 편역

19. 사빠띠스따
    해리 클리버 지음 / 이원영 · 서창현 옮김

20. 신자유주의와 화폐의 정치
    워너 본펠드 · 존 홀러웨이 편저 / 이원영 옮김

21. 정보시대의 노동전략: 슘페터 추종자의 자본전략을 넘어서
    이상락 지음

22. 미래로 돌아가다
    안또니오 네그리 · 펠릭스 가따리 지음 / 조정환 편역

23. 안토니오 그람시 옥중수고 이전
    리처드 벨라미 엮음 / 김현우 · 장석준 옮김

24. 리얼리즘과 그 너머: 디킨스 소설 연구
    정남영 지음

25. 들뢰즈의 극장에서 그것을 보다
    이택광 지음

26. 지구 제국
    조정환 지음

27. 21세기 스파르타쿠스
    조정환 지음

30. 제국의 석양, 촛불의 시간(신간)
    조정환 지음

31. 풀뿌리는 느리게 질주한다
    시민자치정책센터 지음

32. 권력으로 세상을 바꿀 수 있는가
    존 홀러웨이 지음 / 조정환 옮김